Wolfram Hogrebe · Das Zwischenreich

Wolfram Hogrebe

Das Zwischenreich
τὸ μεταξύ

Klostermann**RoteReihe**

Gedruckt mit freundlicher Unterstützung des Stifterverbandes
für die Deutsche Wissenschaft.

Bibliografische Information der Deutschen Nationalbibliothek

Die Deutsche Nationalbibliothek verzeichnet diese Publikation in der
Deutschen Nationalbibliografie; detaillierte bibliografische Daten sind
im Internet über *https://dnb.dnb.de* abrufbar.

Originalausgabe

© Vittorio Klostermann GmbH · Frankfurt am Main 2020
Alle Rechte vorbehalten, insbesondere die des Nachdrucks und der
Übersetzung. Ohne Genehmigung des Verlages ist es nicht gestattet,
dieses Werk oder Teile in einem photomechanischen oder sonstigen
Reproduktionsverfahren oder unter Verwendung elektronischer
Systeme zu verarbeiten, zu vervielfältigen und zu verbreiten.
Gedruckt auf Eos Werkdruck von Salzer,
alterungsbeständig ⊚ ISO 9706 und PEFC-zertifiziert.
Satz: mittelstadt 21, Vogtsburg-Burkheim
Druck und Bindung: docupoint GmbH, Barleben
Printed in Germany
ISSN 1865-7095
ISBN 978-3-465-04525-0

Inhalt

Vorbemerkung 7

Vorwort 9

1. Formfreisetzung 14

2. Das indiskrete Wesen der Welt 29

3. Das philosophische Echo des Indiskreten 43

4. Fraglichkeiten 60

5. Heideggers Bild 68

6. Lessings Weisheit 80

7. Goldsteins Wildnis 89

8. Kants Äther 102

9. In den *slums* des Indiskreten 109

10. Kosellecks Rücksturz ins Bild 120

11. Ein Ausbruchsversuch ins Zwischenreich 130

12. Geburtskanäle der Moderne 140

13. Status coniecturalis 150

14. Abschluß: Esprit de finesse 161

Nachwort 164

Personenregister 169

Vorbemerkung

Dieser Text wurde 2019/20 geschrieben. Wichtig war wieder ein Aufenthalt in Berlin (im Mai/Juni 2019) und zwar als Fellow im neuen Exzellenzcluster der Humboldt-Universität *Active Matter*, geleitet von Wolfgang Schäffner, Horst Bredekamp u. a. Allen Gesprächspartnern dieser Institution bin ich zu Dank verpflichtet. Die nachhaltigsten Eindrücke boten mir in Berlin wieder die Gespräche mit Horst Bredekamp, Jörg Baberowski und Gerd Giesler in den Restaurants *Ganymed* (Schiffbauerdamm) und *Machiavelli* (Albrechtstraße).

Ein gewisses Problem bereitete mir der Titel. Der Ausdruck ›Zwischenreich‹ (the between) wird leider manchmal auch in esoterischen Kreisen verwendet, die mir gänzlich fernliegen. Deshalb habe ich den ursprünglichen Bezug auf Platon durch den griechischen Untertitel (τὸ μεταξύ) signalisiert, wie er prominent in seinem Dialog *Symposion* (202 e, 204 b), gelegentlich bei Aristoteles (z. B. *Phys.* IV, 13, 222 a 18–20 et passim) und später bei Plotin (*Enn.* III, 8) Gestalt gefunden hat.

Schon in *Sein und Zeit* (1927) hatte sich Martin Heidegger über die Benennung von unterschiedlichen ›Reichen‹ mit Recht lustig gemacht.[1] Natürlich gibt es kein erstes (Physisches), zweites (Psychisches) und drittes (Noematisches) Reich, auch keine Welt 1, 2 und 3, wie Popper formulierte. Hierbei handelt es sich also nur um Abkürzungen, um *Kompressionsbegriffe*, um zu signalisieren, wo wir uns im Diskurs gerade befinden. In diesem Sinne gibt es natürlich auch kein apartes ›Zwischenreich‹. Der Ausdruck dient lediglich dazu, den Ort des Verstehens unseres szenischen Existierens zu markieren. Leider ist das schwierig genug, besonders dann, wenn man es dem Leser leicht machen will.

---

[1] Martin Heidegger, *Sein und Zeit*, 10. Aufl., Tübingen 1963, p. 151: »Sinn ist ein Existenzial des Daseins, nicht eine Eigenschaft, die am Seienden haftet, ›hinter‹ ihm liegt oder als ›Zwischenreich‹ irgendwo schwebt.«

Für die Herstellung des Personenregisters danke ich wieder Dr. Jaroslaw Bledowski.

Düsseldorf, im Mai 2020 Wolfram Hogrebe

Vorwort

Zwei Markierungen, gewöhnlich Punkte, begrenzen einen Zwischenraum, der geometrisch als solcher nur interessiert, wenn es um die Verbindung der kürzesten Verbindung der Markierungen geht, und das ist, wie wir aus der Schule wissen, die Gerade. Zwischenräume sind als solche also geometrisch kein Thema. Das ist lebensweltlich allerdings anders. Zwischenräume sind hier begrenzt durch psychische, soziale, rechtliche, auch expressive ›Eckdaten‹, historisch gewachsen oder verordnet, die Zwischenräume häufig als ungeregelte Spielräume offen lassen, in denen sich Individuen und Gruppen in ihrer Weise ›realisieren‹ können. Hier wird ein ›Miteinander‹ (*sensus communis*, soziale *commitments*, individuelles *Vertrauen*[1]) wichtig, das in reglementierten Bereichen als Qualität nicht vorrangig verlangt wird. In solchen nicht nur musikalischen ›Intervallen‹ als Spielräumen sind wir zuhause. ›Intervallum‹ heißt ja ursprünglich Zwischenraum zwischen zwei Pfählen. Wir sind – etwas übertrieben formuliert – in gewisser Weise die diskret Gepfählten.

Die begriffliche Pointe von Zwischenräumen ist ersichtlich die, daß sie nur gleichsam ›trinitarisch‹ eingeführt werden können. Man braucht zwei Markierungen, um dadurch einen Zwischenraum hervortreten zu lassen. Bricht eine Markierung weg, kollabiert der Zwischenraum.

Bei Zwischenzeiten ist das nicht ganz so klar, aber sie gibt es natürlich auch. Gelegentlich nennt man sie auch ›Fristen‹, die eingehalten sein wollen. Auch hier wird eine Zwischenzeit durch zwei Zeitpunkte begrenzt: ab wann gilt die Frist und bis wann. Für zeitgebundene Expressionen wie insonderheit die Musik gibt es zwar auch Zwischenzeiten, aber sie sind über Takte hinaus nicht terminiert und

---

[1] Darauf hat insbesondere Onora O'Neill mit Nachdruck hingewiesen. Cf. dies., *A Question of Trust*, Cambridge 2002. Obwohl O'Neill von Kant herkommt, hat sie immer auch über ihn hinaus auf diese ethisch relevanten *soft skills* hingewiesen.

haben niemals einen Fristcharakter. Hier spricht man eher von ›Passagen‹, deren Umgrenzung interpretationsabhängig ist.

Wo man auch hinschaut, ›Zwischentliches‹, wie man sagen könnte, findet sich überall. Paul Klees Bild ›Zwitschermaschine‹ von 1922 ist eine, wenn auch nur assonante, aber dennoch unübertroffene Visualisierung des Zwischen.

In diesem Buch will ich Zwischenphänomene gerade in begrifflichen, dennoch auch poetischen, aber meist philosophischen Konzepten aufsuchen, weil dieser Aspekt zwar nicht immer, aber häufig ignoriert, in seiner Bedeutung jedenfalls meist unterschätzt wurde.

Im Folgenden gebe ich eine knappe Übersicht über die Kapitel dieses Buches, weil ihre Verkettung (*concatenation*) von außen, d. h. nur im Blick auf das Inhaltsverzeichnis gesehen, etwas arabesk geartet ist, von innen, d. h. aus dem Text registriert, aber hoffentlich einigermaßen zwingend.

Zu beginnen empfiehlt es sich auch für mich mit Novalis, der wie kein Zweiter in das Zwischenreich eingetaucht ist, um eine Ästimierung des quasi Zufälligen märchenhaft fruchtbar zu machen. Unter dem Titel ›Formfreisetzung‹ (Kap. 1) werde ich einen neuen Blick auf Novalis riskieren, der ihn aus der reaktionären Ecke einer regressiven Romantik herausholt, um seine Option für das ›Notwendigzufällige‹, wie es für das 20. Jahrhundert bestimmend wurde, plausibel zu machen.

Des Weiteren knüpfe ich an den von Gisbert Hasenjaeger eingeführten Sprachgebrauch einer ›diskreten Ontologie‹ an (Kap. 2), um auf dieser Folie die Unentbehrlichkeit einer ›indiskreten Ontologie‹ zu konturieren, wie sie im Rückgriff auf Leibniz und dessen Interpretation durch Heidegger eine überraschende Modernität für den Diskurs unserer Zeit erhält. Dafür wird Paul Nizon als Zeuge aufgerufen, der auf Heideggers Diktum ›das Unumgängliche ist der Unterschied‹ poetisch die Probe gemacht hat.

Was man in einer ›indiskreten Ontologie‹ dringend benötigt, ist eine Einbeziehung des ›Zuständlichen‹, wie sie Heinrich Rickert geleistet hat, wieder, ohne daß ihm das bewußt war, in der Erbschaft von Leibniz (Kap. 3). Die Grenzen seiner sachlich durchaus ertragreichen Konzeption werden im Vergleich zu Cassirer besonders deutlich, auch im Brückenschlag zur rezenten ›Sinnfeldontologie‹ von Markus Gabriel.

Ein für den Bereich des Indiskreten besonders wichtiges Areal ist das des Fraglichen und ineins damit natürlich unsere Attitüde des

Vorwort

Fragens (Kap. 4). Die Interrogativlogik des ausgehenden 20. Jahrhunderts ist der Struktur unserer auch ›erotetisch‹ genannten Begabung nachgegangen, ohne jedoch überzeugende Renditen erwirtschaftet zu haben. Szenisch eingebettete Musterbeispiele erlaubter, ersehnter und verbotener Fragen bis zu Richard Wagner sagen hier mehr aus.

Wenn schon szenische Phänomene einbezogen werden, müssen auch Bilder befragt werden. Von Heidegger ist mir nur ein Rückgriff auf ein Bild bekannt und zwar ausgerechnet im Rahmen seiner Interpretation von Leibniz (Kap. 5), der ihm großes Kopfzerbrechen bereitet hat. Letztlich geht es Heidegger wie Schelling um die Beantwortung der Frage, wie etwas es selbst werden kann. Ausgerechnet Paul Valéry ist hier eine flankierende Stimme, wieder im Gefolge von Leibniz und Schelling.

Eine schwierige Frage ist die nach dem normativen Potential des Zwischenreiches. Um einer Antwort hier näher zu kommen, ist es nützlich, sich Lessing zuzuwenden (Kap. 6). In seinem bekannten Drama *Nathan* demonstriert er, daß Fragen nach der Wahrheit (welches ist die wahre Religion?) im Bereich des Diskreten häufig unentscheidbar sind (welcher Ring ist der echte?). Sein Plädoyer für eine ›sanfte Stimme der Vernunft‹ depotenziert die Rechthaberei von Verstandesmenschen. Im Indiskreten wohnt als normatives Potential die Toleranz und das Vertrauen. Das ist bis heute eine gültige Stimme der Aufklärung.

Ein Problem ist auch die Erfahrungsweite des Indiskreten. Hier gibt es tatsächlich ein spezifisches Genre in der Literatur, das solchen Abschätzungen gewidmet ist. Man nennt es *nature writing* (Kap. 7). Jürgen Goldstein hat als erster Philosoph auf dieses Genre aufmerksam gemacht, das im 19. Jahrhundert in den USA geboren wurde (Thoreau) und bis heute in Verästelungen fortbesteht. Er zeigt, daß es gerade die stimulierende Wahrnehmung der Wildnis ist, die hier entdeckt wurde, weil sie in einer zunehmend ökonomisierten und digitalisierten Welt verloren gegangen ist. Dennoch gibt es hier auch Probleme in einer unterschwelligen Antihumanität. Dieser kann eine Beiziehung von Werken von Botho Strauß und Peter Handke entgegentreten, die sich explizit gegen das ›Denksiechtum‹ der Moderne wenden.

Daß die Abschätzung der Erfahrungsweite des Indiskreten auch schon bei systematischen Köpfen der Philosophie wie bei Kant auftaucht, ist eigentlich erstaunlich (Kap. 8). Seine positive Aufnahme des Äthers in seiner spätesten Zeit ist ein merkwürdiges Zeugnis für eine ›Apriorisierung des Empirischen‹ (Gerhard Lehmann), die eine große Ähnlichkeit mit dem frühen Schelling aufweist.

In der zweiten Hälfte des 20. Jahrhunderts gab es eine starke Lobby für eine Exklusivität des Diskreten. Hier war insbesondere Willard Van Orman Quine ein prägender Denker (Kap. 9). Er war ein wirkungsmächtiger Befürworter einer rein extensionalen, also meßtechnisch einlösbaren Begriffsbildung in allen Wissenschaften. Eine historisch vorlaufende gewichtige Stimme gegen diese Verengung war schon Georg Wilhelm Hegel. Er sprach in der Tat einmal wörtlich vom ›Indiskreten‹ im hier gemeinten Sinn, sonst meist vom ›Kontinuierlichen‹, das für ihn das Primäre ist. Dafür ist der Umstand, daß in seiner Logik die Qualität der Quantität vorhergeht, ein Index. So konnte er ohne systematische Probleme sog. ›Verleiblichungsphänomene‹ (*embodied semantics*) schon damals unter dem Titel ›Pathognomie‹ vorstellen.

Das unterirdische Fortwirken einer Registratur des Indiskreten bezeugt auch das Geschichtsdenken in der 2. Hälfte des 20. Jahrhunderts, paradigmatisch zu studieren im Werk von Reinhart Koselleck (Kap. 10). Nach seinen Bemühungen um eine völlig neue Theorie einer modernen Historik in Auseinandersetzung und Anlehnung zugleich an Carl Schmitt gab er dieses Projekt in den achtziger Jahren des vorigen Jahrhunderts auf und wandte sich dem zu, was er schon früh ›politische Ikonologie‹ nannte. Er brauchte das Bild, um begrifflich nicht schließbare Risse im Historischen überbrücken zu können.

Tatsächlich gibt es auch zumeist vergessene Ausbruchsversuche in das Zwischenreich. Ein interessantes Beispiel dafür ist der im Ersten Weltkrieg gefallene Philosoph Emil Lask (Kap. 11). Er hatte ein feines Gespür für das Indiskrete, das auch Martin Heidegger beeindruckte. Bei Lask gibt es sogar Ansätze für eine kontemplative Erkenntnistheorie, um der kategorialen Verengung der Erfahrungsbasis wie z. B. bei Hermann Cohen zu entgehen. Wichtig für diesen Ausbruchsversuch sind nicht nur, aber vor allem die Schriften aus seinem Nachlaß.

Wie sich aus indiskreten Milieus Energien für geschichtliche Transformationen entbinden, zeigen Arbeiten von Martin Warnke und Andreas Kablitz (Kap. 12). Warnke zeigt, daß das nicht kodifizierte Rahmenwerk von Bildern schon in der frühen Neuzeit als Orte ungebundener Phantasie eine spätere Konjunktur eben dieser

Phantasie in der Moderne freigesetzt hat. Kablitz weist in seiner Analyse eines Sonetts von Pietro Aretino zu einem Gemälde von Tizian nach, wie hier die Kunst aus ihrem überkommenen mimetischen Verhältnis zur Sache heraustritt. Die Kunst beginnt schon hier nicht das Sichtbare abzubilden, sondern selber, wie es später bei Paul Klee heißt, sichtbar zu machen.

Insgesamt fußt jede Bewegung im Indiskreten auf einer konjekturalen (mutmaßlichen) Basis des Erkennens. Der erste große Theoretiker, der diese bis heute gültige Einsicht prägnant formulierte, war Nicolaus Cusanus (Kap. 13). Allerdings vollstreckt er etwas, was sich schon bei Cicero ankündigte, der nach Art einer historischen Wissenschaftstheorie die Kunst des Wahrsagens (Mantik) auf eine bloß konjekturale Basis zurückschraubte. In diese Erbschaft traten im 20. Jahrhundert auch Aby Warburg und seine Schule ein.

Ein kurzes Abschlußkapitel (Kap. 14) erinnert an Pascals Entdeckung eines *esprit de finesse*. Er war eine gewichtige Stimme für die Thematisierung des Zwischenreichs.

1. Formfreisetzung

Der Text ›Europa‹ (1799) von Friedrich von Hardenberg (Novalis) hat eine turbulente Rezeption gezeitigt. Die Frühromantiker in Jena waren skeptisch, Schelling schrieb eine Satire (*Epikurisch Glaubensbekenntnis Heinz Widerporstens*), Goethe riet davon ab, den Text im *Athenäum* zu veröffentlichen.

Lange diente dieser Text bis in unsere Zeit als Beleg für einen geradezu reaktionären Rückruf auf die heile Welt des Mittelalters. Erst die Germanisten Richard Samuel, Hans-Joachim Mähl und Wilfried Malsch machten auf andere Einschätzungen aufmerksam,[1] am deutlichsten Marianne Thalmann (1888–1975), eine Wiener Germanistin, die 1933 eine Professur in den USA erhielt.[2] Thalmann war eine glänzende Stilistin. Thomas Mann hat in seinem Roman *Der Zauberberg* (1924) aus ihrer Habilitationsschrift[3] Charakteristika für seine Georg Lukács nachgebildete Romanfigur des Jesuiten Naphta vielfach wörtlich übernommen.[4]

Joachim Ritter nahm Hegel als Gegenstimme zur »romantische[n] Flucht aus der Wirklichkeit« auf.[5] Insbesondere Novalis habe mit seinem Aufsatz *Die Christenheit oder Europa* (1799) »die restaurative, romantische Subjektivität« vertreten.[6] Genau diese Position einer »romantisch-aesthetische[n] Wiederherstellung« sei »bis

---

[1] Cf. hierzu Herbert Uerlings, *Friedrich von Hardenberg, genannt Novalis. Werk und Forschung*, Stuttgart 1991, pp. 596 sqq.
[2] Cf. Elisabeth Grabenweger, *Germanistik in Wien. Das Seminar für Deutsche Philologie und seine Privatdozentinnen (1897–1933)*, Berlin 2016, pp. 139–182.
[3] Marianne Thalmann, *Der Trivialroman und der romantische Roman. Ein Beitrag zur Entwicklungsgeschichte der Geheimbundmystik*, Berlin 1923.
[4] Cf. hierzu die Ausführungen und Belege von Elisabeth Grabenweger, op. cit., pp. 159 sq.
[5] So in seinem glänzenden Aufsatz *Hegel und die französische Revolution* (in: ders., *Metaphysik und Politik*, Frankfurt/M. 1969, pp. 183–255); hier p. 191.
[6] Ritter, loc. cit., p. 210 und 232.

1. Formfreisetzung

heute typisch [geblieben]: Die Geschichte der modernen Welt ist Geschichte des Verfalls und des Untergangs der lebendigen Ordnungen, dessen Überwindung nur in der Rückkehr zum Ursprung und von ihm her möglich werden soll. Für Spengler ist die Zivilisation die End- und Untergangsform jeder lebendigen Kultur; Klages beruft gegen sie und ihren Geist als Widersacher der Seele das ›Pelasgertum‹, Heidegger die ›früheste Frühe‹, damit das ›Einst der Frühe des Geschickes ... als das Einst zur Letze ..., d. h. zum Abschied des bislang verhüllten Geschicks des Seins‹ käme«.[7]

So brillant und suggestiv Ritter diese Kontur des Kontrastes zwischen Hegel und der Romantik ausgezogen hat, die Frage ist, ob sie, vor allem was die Frühromantik und hier speziell Novalis betrifft, auch korrekt ist.

Nun beginnt Novalis seinen Text in der Tat mit dem Satz: »Es waren schöne glänzende Zeiten, wo Europa ein christliches Land war, wo *Eine* Christenheit diesen menschlich gestalteten Welttheil bewohnte; *Ein* großes gemeinschaftliches Interesse verband die entlegensten Provinzen dieses weiten geistlichen Reichs.«[8] In dieser Einheitlichkeit zerbrach Europa, so führt der Text dann weiter aus, endgültig an der Reformation, deren später Vollstrecker dann auch die französische Revolution wurde. So gilt es in der gegenwärtigen Zeit, also 1799, die durch Napoleon erneut in ein zerrissenes Format eingerückt sei, die Idee eines geeinigten Europa wieder vorstellig zu machen. Dazu bedarf es aber einer die Nationalismen brechenden Kraft und die kann nur eine neue Religion sein, die an ihrer alten Rolle Maß nimmt: »Es wird so lange Blut über Europa strömen bis die Nationen ihren fürchterlichen Wahnsinn gewahr werden.«[9] Im Lichte dieser geschichtstherapeutischen und durchaus politischen Vision sollte die Schrift von Novalis auch heute noch gelesen werden.

Paul Kluckhohn hatte in seiner Einleitung zum ersten Band der Novalis-Ausgabe schon darauf hingewiesen, daß die Europa-Rede von Novalis »keineswegs etwa – das ist gegenüber verbreiteten

---

[7] Ritter, loc. cit., pp. 250/51.
[8] Novalis, *Schriften. Die Werke Friedrich von Hardenbergs*, eds. Paul Kluckhohn und Richard Samuel, Dritter Band, Stuttgart/Berlin/Köln/Mainz, 1983, p. 507. Samuel schreibt in seiner Einleitung: »*Die Christenheit oder Europa* ist in jeder Beziehung ein provozierendes Werk, das eine Fülle umstürzender Ideen ausstreut.« (op. cit., p. 504)
[9] Novalis, op. cit., p. 523.

Mißverständnissen zu betonen – Rückkehr zu einer vergangenen Zeit gefordert [hat]«, sie »will nur Vorbild ... sein für die Aufgabe der Gegenwart, die kulturelle, weltanschauliche, religiöse Einheit zu gewinnen«.[10] So kann man das Mittelalter in der Version von Novalis auch nur als Konstruktion eines präfigurierenden ›Typus‹ lesen,[11] dem als ›Antitypus‹ ein neues Christentum als Erfüllungsfigur entspricht: »Die Christenheit muß wieder lebendig und wirksam werden und sich wieder eine sichtbare Kirche ohne Rücksicht auf Landesgränzen bilden [...] und Vermittlerin der alten und neuen Welt werden.«[12] Diese neue Kirche, die finale Weltkirche, wird bloß Sachwalterin nicht nur überkommener religiöser Requisiten sein, sondern vor allem des ›Zutrauens der Menschen zueinander‹, des ›Mittlertums überhaupt‹, der ›menschenfreundlichen Mittheilsamkeit‹, kurz: eines ›gemeinsamen Interesses‹.[13]

Alles, was final ein friedliches Miteinander der Menschen ausmacht, ist ihr Gemeinsam-Allgemeines, ein bewußtes κάθολον. Insofern ist eine endlich geeinigte Menschheit nur katholisch zu begreifen.[14] Das hat mit einer Konfession nichts zu tun, sondern ist nur die märchenhafte Übersetzung einer Allgemeinheit, die in sich alle Protestpotentiale befriedet hat.[15]

Dieser universalistische Zuschnitt der Konzeption von Novalis war Ritter und manchen anderen (wie vordem schon Carl Schmitt) entgangen.[16] Es ist daher nicht so falsch, wenn Kluckhohn empfahl, daß diese Rede »auch eine Dichtung genannt werden darf«.[17] Als

---

10 Novalis, *Schriften*, Erster Band, p. 53.
11 Cf. hierzu Wilfried Malsch, ›*Europa*‹. *Poetische Rede des Novalis. Deutung der französischen Revolution und Reflexion auf die Poesie der Geschichte*, Stuttgart 1965.
12 Novalis, *Schriften. Dritter Band*, op. cit., p. 524.
13 Cf. ibid. p. 523.
14 Cf. hierzu Wolfgang Braungart, *Subjekt Europa, Europas Subjekt. Novalis' katholische Provokation ›Die Christenheit oder Europa‹*, in: *Sinn und Form* 63 (2011) pp. 544–558.
15 Diese Deutung berührt sich mit Ralf Simons Ergebnis (ders., *Ist Novalis' politische Wissenschaftslehre tolerant?* in: Gerhardt von Graevenitz et al. (eds.), *Romantik Kontrovers*, Würzburg 2015, p. 71–80). Cf. hier p. 79: »Toleranz ist die Einsicht in die ›Relativität jeder positiven Form‹ als ›Unabhängigkeit‹ des Geistes von der Besonderung des Bestimmten.«
16 Cf. hierzu Wolfram Hogrebe, *Societas Teutonica*, in: ders., *Echo des Nichtwissens*, Berlin 2006, pp. 205–224, vor allem pp. 209, 214 sq.
17 Novalis, *Schriften. Erster Band,* op. cit., p. 53.

1. Formfreisetzung

Leser dieser Rede kommt ein Historiker oder ein Philosoph eigentlich nicht in Frage, eher ein Leser, der ein Märchen der Geschichte zu lesen versteht. Dann allerdings entfaltet die Vision von Novalis einen Zauber, der noch weiterer Ausdeutungen bedarf.

Hier hat die oben schon genannte Germanistin Marianne Thalmann wichtige Hinweise gegeben. Der Romantiker wird in ihrer Sicht zu jemandem, der aus Verbindlichkeiten der Tradition konsequent heraustritt und sich für neue Konstellationen öffnet. Hegel hätte den Einstieg dieses Programms unterschrieben, nicht aber die abschließende Öffnungslizenz. Was war, hat jedenfalls für die Romantik und Hegel kein Deutungsmonopol mehr. Ein affirmatives mimetisches Weltverhältnis, eine Unterstützung der Positivität des Faktischen, hat für die Romantik ausgespielt. In diesem Gestus wird die Romantik zu einer anarchischen und zugleich poetischen Feier einer neuen Freiheit, im Gegensatz zu Hegel allerdings *without limits*. Das Anliegen der Romantik »ist nicht die Nachahmung der Welt, sondern Enthaltsamkeit vom Gegenstand«. Sie erschafft »die Welt aus eigener Verantwortung neu«.[18]

Thalmann versteht diese Neuerschaffung als Keimzelle eines über jeden Realismus hinausgehenden Formwillens, der erst im Surrealismus des 20. Jahrhunderts seine begriffene Mitte gefunden hat.[19] Nur so konnte schließlich die Devise von Novalis eingelöst werden, daß es gerade die Aufgabe der Kunst sei, »auf eine angenehme Art zu befremden«.[20] Thalmann kommt zu dem Ergebnis, daß »[a]lle abstrakte Kunst und so auch der Surrealismus der Moderne ... der Romantik ... innerlich verpflichtet [sind]«.[21] Es verwundert daher nicht, daß »André Breton und Paul Éluard Novalis als Herold eines

---

[18] Marianne Thalmann, *Das Märchen und die Moderne. Zum Begriff der Surrealität im Märchen der Romantik*, Stuttgart 1961, p. 107.
[19] Heidegger bemerkt einmal in seinen *Schwarzen Heften*: »Der Surrealismus – der Name verrät sich als Umschreibung des Titels ›Metaphysik‹.« Er bezeichnet ihn allerdings sofort »als letzte[n] Lärm des verhallenden Notschreis der verendeten Metaphysik«. (Martin Heidegger, *Gesamtausgabe* Bd. 97, ed. Peter Trawny, Frankfurt 2015, p. 300/301.)
[20] Zitiert bei Thalmann, op. cit., p. 33. Cf. Novalis, *Fragmente und Studien 1799–1800*, in: *Schriften*, Dritter Band, op. cit., p. 685: »Die Kunst, auf eine *angenehme* Art zu *befremden*, einen Gegenstand fremd zu machen und doch bekannt und anziehend, das ist die romantische Poetik.« Es geht Novalis um einen »Sinn für das ... Nothwendigzufällige«.
[21] Thalmann, op. cit., p. 19.

bewußten Schaffens gefeiert und sich selbst als Erben dazu bekannt haben«.[22]

Dieser Impuls der Frühromantik ist daher ein Geburtsquell der Moderne und gerade nicht der öde Realismus des ausgehenden 19. Jahrhunderts. Das Märchen ist moderner als jede Kolportage. Der destruktive Einsatz der Romantik, der oft übersehen wird, darf ja nicht als Abrißunternehmen, sondern muß als Baustelle verstanden werden, an der es um ungeahnt Neues geht. »Die Zertrümmerung des Klassischen und das Auflösen alter Verbundenheiten kann nicht nur als Verlust gebucht werden, denn es führt auch wieder zu einer Neuordnung der Bruchstücke, zum Nebeneinander des Heterogenen, zu einem neuen Geheimniszustand der Welt.«[23] Die Frühromantik erklärt in der Tat den Menschen zum Geheimnisträger in diesem Sinn.

So ist es ebenso angeraten, den Status des Märchens, das die Romantik als Genre liebt, anders zu sehen. Es wird zur Form einer neuen Form, entfernt von jeder Didaktik und allen Archiven: »Das Märchen der Romantik verfolgt keine moralische Absicht, die ermahnen und belehren will, sondern geht primär aus künstlerischen Erwägungen hervor, sowie sich auch das zeitgenössische Europa nach der Zertrümmerung durch Napoleon politisch bewußt neu zusammengesetzt hat.«[24]

Thalmann hätte hier auch Joseph Schumpeters Prinzip der ›schöpferischen Zerstörung‹ bemühen können, das derselben Sachlogik folgt. Jedenfalls ist es ihr gelungen, einen neuen Blick auf die Romantik zu werfen, der von einer seligen Betulichkeitseinbettung weit entfernt ist. Das Romantische der Frühromantik ist letztlich nur unbevormundete Formfreisetzung.

Kein Wunder, daß anarchisch gestimmte Interpreten die Empfehlung von Thalmann aufgegriffen und fortgesetzt haben, so insbesondere Karl-Heinz Bohrer.[25] Wie komplex indes die theoretischen Verflechtungen auch der Frühromantik waren, kann und muß man

---

[22] Ibid.
[23] Ibid.
[24] Thalmann, op. cit., p. 18.
[25] Cf. ders., *Die Kritik der Romantik: Der Verdacht der Philosophie gegen die literarische Moderne*, Frankfurt/M. 1989, hier bes. S. 39–61. Jüngst auch: Sebastian Lübcke/Johannes Thun (eds.), *Romantik und Surrealismus. Eine Wahlverwandtschaft?* Berlin 2018.

1. Formfreisetzung

heute immer noch von Manfred Frank lernen.[26] So eindeutig wie Ritters Einschätzungen, aber auch Thalmanns Gegenrede erscheinen: Die Faktenlage begünstigt diese Eindeutigkeit nicht. Das historische Tableau der Frühromantik war sehr verschlungen, aber trotz Goethe, Hegel und Heine doch ein innovatives Deutungsanliegen, d. h. wie Schleiermacher und Novalis gerne sagen, eine ›divinatorische‹ Arabeske sui generis, die auch heute noch stimulierend wirkt. Warum?

Weil es den Frühromantikern nicht um Okkultismus und Esoterik ging, sondern nur um das Sehen eines Neuen, vordem Ungesehenen. Im Prinzip geht es ihnen um einen universellen, lizenzfreien Begriff von Kreativität in Poesie, Wissenschaft und Politik, nicht also um Schwärmerei, sondern um eine faktenbasierte Empfindlichkeit für neue Konstellationen und Figurationen eines Ganzen. Schleiermacher spricht hier von einem *sensus universi* oder auch von einem ›Geschmack fürs Unendliche‹. Und dieser ›Geschmack‹ ist für ihn schon die Basis des Religiösen. Theologen mögen das nicht. Aber ein solcher Geschmack unterläuft die Begrifflichkeit des Unendlichen, die sich stets in Inkonsistenzen verfängt.[27] Die Romantiker bewegten sich in ihrer sie tragenden Intuition schon unter Schinkels Zauberflöten-Sternenhimmel, der auch kein schlechtes Dach für die heutige Welt wäre.

Hier ist eine weitere Signatur der Frühromantik festzuhalten. Für sie gab es stets Eingangs-, aber keine Ausgangsrealitäten. Man muß natürlich beginnen, vor Ort und mit bestimmten Personen, aber weiß doch grundsätzlich nicht, wie eine Geschichte sich entwickelt und zum Abschluß kommt. Ihre inhärenten Korrespondenzen verdanken sich keinem Kausalgeschehen, sondern sind einer Fügung unverhoffter Entsprechungen geschuldet, die geradezu *wunderbar* erscheinen müssen.

In dieser vor allem bei Novalis bezeugbaren Attitüde erscheint ein ganz anderes Format einer heuristischen Intellektualität, wie wir sie von Kant, Fichte, Hegel und den anderen Frühromantikern nicht kennen. Novalis liebt den Zufall, in dessen Gewand sogar das Not-

---

[26] Cf. hier u. a. insbesondere seinen materialreichen Aufsatz *Wie reaktionär war eigentlich die Frühromantik? (Elemente zur Aufstörung der Meinungsbildung)*, in: *Athenäum* 7 (1997) S. 141–166.
[27] Cf. hierzu die rezente Studie von Guido Kreis, *Negative Dialektik des Unendlichen. Kant, Hegel, Cantor*, Berlin 2015.

wendige als das ›Nothwendigzufällige‹ erscheint.²⁸ Schon Novalis geht es wie später Paul Klee um eine »Erhebung des Zufälligen zum Wesentlichen«. ²⁹ Das ist das entscheidende Stichwort einer Moderne, in der wir uns noch immer befinden.

Novalis läßt sich bei aller Privilegierung unserer Phantasie dennoch einen romantischen Realismus nicht ausreden. Seine Intuition mag ungefähr diese gewesen sein: Der gefangene Fisch ist Beweis der Adäquatheit der Maschengröße des Netzes, aber die Maschengröße definiert nicht die Größe eines Fisches. Ohne Netz jedenfalls keine Hoffnung auf Adäquatheit und damit Erfolg. Im Netz korrespondieren Können und Sein.

Daher nimmt es nicht Wunder, daß Karl Raimund Popper, dem eine Selbstbewegung des Begriffs fremd blieb, der daher Hegel ablehnte, aber Novalis sehr wohl mochte. Nicht erst die 3. Auflage seiner *Logik der Forschung* (1968) startet er bekanntlich mit einem Motto von Novalis: *Hypothesen sind Netze, nur der wird fangen, der auswirft.* Popper hätte noch die nächsten Zeilen von Novalis hinzufügen können: *Ist nicht America selbst durch Hypothese gefunden. / Hoch und vor allen lebe die Hypothese – nur sie bleibt / Ewig neu, so oft sie sich auch selbst nur besiegte.*³⁰

An diese Lobpreisung der Hypothesen kann in der Tat auch heute noch angeknüpft werden, selbst wenn sich jede für sich als verfehlt erweist. Novalis hat jedenfalls das Tentative und Experimentelle unserer Kreativität, er nennt es ›Fantastik‹, verstanden. Wir müssen etwas riskieren und auch Fehlschläge hinnehmen. Das funktioniert natürlich nur, weil wir diese Versuche im Namen eines Ganzen (Holon) oder Einzelnen (Idion) unternehmen, die uns als sie selbst zwar unerforschlich bleiben, aber in ihrer Ungewißheit bleibend vorschweben. Das Ganze und das Individuelle verbleiben für uns in einem unerklärlich Offenen, nicht in einem *asylum ignorantiae*, wie Nietzsche behauptete, sondern in unserem stets in Anspruch genommenen Horizont von allem und jedem. Sonst könnten wir kein Wort, keinen Satz sagen. Wir wären dann autolog inkompetent.

---

[28] Novalis, *Fragmente und Studien 1799–1800*, in: *Schriften*, Bd. 3., op. cit. p. 685.
[29] Novalis, *Das allgemeine Brouillon*, in: *Schriften*, Bd. 3, op. cit., p. 398.
[30] Tübingen 1969, p. XI. Cf. Novalis, *Schriften*, Bd. 1, *Distichen 1798*, op. cit., p. 403.

1. Formfreisetzung

Woher wir an dieses Vorschwebende gekommen sind, bleibt leider unerfindlich. Erlernen kann man diese vorschwebende Orientierung nicht, angeboren kann sie auch nicht sein, neurologisch läßt sie sich nicht lokalisieren. Daß diese holistische und individuelle Orientierung aber faktisch da ist, läßt sich nicht bestreiten. Unser Transfinitismus speist sich aus ihr. Mit Platon zu reden: quasi aus einem ἀνυπόθητον. Der Beginn unserer rationalen Architektur liegt mithin – von Fingerzeigen abgesehen – bleibend im Dunkeln. Das muß wahrscheinlich auch so sein. Denn sonst würde unsere erkennende Kreativität sich selbst ablöschen und der Geist kollabieren. Er lebt von der Unerkennbarkeit des Ganzen und Einzelnen, von der wir uns gleichwohl ›tönen‹ lassen. Nichterkennen heißt hier nur: das Leben in Ruhe lassen. Ein solches Nichterkennen bleibt eine unvermeidliche Widerfahrnis, der auszuweichen uns nicht möglich ist.

Umso erstaunlicher, daß wir das noch gewahren können, vermutlich eben weil wir uns in dieser Kulisse ›getönt‹ erfahren. Wir haben Kontakt mit Gegenständlichem offenbar nur im Gegenstandslosen. Oswald Schwemmer spricht deshalb von einer ›ungegenständlichen Gegenstandsfähigkeit‹ des menschlichen Geistes.[31] Daher ist es ihm zufolge »vergeblich, diesen Geist als eine Form von neuronalen Systemen, Bewußtseinsprozessen oder kulturellen Symbolismen definieren zu wollen«.[32]

Die seltsame Bewegung zwischen Gegenständlichem und Gegenstandslosigkeit dürfen wir ›Denken‹ nennen. Der konsequenteste Philosoph dieses oszillierenden Denkens war Martin Heidegger. Peter Trawny hat ihn in dieser Hinsicht gedeutet und er hat Recht.[33] Das Nichtgegenständliche ist es, das der späte Heidegger notorisch beschwört. Heideggers Seynsdenken hat keinen *Gegen*stand, d. h.

---

[31] Oswald Schwemmer, *Die kulturelle Existenz des Menschen*, Berlin 1997, pp. 91 sq.
[32] Op. cit., p. 117.
[33] Peter Trawny, *Heidegger Fragmente. Eine philosophische Biographie*, Frankfurt 2018. Cf. Martin Heidegger: »Das seynsgeschichtliche Denken ist ohne ›Inhalt‹ und erweckt nur den Anschein des ›Abstrakten‹ und Leeren. Doch was wie Leere aussieht, ist nur das Wegfallen des Seienden in der Bestimmung des Seyns.« (ders., *Überlegungen XII–XV (Schwarze Hefte 1939–1941)*, ed. Peter Trawny, *Gesamtausgabe* Bd. 96, Frankfurt/M. 2014, p. 26). – Trawny hat auf ein gegenstandsloses Denken auch selbst die Probe gemacht; cf. ders., *kamikaze musike: playlist*, Berlin 2019. Cf. hier p. 75: »Wir sind Musik.«

Seiendes, und darf ihn nicht haben. Aber dieses Denken hat natürlich ein Thema, das ist die ungegenständliche Zuständlichkeit, also z. B. der Umstand, *daß* und *wie* etwas es selbst werden kann. Mit Novalis formuliert: Im Netz dieser anonymen Hypothese fängt sich Heideggers Seinsdenken. Heideggers Denken ist autologisch, nicht gegenständlich (heterologisch), aber gleichwohl thematisch konzentriert. In diesem Bezirk tummeln sich meistens auch Dichter, wenn sie nicht bloß narrativ vorgehen. Das ist beispielsweise der Fall bei Peter Handke (geb. 1942) und Botho Strauß (geb. 1944). Beide übrigens stark von Heidegger beeinflußt.[34] Für diesen gab es auch so etwas wie »eine Phantasie der Begriffe«.[35]

Einer von diesen, auch er von Heidegger inspiriert, war zuvor schon Paul Nizon (geb. 1929).[36] In seinem ersten Roman *Canto* (1963) wagt er einen Einstieg in die ungegenständliche Dimension, indem er einen Aufenthalt als Stipendiat in Rom 1960 (*Istituto Svizzero di Roma*) vergegenwärtigt. Diese Vergegenwärtigung ist ihm zugleich eine Erinnerung an seinen Vater und seiner eigenen Selbstfindung in der Matrize dieser memorialen Hinterlassenschaft. Sein Vater war aus Russland in die Schweiz emigriert und starb dort. Er war in ein Anderes geraten, das nie zu seinem Eigenen werden konnte. Wie sollte in Bern so etwas auch gelingen? Das Deutsch des Vaters blieb unvollkommen, aber mit seinem Sohn sprach er auch nie Russisch.[37]

Nizon legt seine Selbstorientierung als Stipendiat in Rom genau nach diesem aus: Sich selbst öffnen, um dem Anderen eine Chance zu einer Ankunft in sich selbst zu bieten. Selbst wenn das nicht gelingt – und es gelang Nizon bis heute nie, also auch in Paris nicht,[38] er

---

[34] Cf. u. a. Günter Figal/Ulrich Raulff (eds.), *Heidegger und die Literatur*, Frankfurt/M. 2012; hier: Botho Strauß, *Heideggers Gedichte*, pp. 9–16 (zuerst in FAZ vom 19. 9. 2008); ferner: Ulrich von Bülow, *Raum Zeit Sprache. Peter Handke liest Martin Heidegger*, pp. 131–156.
[35] Martin Heidegger, *Überlegungen XII–XV*, op. cit., p. 253.
[36] Auf diesen in der Tat auch philosophisch interessanten Dichter hat mich Ingo Meyer/Klagenfurt aufmerksam gemacht. Ich beabsichtige hier keine Gesamtinterpretation des Werks von Paul Nizon, sondern möchte nur auf ein philosophisch relevantes Motiv seines Denkens aufmerksam machen.
[37] Cf. hierzu Paul Nizon, *Der ferne Vater*, in: ders., *Taubenfraß*, Frankfurt 1999, pp. 7 sqq.
[38] In seinem Text ›*Meine Ateliers*‹ aus dem Jahr 1994 erwägt er als Grund seines fortgesetzten Wechsels einer Schreibwerkstatt mit der Formel: »Meine Ateliers – consecutio patris?« (in: ders., *Taubenfraß*, op. cit., p. 91.

1. Formfreisetzung

wollte es auch gar nicht – bleibt der Versuch dennoch ein hochpoetisches Experiment. Jegliche Vormeinung muß verabschiedet werden, um das fremde Außen im Inneren sprechen zu lassen. Der Dichter fühlt sich daher nicht als Herr von Botschaften, sondern nur als Empfänger eines nicht gegenständlichen Äußeren.

In einem knappen narrativen Einschub berichtet der Roman von einem Abendempfang in der Stipendiaten-Villa in Rom. Hier traf Nizon auf eine der geladenen Respektpersonen, die mit den Stipendiaten offenbar ein unsensibel abfragendes Verhältnis praktizierte: »Um mal brutal zu fragen«, sagte der Kerl (...): »was haben Sie zu sagen?« Nizon war offenbar völlig konsterniert und gesteht dem Leser: »ich weiß wirklich nicht, was ich allenfalls zu sagen hätte.«[39] Er ist eben kein Botschafter, sondern einer gegenstandslosen Weltstellung verpflichtet. »Mein Halt ist die Verneinung.«[40] Nur so erreicht er ein »ungedrücktes Vorhandensein«[41] und zwar »ohne Puder des Unbegreiflichen.«[42]

Seine Verabschiedung eingeübter Meinungen und Sichtweisen, die man mit Husserl eine poetische Epoché nennen könnte, leitet Nizon so ein: »Ich werde euch von der Ungewißheit dozieren. Von der Ungewißheit also jeglichen Dings.«[43] Was bleibt von außen als Botschafter übrig? Für Nizon werden es in Rom die puren Steine. So wird er zum »Steinfreund«[44] und bezüglich seiner mitgebrachten Meinungsausstattung zum »Vergesser.«[45] Das gilt auch für ihn selbst. »Den wir als Ich leben ließen, den lassen wir laufen, uns zu suchen.«[46] Erst in dieser Selbstpreisgabe, später nennt Nizon sie eine »nötige Selbstabsehung«,[47] öffnen sich Kanäle für Botschaften von außen. So ist »mein Geist heidnisch geworden und treibt frei in der Arena, ehrlich lügend, unbeengt, ohne Aufsicht«.[48] Das konventio-

---

[39] Paul Nizon, *Canto*, Frankfurt 1963; zitiert nach der 4. Auflage 2013, p. 11. Cf. auch den letzten Satz des schon genannten Textes ›*Meine Ateliers*‹, op. cit., p. 99.
[40] Op. cit., p. 14.
[41] Op. cit., p. 34.
[42] Op. cit., p. 39.
[43] Op. cit., p. 48.
[44] Op. cit., p. 63.
[45] Op. cit., p. 66.
[46] Op. cit., p. 91.
[47] Paul Nizon, »... *weil das Untergehen die Sprache freimacht*«. *Ein Gespräch mit Peter Henning*, in: ders., *Taubenfraß*, op. cit., p. 110.
[48] Op. cit., p. 101.

nelle Selbst stirbt ab, um in einer gegenstandslosen Dimension poesiefähig werden zu können. »Man muß sich als Toten betrachten, um mit den Dingen umgehn zu können, die nie zu fassen sind.«[49] Trotz der Preisgabe des konventionellen Selbst gibt es mithin keine Finalfigur, »der Hohlraum der Erwartung stillt sich nie mit der Gestalt der Erfüllung«.[50] Es bleibt bei einem Überschuß an Leere und gerade dieser bezeugt, wie Schleiermacher sagte, unseren *sensus universi*, unseren Geschmack fürs Unendliche, der nicht stillgestellt werden kann und uns trotz aller Weltverzweigungen gebündelt erhält. An Rom kann Nizon nie herankommen, »an das Ding«, deshalb »nehme ich, was immer, den Pflasterstein (...) und singe darauf. Im Anderen Land. Vom Ding, das nicht Rom ist. Ein Ding. (...) Ein Canto darauf.«[51] Der Text des Romans bezeugt daher mit Novalis eine »Communication der äußeren Gegenstände mit der Seele«.[52]

Nizons Rücktritt vom Ding bedeutet nur, daß er die Domäne seines Dichtens im Nichtgegenständlichen ansiedelt. Ein identifizierendes Erzählen praktiziert er nicht. Was er beredt machen möchte, ist etwas anderes. Das Leben ist zwar ›verschachtelt‹, aber was für uns zählt, sind die Zwischenräume. Nicht *daß* uns etwas entgegentritt ist das Entscheidende, sondern *wie*. Nicht daß sie mich anlächelt ist entscheidend, sondern wie. Wir existieren nicht taxonomisch, sortierend, propositional, sondern registrieren Zwischentöne, feinste Nuancen, die unsere Wertschätzungen aufrufen oder abweisen. Die Zwischenwelt ist nicht nur, aber vor allem indiskret.

In diesem Zwischenreich leben wir und stoßen häufig doch an eckige Extensionen: »das Leben ist versacht und verschachtelt, ein jeder weiß es. Und dazwischen der Zwischenraum, und der ist genau. Und in den (...) Zwischenräumen zwischendurch lebt der Mensch.«[53]

Unsere Welt ist mit Nizon ein Zwischenreich (*the between*). Epikur siedelte in den leeren Zwischenräumen zwischen Welten (Intermundien) die Götter an. In Wahrheit bewohnen wir diese Intermundien, nicht wie Epikurs Götter völlig unbekümmert und sor-

---

[49] Op. cit., p. 135.
[50] Op. cit., p. 202; cf. auch p. 204.
[51] Op. cit., p. 91.
[52] Novalis, *Philosophische Studien der Jahre 1795–96 (Fichte-Studien)*, in: *Schriften*, Bd. 2, p. 272.
[53] Op. cit., p. 233/34.

1. Formfreisetzung

genfrei, sondern leider von Kummer und Sorgen gepeinigt. Hier in der Tat hausen wir in einer basalen Unterschiedlichkeit, die sich in jedem Dazwischen, in Differenzen jeglicher Art, auch unseren Unterscheidungen indiskret dokumentiert und fortsetzt. Schon Platon und Aristoteles faßten einen Zipfel dieses Gedankens in ihrer Thematisierung des Zwischen (τὸ μεταξύ).[54] Spuren dieses Gedankens, aber nur solche, lassen sich über Leibniz bis Heidegger verfolgen, der in seinen *Schwarzen Heften* den *Unter-schied* ganz nah an das *Seyn* und das *Ereignis* heranrückt. An beidem ist nicht vorbeizukommen, da sie alles, auch den *ordo essendi* und seine Kontraste abstrahlen. »Das Unumgängliche ist das, an dem das Denken nicht vorbeikommt (...). Das Unumgängliche ist der Unterschied.«[55] Dieser Gedanke, vielfach von ihm variiert, übergibt dem Andenken, was im Entwurfsbereich unserer Weltzugriffe nicht mehr verständlich gemacht werden kann und doch bleibend das ist, was uns ›angeht‹.

Den Übergang von *Sein und Zeit* zur Spätphilosophie Heideggers kann man verkürzt als Übergang von der besorgten Vermutung zur schonenden Anmutung verstehen. »Das Andenken rechnet

---

[54] Cf. hierzu den Artikel *Zwischen* von Michael Theunissen in: *Historisches Wörterbuch der Philosophie*, Bd. 12, eds. Joachim Ritter, Karlfried Gründer, Gottfried Gabriel, Basel 2004, p. 1543-1549. Theunissen weist hier auch auf eine Bonner Dissertation hin, die ich leider nicht einsehen konnte: Christian Ludwig Lutz, *Zwischen Sein und Nichts. Der Begriff ›Zwischen‹ im Werk von M. Heidegger. Eine Studie zur Hermeneutik des Metaxy*, Diss. Bonn 1984. Allerdings konnte weder dieser Autor noch Theunissen die *Schwarzen Hefte* Heideggers kennen, da diese erst ab 2014 von Peter Trawny ediert wurden. Das gilt auch für die Freiburger Dissertation von Eveline Cioflec, *Der Begriff des ›Zwischen‹ bei Martin Heidegger. Eine Erörterung ausgehend von Sein und Zeit*, Freiburg 2012. Dieser Text geht zurück auf ihre Freiburger Dissertation (2008). – Theunissen hat in seinem Artikel zum Zwischen auch wertvolle Hinweise auf Pascal, Buber, Kierkegaard, Levinas und Husserl gegeben. Insgesamt ist das Thema – philosophisch einigermaßen diffus – noch völlig offen.
[55] Martin Heidegger, *Gesamtausgabe*, Bd. 97, op cit., p. 493 (*Anmerkungen V*, 1948). Manfred Brelage hat diese zur *Transzendenz* des Daseins in *Sein und Zeit* gegenläufige Bewegung *Ciszendenz* genannt (ders., *Transzendentalphilosophie und konkrete Subjektivität. Eine Studie zur Geschichte der Erkenntnistheorie im 20. Jahrhundert: Studien zur Transzendentalphilosophie*, Berlin 1965, hier p. 210). Cf. dazu die Darstellung von Carl Friedrich Gethmann, *Verstehen und Auslegung. Das Methodproblem in der Philosophie Martin Heideggers*, Bonn 1974, pp. 279 sq.

nicht mit Planungen für die leere Zukunft, es schont das Ankünftige der Nähe als der unerfahrenen Welt.«[56] Was Nizon nur durch einen *Canto* noch aufrufen kann, das Zwischenreich, wird bei Heidegger ›angedacht‹, bisweilen ebenfalls in poetischer Form. Nach seiner fundamentalontologischen Konzeption ergab sich die Notwendigkeit einer Einbindung des Daseins in Außentönungen, in das, was es ›angeht‹ oder ›anmutet‹. Das Dasein als Zwischensein (Inter-esse) findet sich in einer Medialität, für die seine Stimmungen Sensoren oder Medien sind. Diese Außentönung zu bemerken war der stimulierende Gedanke von Heideggers sog. ›Kehre‹. In ihr kommt das Intermediäre, das *Zwischenreich im Unter-schied* zur Sprache, von dem Nizon in seinem Roman am Ende berichtet und den Derrida später als *différance* faßte.

Das Gurren der Tauben endet immer abrupt, kein Gesang, keine Melodie, keine Musik. Wie können wir das aber bemerken? Hier hilft kein Gravitationsgesetz, sondern, mit Heidegger, nur gegenstandsloses Denken. Allerdings muß man hier aufpassen, um nicht in eine Sackgasse purer Impressionen zu geraten. Trawny hat diese riskante Ambivalenz einmal so gefaßt: »Es ist ein Unterschied, ob man sich in einer Stadt bewegt, um so schnell wie möglich von einem Ziel zum anderen zu kommen, oder ob man in ihr flaniert. Der Flaneur wird sie schließlich besser kennen, aber er hatte weniger mit den Geschäften zu tun, die an den zentralen Stellen verhandelt werden.«[57] In der Tat: der Flaneur läßt sich ein auf das, was sich ihm bietet. Er plant nicht. Dennoch ist er auf eine Bekanntschaft mit etwas Essentiellem aus, nicht mit bloß zufälligen Episoden, obwohl auch das Essentielle hier mit dem Zufälligen gepaart erscheint. Diese Attitüde ist zugleich ein Herzstück einer Poetik des Sichzeigens des Essentiellen bei Paul Nizon. Das klingt nach einem impressionstischen Aristotelismus, und das wäre nicht der schlechteste background dieser neuen Poetik. Jedenfalls ist er dadurch von den Zwangsjacken des Begrifflichen, von Handlungskontexten und *plot*-Bedürfnissen befreit, kann aber gleichwohl den Kontakt mit dem Wesentlichen aufrechterhalten, ohne sein Leben zu verleugnen. Seine Texte sind stets dem verpflichtet, was er einmal »das Erinnern der Gegenwart« nennt.[58] Das ist natürlich etwas ganz anderes, als einen verschlungenen Hand-

---

[56] Op. cit., p. 512.
[57] Peter Trawny, *Heidegger Fragmente*, op. cit., p. 144.
[58] Paul Nizon, *Das Leben geben*, in: ders., *Taubenfraß*, op. cit., p. 71.

1. Formfreisetzung

lungsablauf zu entwerfen, wie es seit der Poetik des Aristoteles bis ins 19. Jahrhundert für Romane üblich war, also mit Startkonflikten, Umschlagsprofilen (Peripetie), Krisis und tragischem oder glücklichem Ende. All das ist für die Poetik Nizons völlig irrelevant, obwohl er auch biographisch getränkte Erlebnistexte wie *Untergehen* (1972) publiziert hat.[59] Ihm geht es aber dennoch vor allem um »das Ausschlüpfen von Text aus einem musikalischen Kokon«.[60] In der Textfindung steht bei Nizon am Anfang immer eine musikalische Figur. Das hat er stets betont.[61] Solchen Klangfiguren wachsen dann erst Worte zu, die sich zu einem Text verdichten. Ein solches poetologisches Einstiegsgeständnis hätte man für einen Lyriker erwarten können, für einen Dichter in Prosa ist das eher ungewöhnlich.

Alle diese Erwägungen zur Poetik von Nizon sind philosophisch ohne Belang. Worum es in dieser Hinsicht nur gehen kann, ist dies: Nizon hat ein völlig anderes und neues Verhältnis des Dichters zur Realität erdacht und erdichtet, das unsere Aufmerksamkeit verdient. Warum? Weil es unser eigenes Verhältnis ist. Wir leben in der Tat in einem indiskreten Zwischenreich, einer analog-digital-gedoppelten, aber harmonisierten Ausdruckswelt, die schon der späte Leibniz nach dem Muster eines ›psychophysischen Expressionismus‹ explizierte, wie Hubertus Busche eindringlich gezeigt hat.[62] Darauf hinzuweisen ist heute deshalb wichtig, weil wir erneut per Digitalisierung in ein Zeitalter der Berechnung eingetreten sind, aus dem sich der späte Leibniz mit einer ganz neuen Konzeption verabschieden konnte, ohne seinen Ausgangspunkt verleugnen zu müssen. So gelang es ihm, »der mechanisch reduzierten Welt ihre gleichsam spre-

---

[59] Aber auch in diesem Roman einer Selbstverwandlung geht es Nizon nur um die Wahrnehmung von ›Valeurs‹ (ders., *Untertauchen*, Frankfurt/M. 1999, p. 16), für die er sich aus den Zwängen seiner bisherigen *commitments* befreien muß: »Untertauchen, um endlich [als Dichter] vorhanden zu sein.« (p. 70)
[60] Paul Nizon, *Ein verhinderter Romancier*, in: ders., *Taubenfraß*, op. cit., p. 108.
[61] Cf. z. B. Paul Nizon, *Über Romananfänge*, in: ders., *Taubenfraß*, op. cit., p. 83: »Das Geschehen ereignet sich auf dem Rücken einer *musikalischen* Sprachgebung, die es erlaubt, neben dem wörtlich Gesagten allerlei Ungesagtes mitzutransportieren, das den Leser in der Form von Schwingungen erreicht.«
[62] Cf. Hubertus Busche, *Leibniz' Weg ins perspektivische Universum. Eine Harmonie im Zeitalter der Berechnung*, Hamburg 1997, pp. 501 sq.

chende Tiefe zurück [zu geben]«.⁶³ An anderer Stelle kommentiert Busche dieses Anliegen von Leibniz auch so, »daß er als der Avantgardist einer höchst gewöhnungsbedürftigen *Wiederverzauberung der Welt* im mechanistischen Zeitalter Newtons gelten muß«.⁶⁴

---

⁶³ Busche, op. cit., p. 502.
⁶⁴ Hubertus Busche (ed.), *Monadologie*, Berlin 2009, *Einführung*, p. 8.

2. Das indiskrete Wesen der Welt

Von dem Mathematiker, Logiker und Philosophen Gisbert Hasenjaeger stammt der Ausdruck ›diskrete Ontologie‹.[1] Damit ist gemeint das Inventar eines Universums, das wir ausschließlich mit Algorithmen bewirtschaften. Algorithmen sind ›Turing-Maschinen‹ genannte Berechnungsvorschriften, die nach einer Eingabe und einem definierten Verfahren und nach endlich vielen Schritten zu einem Ergebnis kommen (ähnlich wie Kochrezepte). Das Universum, auf das solche Turing-Maschinen angesetzt werden können, besteht ausschließlich aus Gegenständen, die gewisse Eigenschaften haben oder nicht haben. Diese Seinsverhältnisse rechnet Hasenjaeger einer diskreten Ontologie zu. Diskret heißt hier also nicht etwa verschwiegen, sondern bloß: festgelegt auf binär codierte Verhältnisse, also auf 0 und 1. In dieser Ontologie gibt es kein ›Vielleicht‹. Hier können wir so etwas wie ein Zwischenreich nicht antreffen, ja nicht einmal suchen. Es bleibt ausgeschlossen.

Wer war nun Gisbert Hasenjaeger? Geboren wurde er 1919 und er starb 2006. Im Zweiten Weltkrieg wurde er schwer verwundet, ging auf Empfehlung von Heinrich Scholz (1884–1956) an die Universität Münster und fand hier Verwendung im Referat IVa der Chiffrierabteilung des Oberkommandos der Wehrmacht unter der Leitung von Karl Stein (1913–2000). Hasenjaeger war zuständig für die Sicherheit von *Enigma*, der Verschlüsselungsmaschine der deutschen Wehrmacht. Wie wir wissen, waren seine Bemühungen vergeblich.

Alan Turing (1912–1954) und der polnische Logiker Marian Rejewski (1905–1980) hatten Enigma bis 1940 ›geknackt‹, der verschlüsselte Funkverkehr der deutschen Wehrmacht war damit lesbar geworden. Nicht der einzige, aber sicher ein wesentlicher Grund für des militärische Desaster der deutschen Wehrmacht.

---

[1] Gisbert Hasenjaeger, *Einführung in die Grundbegriffe und Probleme der modernen Logik*, Freiburg/München 1962, p. 31. Cf. Wolfram Hogrebe, *Metaphysik und Mantik*, Frankfurt/M. 1992, Kap. IV, pp. 113 sq., hier p. 116.

Turing bewies übrigens, vielleicht seine bedeutsamste Leistung, daß das sog. ›Halteproblem‹ unlösbar ist. Es gibt keinen Algorithmus, der für alle sonstigen Algorithmen entscheiden könnte, nach wieviel Schritten sie zu einem Ende in ihren Berechnungsprozessen, d. h. ›zum Halten‹ kommen. Einen universalen Super-Algorithmus kann es nicht geben. Das ›Halteproblem‹ ist unlösbar.

Das Leben von Alan Turing endete tragisch. Er wurde 1952 in England wegen Homosexualität verurteilt. Vor die Wahl gestellt: entweder Gefängnis oder Hormonbehandlung, entschied er sich für letzteres, mit furchtbaren Folgen. 1954 starb er *manu suo* an einem mit Strychnin vergifteten Apfel. Daher stammt der angebissene Apfel der Firma Apple. Das ist vermutlich nur eine Legende, wird aber immer wieder gerne kolportiert (cf. u. a. den Artikel Apple/Wikipedia).

Nach dem Krieg ging Hasenjaeger 1962 nach Bonn. Sein Ansehen war beträchtlich. 1964/65 hatte er eine Gastprofessur in Princeton/USA. Nachdem ich Ende 1996 von Jena nach Bonn gegangen war, versuchte ich noch, mit ihm Kontakt aufzunehmen. Er antwortete mit einem wirren Brief, da er offenbar an Alzheimer erkrankt war.

Spektakulär bekannt wurde der Ausdruck ›diskrete Ontologie‹ aber erst durch die Etablierung einer ›diskreten Mathematik‹. Dies geschah 1988 wieder in Bonn. Der Chef des Instituts war von Anfang an Bernhard Korte. Er hatte schon 1987 Kontakt mit der Firma IBM geknüpft und für diese einen Chip für den Schachcomputer Deep Blue mathematisch optimiert, ein entscheidendes *tool*. Deep Blue besiegte 1997 den damaligen Schachweltmeister Garri Kasparow. Das war natürlich auch für Bonn werblich interessant. Das Institut von Korte ist spezialisiert auf kombinatorische Optimierung und Chip-Design. Korte machte jedenfalls mit seinen Bonner *tools* sehr gute Geschäfte. Er baute aus den Gewinnen das Arithmeum mit der weltweit bedeutendsten Sammlung von Rechenmaschinen, ferner legte er eine Sammlung konstruktiver Kunst an und veranstaltet regelmäßig Konzerte (*concerti discreti*).

Korte hatte ich übrigens bereits Ende der achtziger Jahre zu einem Podiumsgespräch zum Thema ›Können Computer denken?‹ nach Düsseldorf (ASG) eingeladen. Hier räumte Korte gründlich auf: »Computer sind in erster Linie dies: saudumm, aber sehr schnell.«[2]

---

[2] Im Heft zur Eröffnung der Ausstellung *Mathematik und Ästhetik des Chipdesigns* anläßlich des zwanzigjährigen Bestehens des Arithmeums am

2. Das indiskrete Wesen der Welt

Von der diskreten Mathematik läßt sich nun sehr leicht das Indiskrete abheben. Es handelt sich dabei nicht um eine vertrauensbrechende Geschwätzigkeit, sondern um eine Mathematik, die sich mit Kontinua befaßt. Das ist die klassische Analysis (per Intervallschachtelung), auch die uns aus der Schule bekannte Differential- und Integralrechnung. Beide befassen sich mit stetigen Verhältnissen, die in der diskreten Mathematik keine Rolle spielen. Schon hier kann man erkennen, daß die diskrete Mathematik vom Computer profitiert hat, vorher war sie ein Mauerblümchen. Der Ausdruck ›indiskrete Mathematik‹ hat sich übrigens nicht durchgesetzt.

Das Problem, das hier gleichwohl im Hintergrund steht, ist folgendes: Lassen sich indiskrete Verhältnisse, also kontinuierliche, ohne Informationsverlust in diskrete übersetzen oder nicht? Dasselbe Problem betrifft auch den Kontrast zwischen analog und digital. Lassen sich analoge Verhältnisse komplett in digitale übersetzen oder nicht? Die Antwort wird derzeit noch lauten: Nein. Ohne Daten-reduzierende Kompressionsalgorithmen geht (wegen übergroßen Speicherplatzbedarfs) nichts. Was die zu erwartende Entwicklung von Quantencomputern angeht, die die Sachlage schlagartig ändern könnten, muß ich hier offen lassen.

Weder lassen sich jedenfalls derzeit indiskrete, kontinuierliche Verhältnisse, noch analoge Verhältnisse restlos in diskrete bzw. digitale übersetzen. Aber, so ergänzen die Vertreter des Diskreten und Digitalen sofort: Wir arbeiten an Approximierungen. Die diskrete Ontologie wird irgendwann so angereichert sein, daß sie auch Kontinua abdeckt. Dann verschwindet das Indiskrete im Diskreten und das Analoge im Digitalen. Damit erhielte die diskrete Ontologie das ontologische Monopol. Dem entspricht die sog. Church-Turing-These (Alonzo Church 1903–1995, Lehrer von Alan Turing): Alle im intuitiven Sinn berechenbaren Funktionen sind Turing-berechenbar. Hier gibt es keinen intuitiven Rest. Gewaltige Reste gibt es allerdings in der reinen Mathematik. Aber das ist ein anderes Thema.

Es bleibt aber dennoch eine Frage. Wozu brauchen wir überhaupt das Indiskrete und Analoge? Erinnern wir uns an die verblüffende Mitteilung von Bernhard Korte: Computer sind saudumm, aber sehr

---

2.12.2019 im Beisein von Ministerpräsident Armin Laschet findet sich auch Kortes andere Version: »Ein Computer ist ein Vollidiot mit der Begabung extrem schnell zu sein.«

schnell. Damit rückt Schnelligkeit in unsere Optik. Wann brauchen wir Schnelligkeit?

Wenn die Zeitressourcen knapp sind.

Die Sprachentwicklung hat ebenfalls damit zu tun. Knappe Zeitressourcen haben z. B. zur Entwicklung von Befehlssprachen geführt: »Stillgestanden!« Vielleicht sogar schon zur Sprache von Zahlen. Benutzen wir sie, können wir davon absehen, wie das beschaffen ist, was gezählt wird, ob nun Finger oder Kieselsteine. Das spart Zeit, läßt jedoch Qualitäten verschwinden.

Vielleicht verdankt sich die Entwicklung der Sprache überhaupt der Zeitnot: Sprachen sind ja auch Abkürzungssysteme. Die rituelle, gestische und mimetische Weitergabe von Informationen wird zeitsparend durch symbolische, d. h. hier sprachliche Zeichen ersetzt.

Es gibt aber auch heute noch Zonen, wo das Analoge bzw. Indiskrete unentbehrlich ist. Das ist da der Fall, wo wir in eine intime Kommunikation eintreten, z. B. mit Kleinkindern. Wer ein Kind tröstet, tröstet keine Körperzellen, sondern eine Seele. Die kommt in einer diskreten Ontologie natürlich nicht vor. Auch die Sprache der Lyrik zehrt übrigens von solchen intimen Kommunikationsformen. Man denke an Heine: »Ich weiß nicht, was soll es bedeuten, daß ich so traurig bin.« Auch Bilder können diskret nicht restlos erfaßt werden, jedenfalls nicht als ›bildaktfähige‹, d. h. subsemantisch ›geladene‹ Tableaus. Das gilt ebenso für die Musik. Was wir also brauchen ist ein System, das analoge und digitale Verhältnisse erfassen kann, ein Monopol kann es hier wohl nicht geben.

So stellt sich an dieser Stelle die Gretchenfrage unserer Zeit: Wie steht es um die sog. künstliche Intelligenz? Oder anders: Läßt sich unsere Hirnfunktion digital entschlüsseln?

Die sog. KI, soviel können wir hier schon sagen, ist ein pures Versprechen, solange es nicht gelungen ist, das Monopol der diskreten Ontologie wirklich zu etablieren. Informationsverarbeitende Hirne sind jedenfalls noch keine denkenden.

Ähnliches gilt für die digitale Entschlüsselung der Hirnfunktionen. Das Problem ist hier: Der Parallele von Hirn und Computer sind derzeit noch unüberwindliche Schranken gesetzt. Hirne sind nicht, wie der verstorbene Bonner Hirnforscher Detlev Linke (1945–2005) zu bedenken gab, ›getaktet‹, sie haben keinen Prozessor. Ein denkendes Hirn ist etwas anderes als ein Computer. Bloß was?

Die Hirnforscher Wolf Singer, Christoph von der Malsburg et al. hatten herausgefunden, daß die Organisation des Hirns durch keine

2. Das indiskrete Wesen der Welt

Befehlszentrale erfolgt, sondern in einem sich selbst organisierenden einschwingenden Synchronisationsprozeß.

Daraus schloß Singer, nicht von der Malsburg, das Hirn habe immer schon entschieden, bevor wir uns entscheiden. Daher könne das Strafrecht abgeschafft werden, denn wir seien nicht frei.

Am 11. Februar 2002 traf ich Singer in Heidelberg zu Gadamers 102. Geburtstag. Hier hatten wir Zeit zu einem ausführlichen Gespräch, weil der alte Herr auf sich warten ließ (er kam dann doch nicht mehr). Damals erläuterte mir Singer die neuen Ergebnisse seiner Forschungen am Sehnerv. Er malte mir die Figuren auch auf. Ich sagte ihm: Das sieht eher aus wie eine musikalische Struktur. Er sagte: Ja, genau. Ich antwortete: Warum sagen Sie das nicht öffentlich? Er: »Dann bekomme ich keinen Nobel-Preis.« Bislang hat er diesen auch so nicht erhalten.

Über die Grenzen der Digitalisierung müßte man gesondert verhandeln. Klar ist: Gäbe es nur Informationen und keine Gedanken mehr, könnten wir mehr als die Hälfte unserer Kulturleistungen abschaffen. Der Begriff der Information ist gegenüber dem, was man Geist nennt, vermutlich zu eng, ebenso wie Begriffe der Berechenbarkeit und der neuronalen Netze.

Mit diesen drei Instrumenten, so hilfreich sie in verschiedenen Anwendungssegmenten, z.B. in der Sensortechnik, auch sind, mit ihnen allein können wir unserer szenischen Existenz wohl nicht gerecht werden.

Zum Schluß möchte ich noch einen Befund nennen, der die These, daß die Architektur von Hirn und Turing-Maschine identisch ist, als zweifelhaft erscheinen läßt. Wann sind Computer uns gegenüber im Schnelligkeitsvorteil? Ersichtlich dann, wenn es um Registraturen diskreter Verhältnisse geht (*big data*). Anders ist es jedoch, wenn es um die Registratur indiskreter Verhältnisse geht. Wenn ich ein schlecht beleuchtetes Zimmer betrete, registriere ich schlagartig, welche Stimmung hier herrscht, dann habe ich z.B. ein ›mulmiges‹ Gefühl. Das Programm für eine solche Registratur wäre extrem aufwendig und erhöht die Rechenzeit gewaltig. Im Diskreten ist der Computer unschlagbar schnell, im Indiskreten sind wir es. Über diese Asymmetrie darf nachgedacht werden. Hirne bewerten unübersichtliche Informationslagen schon allein auf Gefühlsbasis. Das ist für das Sicherungsverhalten von Menschen von eminenter Bedeutung. Insofern ist unser Umgang mit dem Indiskreten auch evolutionär vorteilhaft.

Je schwächer das Subjekt, desto stärker das Objekt. So wird gerade unsere Schwäche ein unerwarteter ›Werkstoff‹ (*matter of activity*), mit dessen elaborierter Hilfe wir gerne bereit sind, der Stärke des Objekts Tribut zu zollen, ohne uns vergessen zu müssen. So könnten wir auch Realisten bleiben, ohne uns von Objekten versklaven zu lassen.

Dennoch bleibt hier ein Desiderat. Was wir benötigen, ist eine Konzeption, die analoge und digitale, diskrete und indiskrete Verhältnisse nicht jeweils auf einer Seite monopolisiert, sondern beide Seiten harmonisiert und in einem notwendigen Zusammenhang vorstellig macht. Einer nicht identischen, aber ähnlichen Problemlage hat sich schon Leibniz gestellt. Wie kommt es, daß eine diskret mechanisierte Tonerzeugungsmaschine wie ein Klavier, wenn in getakteter Weise zum Klingen gebracht, uns zu entzücken vermag? Das Diskrete repräsentiert die Tastatur, das Indiskrete die mit ihnen erzeugten Tonfolgen, die uns gefallen können (nicht müssen). Leibniz zieht dieses Beispiel auch in dem viel zitierten Paragraph Nr. 17 seiner Schrift *Les principes de la nature et de la grâce* (1714) heran: »Die Musik gefällt uns, obwohl ihre Schönheit nur in Übereinstimmungen von Zahlen und im Abzählen von Takten oder Schwingungen der tönenden Körper besteht, die sich in gewissen Intervallen folgen; welches Zählen uns nicht bewußt wird, ohne daß die Seele es doch unterlassen kann.«[3] Leibniz kann dieses Phänomen sogar generalisieren und er tut es: »Das Vergnügen, das das Auge in den Proportionen findet, ist von der gleichen Art; und die Vergnügen, die die anderen Sinne verursachen, gehen auf Ähnliches zurück, obschon wir es nicht so deutlich erklären können.«[4] Das Indiskrete besteht hier generell in sinnlich erfahrbaren Harmonien, die auf der Basis von »Vergnügen der Sinne (*plaisirs de sens*)« sogar »ein Vergnügen des Geistes (*plaisir de l'esprit*)« oder »geistige Vergnügen (*plaisirs intellectuels*)«[5] bewirken können. Nicht der diskrete Unterbau, sondern der indiskrete Überbau (Tonfolgen, Harmonien) bereitet Vergnügen, ohne daß der Unterbau verleugnet werden darf, denn ein schlecht gestimmtes Klavier kann das Vergnügen beträchtlich mindern.

---

[3] Gottfried Wilhelm Leibniz, *Kleine Schriften zur Metaphysik* (ed. Hans Heinz Holz), Darmstadt 1965, p. 437.
[4] Ibid.
[5] Ibid.

2. Das indiskrete Wesen der Welt

Leibniz hat hier ein Konzept vorgelegt, in dem Diskretes und Indiskretes konfiguriert erscheinen. Diese Konfiguration bezeugt auf ihre Weise die universelle Harmonie (*harmonie universelle*) des Universums, die sich natürlich in der Architektur unserer geistigen Verfassung insgesamt wiederfinden lassen muß. Diese Harmonie verdankt sich einem Verträglichkeitsprinzip (Prinzip der Konvenienz), ohne das nichts existieren könnte. Seinem Status nach muß dieses Prinzip daher allem vorhergehen, prä-etabliert sein, sonst könnte es nichts geben. Folglich ist es für Leibniz göttlichen Ursprungs.

Die Doppelung eines Diskreten und Indiskreten, für die Leibniz als Beispiel die Expressivität der Künste angeführt hat, findet sich auch in unseren Vorstellungen (Perzeptionen). So können sie nach Leibniz mechanisch nicht erklärt werden. Hier bietet er in § 17 seiner *Monadologie* (1714) ein berühmtes Gedankenexperiment an. Man denke sich, »daß es eine Maschine gäbe, deren Bauart es bewirke, zu denken, zu fühlen und Perzeptionen zu haben«. Diese Maschine denke man sich so groß wie eine Mühle (*moulin*), so daß man sie betreten könnte: »Dies gesetzt, wird man in ihr, sobald man sie besucht, nur Stücke finden, die einander stoßen, und niemals etwas, was eine Perzeption erklären möchte.«[6] Insofern ist im prägnanten Sinne auch nach Leibniz so etwas wie eine *artificial intelligence* unmöglich. Das liegt daran, daß wir, wie alles, aus Monaden bestehen, die immateriell sind und von ihm auch als einfache Substanzen bezeichnet werden: »So muß man die Perzeption in der einfachen Substanz und nicht in dem Zusammengesetzten oder in der Maschine suchen.«[7]

Ein schwieriges Problem für eine Monadenmetaphysik ist die Etablierung von indiskreten Aktivitäten oder Bewegungen. Leibniz gründet diese in den Übergängen von Perzeptionen. Diese Übergänge müssen zwangsläufig aus einem inneren Prinzip der Monaden hervorgehen. Leibniz bietet hier eine freilich sehr dunkle Erläuterung an: »Die Tätigkeit des inneren Prinzips, die die Veränderung oder den Übergang von einer Perzeption zur anderen bewirkt, kann *Strebung* (*appetitus*) genannt werden. Es ist wahr, daß der Appetitus nicht immer ganz und gar zu der Perzeption gelangen kann, auf die er angelegt ist, aber er erlangt immer irgendetwas und dringt zu

---

[6] Leibniz, *Kleine Schriften zur Metaphysik*, op. cit., p. 445/47.
[7] Ibid. – Mir ist bekannt, daß einige Interpreten die Leibniz-Grenze einer durchgängigen Naturalisierung nicht ernst nehmen, aber ihre Argumente konnten mich nicht überzeugen.

neuen Perzeptionen vor.«[8] Was Leibniz hier vor Augen zu schweben scheint, ist wohl unsere focussierende oder intendierende Aktivität, die jeder Monade inhärent ist und den Ursprung jeder Bewegung ausmacht.[9] Das ist sicher eine indiskrete Matrix der Bewegung fern von jeder mechanistischen Auffassung. Intentionalität als Ursprung der Bewegung ist gewiß eine erläuterungsbedürftige Konzeption, aber eine stimulierende. Man würde gerne wissen, was heutige Physiker dazu sagen.

Keine Frage, daß ein Konzept wie Monade, einfache Substanz, metaphysischer Punkt (*Les Monades ne sont pas des points mathematiques*)[10] oder konstitutive Form (*formes constitutives*), wie Leibniz auch schreibt,[11] schwer zu verstehen, ja nicht restlos zu interpretieren sind. Es handelt sich jedenfalls um individuierende Formen, die, wie Leibniz sehr wohl weiß, in einer naturwissenschaftlichen Physik nicht zu gebrauchen sind.[12] Gewiss kann man sagen, was der Tenor seiner Theorie ist: Es geht ihm um die begründete Wohlordnung der Welt auf dem Hintergrund einer Überblendung von diskreten und indiskreten Folien. Aber auch das genügt nicht. Zentral für seine Intuition ist zugleich ein Ausgleich zwischen Aktivität und Passivität, von Rezeptivität und Spontaneität, also überhaupt eine Harmonie zwischen konträren Auffassungen des Universums. Ein wichtigstes Handwerkszeug, um dieses Ziel zu erreichen, ist bei ihm die Einführung eines Gradualismus zwischen Klarheit und Dunkelheit unserer Perzeptionen (Vorstellungen). Das führt ihn zu einer Ausweitung der Erkenntnistheorie. Die cartesische Distinktion zwischen klaren sowie allein erkenntnisfähigen und dunklen, aber bloß dumpfen Vorstellungen, wird von Leibniz in ein Kontinuum der Übergänge von dunkel zu klar überführt: »Und darin haben

---

[8] Leibniz, *Monadologie* § 15, in: *Kleine Schriften*, op. cit., p. 445.
[9] Leibniz hat eine äußerst anspruchsvolle und natürlich bis heute ebenso schwer verstehbare Theorie der Kraft vorgelegt. Hierzu hat wieder Horst Bredekamp einen vorzüglichen Text geschrieben, der 2020 erscheinen wird (*Leibniz' Konzept des Agens*).
[10] Leibniz, *Monadologie* § 7 (Entwurf und A), in: *Kleine Schriften*, op. cit. p. 441.
[11] Cf. *System nouveau* § 4, in: *Kleine Schriften*, op. cit., p. 207.
[12] Im *Discours de Métaphysique* § 10 schreibt Leibniz in schöner Offenheit: »Ich stimme damit überein, daß die Betrachtung dieser Formen in den Einzelheiten der Physik zu nichts dient und nicht zur Erklärung der Erscheinungen im besonderen angewandt werden darf« (*Kleine Schriften*, op. cit., p. 79).

2. Das indiskrete Wesen der Welt

die Cartesianer sehr geirrt, daß sie die Perzeptionen, die man nicht wahrnimmt, für nichts zählten.«[13] Damit konnte er sogar unbewußte Perzeptionen thematisieren und er tat es. Aber sie verlieren nie den Kontakt mit dem Licht der klaren und distinkten Perzeptionen, die unsere begriffliche Ausstattung ausmachen. Auch dunkle Perzeptionen haben einen genuinen Erkenntniswert. Als Beispiel dienen ihm hier die Künste, Schlaf, Traum, Ohnmacht, Betäubungen und Tod, den es *metamorph* nicht gibt.[14] Auch Tiere nehmen seiner Konzeption zufolge an diesem Kontinuum teil. Descartes vermochte solche Wertschätzungen nicht zu thematisieren. Leibniz jedoch erreichte hier einen Tiefensog, der unter anderem bis in die Psychoanalyse des 19. Jahrhunderts und bis heute reicht.

Wichtig sind hier insbesondere seine Theorien des augenblicklichen Erfassens eines Ganzen (*coup d'œil*) und der kleinen Perzeptionen (*petites perceptions*) geworden, die auch anthropologisch ungemein relevant sind. Wir schauen die Welt nicht als abzählbare Summe oder im Gitter von Prädikaten an, sondern bemerken auch unscheinbare Details und Nuancen, d. h. das gesamte indiskrete Milieu der Welt. Der *visus* geht nach Leibniz in seiner indiskreten Stärke unseren kalkulierenden, diskreten Zugriffen vorher, *ohne sie zu dementieren*. In ihm gründet unsere szenische Weltstellung und -orientierung. Eben dieser Stellung kann ein dualistisch angelegter Cartesianismus nicht gerecht werden. Aber die Götterdämmerung dieser Tradition hat schon lange eingesetzt.

Dafür haben, was Leibniz angeht, Philosophen höchst selten, sondern interessanterweise vor allem Kunsthistoriker gesorgt. Insbesondere Horst Bredekamp hat die eminente Bedeutung gerade von Leibniz als Theoretiker des *visus* in vielen Arbeiten herausgearbeitet: »Leibniz ist darin zu Beginn des einundzwanzigsten Jahrhunderts von besonderer Aktualität, daß er die Alternative von Kalkülisierung und Intuition vermeidet.«[15] So allerdings ist Leibniz

---

[13] *Monadologie*, § 14, in: *Kleine Schriften zur Metaphysik*, op. cit., p. 445.
[14] Cf. *Monadologie* §§ 20–24, in: *Kleine Schriften zur Metaphysik*, op. cit., p. 447–449.
[15] Horst Bredekamp, *Die Fenster der Monaden. Gottfried Wilhelm Leibniz' Theater der Natur und Kunst*, Berlin 2004, p. 194. Cf. u. a. auch ders., *Die Erkenntniskraft der Plötzlichkeit. Hogrebes Szenenblick und die Tradition des* Coup d'Œil, in: *Was sich nicht sagen läßt. Das Nichtbegriffliche in Wissenschaft, Kunst und Religion* (eds. Joachim Bromand / Guido Kreis), Berlin 2010, pp. 455 sq.

seit Beginn des 20. Jahrhunderts (Russell, Couturat) von den Philosophen nicht rezipiert worden, wohl aber, das war die singuläre Ausnahme, von Cassirer. Philosophen nahmen Leibniz in der Regel nur als Logiker und Meister des Kalküls auf. Das war er zweifellos auch, aber eben nicht nur, da er »in der transmathematischen Schau eine übergeordnete Dimension erfährt«.[16] In dieser gedoppelten Sichtweise einer zwischen Diskretem und Indiskretem oszillierenden Monade in einem lichtdurchfluteten Universum[17] wird Leibniz ein Gesprächspartner für unsere Zeit, denn »er immunisiert gegen Theologen des Computers ebenso wie gegen die von der Welt des Digitalen enttäuschten Sinnsucher«.[18]

Die tiefere Bedeutung der von Leibniz erfaßten Polarität von Diskretem und Indiskreten besteht aber darin, daß selbst elementare Prinzipien unserer geistigen Verfassung, die wir mit Begriffen wie ›Wahrheit‹, ›Gerechtigkeit‹, ›Schönheit‹ etc. benennen, ebenso diskrete wie indiskrete Bedeutungsanteile aufweisen. Sie sind zwar kriteriellen Fassungen nicht unzugänglich, aber es bleibt dennoch stets ein indiskreter Rest; wie Leibniz immer wieder gerne sagt: ein *je ne sçay quoy*. Deshalb hört die Diskussion über solche Prinzipien in der Philosophie nie auf. Wissenschaftstitel wie ›Philosophie‹, ›Physik‹, ›Mathematik‹ etc. sind in ihren Bedeutungen ähnlich verschattet. Auch ›Tatsachen‹ kann man nicht *zählen*, sie machen keine wohldefinierte Menge aus, aber es gibt sie doch und man kann einige von ihnen *aufzählen*, jedenfalls von ihnen *erzählen*. Um solche kleinen Unterschiede zu bemerken, bedarf es, wie Leibniz in § 24 seiner *Monadologie* einmal bemerkte, eines höheren Geschmacks (*un plus haut goût*). Hätten wir diesen nicht, wären wir »immer im Zustand der Betäubung (*l'étourdissement*)«.[19]

In der Metaphysik von Leibniz muß also das Indiskrete die gesamte Last seiner Ontologie tragen, nicht das Diskrete, das nur ein Derivat des Indiskreten ist. Denn einzig auf dem flüssigen Boden des Indiskreten kann es ein Problem der Einheit überhaupt geben, wer-

---

[16] Bredekamp, *Die Fenster*, op. cit., ibid.
[17] Zu diesem Hintergrund cf. die behutsamen Ausführungen zu einer bei Leibniz nur in Andeutungen greifbaren esoterischen Lehre im Stile einer Lichtmetaphysik von Hubertus Busche in der Einführung zu dem von ihm herausgegebenen Band *Monadologie*, op. cit., pp. 24 sq.
[18] Ibid.
[19] Leibniz, *Kleine Schriften*, op. cit., p. 449.

2. Das indiskrete Wesen der Welt

den die individuierenden Formen oder Monaden notwendig. Das Diskrete ist ja schon individuiert, aber um den Preis einer Fülle von Phänomenalität. Das Diskrete ist nicht kontextsensitiv, das Indiskrete sehr wohl. Diesen Umstand fängt Leibniz in seinem berühmten Bild ein, daß jede Monade ein Spiegel des Universums ist, ein *miroir d'universe*. Jede Monade enthält die Gesamtinformation des Universums, die ihr allerdings nur in unterschiedlichen Helligkeitsgraden und daher manches überhaupt nicht perzipierbar ist. Dazu tritt, daß wir nur einen perspektiveabhängigen Zugang zur Welt haben, wie Leibniz gerne an unseren Zugängen zu einer großen Stadt demonstriert, »die von verschiedenen Seiten betrachtet wird«.[20] Was perspektivisch vielfältig erscheint, ist dennoch ein und dasselbe. Aber manches können wir auch nur in einer Gesamtheit perzipieren, das Rauschen des Meeres, das aus dem Geräusch kleiner Wassertropfen besteht, oder auch in unseren Wahrnehmungen eines Schwarms, der sich aus kleinen Fischen bildet, oder einer Herde von Tieren, selbst das, was man ›Ich‹ nennt als Invariante reflexiver Akte. Alle diese Beispiele führt Leibniz immer wieder gerne an. Von ihnen hat in dieser Sache die spätere Theorie der Gestaltwahrnehmung gelernt, ob sie es wußte oder nicht. Schon im 18. Jahrhundert wurde im Korridor von Leibniz das Auseinanderfallen von Gesamteindruck und Detail bemerkt. Georg Friedrich Meier (1718–1777), Schüler des Wolffianers Alexander Gottlieb Baumgarten, dem Erfinder der Disziplin Ästhetik, wies darauf hin, daß der Liebreiz, den wir im Gesicht eines weiblichen Wesens wahrnehmen, genau dann verschwindet, wenn wir ihr Gesicht mit einem Mikroskop untersuchen: »Die Wangen einer schönen Person, auf welchen die Rosen mit einer jugendlichen Pracht blühen, sind schön, solange man sie mit blossen Augen betrachtet. Man beschaue sie aber durch ein Vergrößerungsglas. Wo wird die Schönheit geblieben sein? Man wird es kaum glauben, daß eine ekelhafte Fläche, die mit einem groben Gewebe überzogen ist, die voller Berge und Thäler ist, deren Schweislöcher mit Unreinigkeit angefüllt sind, der Sitz desjenigen Liebreitzes sey, der die Herzen verwundet.«[21] Meier hat Recht: Das Indiskrete verschwindet manchmal, wenn wir es auf eine diskrete Basis reduzieren wollen.

---

[20] *Monadologie* § 57, *Kleine Schriften*, op. cit., p. 465.
[21] Georg Friedrich Meier, *Anfangsgründe aller schönen Wissenschaften*, Bd. I, Halle 1754, repr. Hildesheim/New York 1976, § 23, p. 39.

Es gehört zu den Merkwürdigkeiten der Philosophie des 20. Jahrhunderts, daß ausgerechnet Martin Heidegger in seinen Vorlesungen und Seminaren immer wieder auf Leibniz zu sprechen kam. Was suchte er bei ihm?

Heidegger war stets daran gelegen, jeden Platonismus zu vermeiden. Deshalb scheute er auch ein intensiveres Eingehen auf die Tradition Platons, insbesondere auf den Neuplatonismus eines Plotin, Proklos, Damaskios und später Eriugena. Um aber den Reichtum dieser Tradition nicht völlig aus der Hand zu geben, interessierte ihn die internalistische Ontologie der *Monadologie*. Bei Leibniz gibt es einen ontologischen Dualismus nach dem Modell Platons nicht, oder noch robuster: gegen Descartes nicht. Genau das faszinierte Heidegger. Wie intensiv er sich mit Leibniz auseinandergesetzt hat, wissen wir, seitdem Günther Neumann den Band 84.1 der *Gesamtausgabe* 2013 herausgegeben hat, der auch Notizen und Protokolle zu seinem 1935/36 in Freiburg gehaltenen Seminar zu Leibniz enthält. Hier finden sich Materialien von Heidegger und seinen Schülern, zu denen damals auch Karl Rahner, Helene Weiß, Anneliese Mayer, Karl Ulmer, Herbert Marcuse und Wilhelm Hallwachs u. a. gehörten.

Aus den Notizen von Heidegger geht deutlich hervor, daß er sich über die Schwierigkeiten einer angemessenen Interpretation der *Monadologie* völlig im Klaren war. Das liegt vor allem an ihrem thetischen Charakter. Methodisch gesehen ist die Gedankenführung von Leibniz keine ›Deduktion‹, schon gar keine ›Induktion‹: »Die Methode – weder deduktiv noch induktiv«. Heidegger fügt noch an: »Leibniz selbst im unklaren.«[22] Hieraus entspringt für den Interpreten die prekäre Situation, mit einem in sich ambivalenten Text fertig werden zu müssen. Heidegger fragt sich beispielsweise mit Blick auf den Weltbegriff bei Leibniz: »Inwiefern ist er notwendig zweideutig?«[23] Das liegt in erster Linie daran, daß Leibniz eine ganz neue Ontologie des Indiskreten vorgelegt hat, zu der es kein

---

[22] Martin Heidegger, *Gesamtausgabe*, Bd. 84.1, *Seminare*, ed. Günther Neumann, Frankfurt/M. 2013, p. 521. Cf. auch p. 449. Cf. dazu Günther Neumann, *Die Gesamtinterpretation der ›Monadologie‹ in Heideggers Leibniz-Seminar vom Wintersemester 1935/36*, in: *Heidegger Studies* vol. 33 (2017) pp. 27–75; ferner ders., *Sein und Monade. Leibniz' ›Monadologie‹ als eine Quelle Heideggers für die metaphysische Seinsfrage*, in: *Heidegger Studies* vol. 35 (2019) pp. 161–174.
[23] Heidegger, op. cit., p. 525.

2. Das indiskrete Wesen der Welt

prägnantes Vorbild gibt. Das ist auch für Heidegger ausgemachte Sache. Er notierte sich: »*Mo[nade]* das Einzelne der Übergänge (...) verfließend und nicht dist[inkt].«[24] Oder auch: »Monade ›hat‹ kein Inneres, sondern ›*ist*‹ ein ›Inneres‹, d. h. kein Äußeres.«[25] Besser kann man das Indiskrete nicht charakterisieren. Im Lichte dieser Interpretation erscheint die berüchtigte Fensterlosigkeit der Monaden in einem anderen Licht: das Sein des Inneren braucht gar keine Fenster, weil im Inneren allein alles sichtbar wird.[26]

So wird Leibniz, da er alle ontologischen Dualismen vermeiden will, für Heidegger zum Theoretiker des Zwischenreiches. Sein gegenstandsloser Gegenstand ist, so Heidegger, »*am ehesten ein ›Zwischen‹*«.[27] Deshalb braucht er die Monaden, die gerade da noch Halt bieten, wo im Zwischenreich alles zu verfließen scheint. Heidegger: »Substanzen sind nicht Bestand-*teile* des Körpers, sondern das Bestand-Gebende für Körperhaftigkeit überhaupt.«[28] Das Indiskrete etabliert noch das Diskrete, und bleibt in ihm erhalten: Die Monade ist »selbst das als Substanz, was der Körper als Phänomen ist«.[29]

Heidegger versucht Leibniz als Denker des Seyns zum Sprechen zu bringen. Dies gelingt ihm mit der Formel: »*Seyn ist – das vorstellende Übersichhinaus als eigentliches Insichbleiben.*«[30] Man könnte diese Formel als Maxime eines internen Platonismus auffassen, der die Individuierung von allem und jedem in sich befaßt. Eine Monade kennt kein Außen, das nicht wieder ein Innen wäre. Alles, was *ist*, muß *sich* repräsentieren. Was sich repräsentiert, ist schon alles.

Man darf sich nichts vormachen: die Konzeption der *Monadologie* ist apart. Man merkt Heideggers Notizen zu seinem Semi-

---

24 Heidegger, op. cit., p. 420.
25 Heidegger, op. cit., p. 506. Cf. hierzu auch die Korrektur Heideggers im Protokoll der Seminarsitzung (von Josef Fürst) vom 11.12.35. Im Protokoll schreibt Fürst: »Die Monade ist einfach, aber sie hat Perzeptionen.« Heidegger hat das ›hat‹ unterstrichen und darübergeschrieben: *ist* (Anm. 40 des Herausgebers, op. cit., p. 600).
26 Cf. hierzu Horst Bredekamp, *Monaden sind Fenster. Perspektiven eines befreiten Leibniz*, in: Alexander Fischer / Annette Wienmeister (eds.), *Grenzgänge in der Philosophie. Denken darstellen*, Paderborn 2019, pp. 77–95.
27 Heidegger, op. cit., p. 474.
28 Heidegger, op. cit., p. 443.
29 Heidegger, op. cit., p. 495.
30 Heidegger, op. cit., p. 515.

nar über diese Schrift an, daß er um ihr Verständnis ringt.[31] Auch heute befinden wir uns keineswegs in einer komfortableren Situation. Immerhin ist es Heidegger gelungen, Leibniz aus dem ihm im 20. Jahrhundert verordneten Verlies als Logiker wieder herauszuholen. Ohne seine Metaphysik ist die Gesamtintuition von Leibniz nicht verständlich zu machen. Er war auch kein Feind der Sinnlichkeit, wie Horst Bredekamp eindrucksvoll gezeigt hat, sondern versuchte gerade umgekehrt, ihr erkennendes Potential auf einer subsemantischen Basis aufzuschlüsseln, um die Erkenntnistheorie und Ontologie als erweiterungsfähig und -bedürftig zu erweisen. Man darf sagen, daß ihm das gelungen ist. Rationalismus und Empirismus erscheinen in seinem Konzept als Fragmente einer großen Erzählung, von der er in seiner *Monadologie* eine rätselhaft bleibende Skizze geliefert hat.

---

[31] Es ist sehr eindrucksvoll, mit welcher ernsthaften Intensität Heidegger dieses Seminar über Leibniz vorbereitet und geleitet hat. Seine stupende Kenntnis des gesamten Werkes, einschließlich des Briefwechsels, ist nicht zu übersehen. Auch die Kenntnis der gesamten Forschungsliteratur seiner Zeit spricht aus seinen Notizen. Cf. insbesondere seinen Rückgriff auf Dietrich Mahnke, *Leibnizens Synthese von Universalmathematik und Individualmetaphysik*, Halle 1925; hierzu Heidegger, op. cit., p. 526.

3. Das philosophische Echo des Indiskreten

Omne possibile exigit existere, alles was möglich ist, strebt nach Existenz, heißt es bei Leibniz häufiger.[1] Wenn das so ist, strebt auch das, was gedacht werden *kann*, danach gedacht zu *werden*. Und wenn es einmal gedacht worden ist, ist es unwahrscheinlich, daß es nicht wieder gedacht wird. So ist es dennoch erstaunlich, daß die Ontologie des Indiskreten, die Leibniz entworfen hat, lange unbeachtet blieb. Sie taucht erst im 20. Jahrhundert wieder auf und zwar bei einem Denker, der gar nicht wußte, daß er in dieser Sache im Erbschatten von Leibniz stand. Das war Heinrich Rickert (1863–1936).[2] Dieser

---

[1] Zuerst in Leibniz, *De veritatibus primis* (1686/89), in: *Kleine Schriften*, op. cit. p. 176/77.
[2] Zu den innersystematischen Gründen des Scheiterns der Schule des südwestdeutschen Neukantianismus, besonders auffällig in der seltsamen Wende Rickerts 1933 zum Nationalsozialismus, cf. Hans Friedrich Fulda, *Krise und Untergang des südwestdeutschen Neukantianismus*, in: Hans Jörg Sandkühler (ed.), *Philosophie im Nationalsozialismus*, Hamburg 2009, p. 83–132. Fulda sieht den systematisch immanenten Punkt, der zum Untergang der Schule führte, u. a. in dem Umstand, daß z. B. Rickert an einem theoretischen Primat auch auf praktischen Feldern festhielt und vor allem die Einengung des Geistes auf Kultur (Kulturwissenschaft) propagierte, wodurch er den Universalismus Kants unter der Hand preisgab und auf einen Kulturrelativismus zusteuerte. Kulturen sind ja stets expressiv ausdifferenzierte Profile von Völkern. Diese Brücke sollte allerdings nicht betreten werden. Der siebzigjährige Rickert tat es doch, obwohl er vor 1933 nicht direkt ›rechtslastige‹ Äußerungen von sich gegeben hatte. Allerdings gibt es schon im Schlußkapitel des Buches *Grenzen der naturwissenschaftlichen Begriffsbildung* (5. Aufl. 1929, p. 715) zum Stichwort ›die ethische Bedeutung der Nation‹ mehr als peinliche Ausführungen, die die ganze Schieflage seiner Ethik im Sinne von Fulda dokumentieren: »unbefangener und rücksichtsloser [sic, W.H.] als das einzelne Individuum wird ein Volk, das sich seiner Aufgaben bewußt ist, seine Individualität durchsetzen.« (p. 716). Wer ›Geisteswissenschaften‹ in ›Kulturwissenschaften‹ umtiteln will, muß wissen, was er tut. Geist steht für eine allen Dezisionen entzogene Universalität, Kultur schon nicht mehr. Geist ist das Köstlichste der Menschheit, Kultur eine schon gefährdete Kostbarkeit.

war nach und mit Wilhelm Windelband (1848–1915) der wichtigste Denker des sogenannten ›südwestdeutschen Neukantianismus‹ und hatte seit seiner Heidelberger Zeit (ab 1915, vorher Freiburg) als Nachfolger von Windelband beträchtlichen Einfluß auch auf Max Weber (1864–1920). 1915 habilitierte sich bei Rickert, noch in Freiburg, Martin Heidegger.

Rickert ist vor allem mit seinem Buch *Die Grenzen der naturwissenschaftlichen Begriffsbildung* von 1902 (Tübingen) bekannt geworden. Seit der 4. Auflage 1921 widmete er das Buch dem Andenken an Max Weber (gest. 1920), den Rickert schon seit seinen Freiburger Jahren kannte, mit ihm befreundet war und in kritischem Austausch stand.[3]

Den Sprung vom Diskreten ins Indiskrete vollzieht Rickert rein formal bereits am Anfang dieses umfangreichen Buches. Er unterscheidet hier die »unübersehbare Mannigfaltigkeit der anschaulichen Wirklichkeit« vom »Begriff eines in unendlich viele mathematische Punkte zerlegbaren homogenen Kontinuums«.[4] Rickert behauptet hier, daß wir durch die suggestive Brille der mathematischen Begriffsbildung verführt, »die *heterogene*, kontinuierliche, anschauliche Wirklichkeit« geradezu »verdrängen«: »Unübersehbar bleibt die Wirklichkeit, die uns unmittelbar gegeben ist, deswegen, weil jeder ihrer unbegrenzt vielen Teile von allen anderen verschieden ist, also seine einzigartige individuelle Gestaltung besitzt.« Nur hier ist man auch eines Neuen fähig und muß mit ihm ständig rechnen. »Etwas prinzipiell Neues, noch Unbekanntes« kann uns in einer mathematisierten Reihe »niemals begegnen«.[5] Genau das ist Rickerts Hauptargument für die individualisierende Begriffsbildung der Geisteswissenschaften, die er Kulturwissenschaften nennt. Sie hat es mit Unübersehbarem zu tun, aber es ist eine unübersehbare Fülle in der Tiefe von individuellen Gestalten, die es zu vergegenwärtigen gilt. Nicht nur Personen gehören dazu, sondern auch ihre historischen Kontexte. Alles bleibt individuell, gleichwohl unübersehbar. Das trennt die historischen Geisteswissenschaften vom diskreten Mi-

---

[3] Hierzu Sven Wöhler, *Das heterologische Denkprinzip Heinrich Rickerts und seine Bedeutung für das Werk Max Webers*, Diss. Erfurt 2001; gedr. Noderstedt 2005 ; cf. hier insbes. Kap. 3.1 *Das heterologische Denkprinzip*, pp. 39 sq.
[4] Heinrich Rickert, *Die Grenzen der naturwissenschaftlichen Begriffsbildung*, 5. Auflage, Tübingen 1929, p. 78.
[5] Rickert, op. cit., ibid.

3. Das philosophische Echo des Indiskreten

lieu der generalisierenden Naturwissenschaften. Aber Rickert will dieses Duplex auch methodisch formalisieren und zu einem Grundprinzip des Denkens erklären. Das tut er seit 1911/12.[6] Dieses Prinzip besagt im Kern: wann immer wir etwas thematisieren, müssen wir zugleich auch etwas anderes thematisieren, das Eine bedarf stets auch des Anderen. Nur in diesem Duplex ist uns der rein logische Gegenstand gegeben. Rickert nennt diese Einsicht auch das ›heterothetische‹ oder ›heterologische‹ Prinzip, um sich von der Hegelschen Dialektik mit ihrer Antithetik abzusetzen. In späteren Schriften spricht er auch von einem ›universalen Minimum‹ und er hat ein klares Bewußtsein davon, daß er ein Zwischenreich, die Dimension zwischen Subjekt und Objekt in Form von Zuständlichkeiten betritt. Die Subjekt-Objekt-Spaltung wird im universalen Minimum gewissermaßen geschlossen. In jeder Wahrnehmung geht es nicht mehr darum, »an das wahrnehmende Ich, noch an den ihm entgegengestellten wahrgenommenen Gegenstand zu denken, sondern lediglich an das, was den wahrgenommenen Zustand, der gegen beide noch indifferent in der *Mitte* zwischen Subjekt und Gegenstand liegt«.[7] Bei Rickert wird das Zwischenreich zum Reich des Verstehbaren überhaupt, ein *mundus intelligibilis*, ohne den uns der *mundus sensibilis* der Gegenstände überhaupt nicht beggnen könnte. Sensibilität und Intelligibilität fallen im Zuständlichen zusammen.

Eine Analyse des Zuständlichen rechnet Rickert, was die späteren Erlanger Konstruktivisten erstaunt haben dürften, einer *Protophysik* zu. Ihre Aufgabe ist es, in unseren zuständlichen Begegnungen mit Physischem das Nicht-Sinnliche zu sichern, ohne das auch das Physische völlig sinnlos würde. Denn erst »im Zuständlichen (...)

---

[6] Heinrich Rickert, *Das Eine, die Einheit und die Eins*, in: *Logos* 2 (1911/12), pp. 26–79. Dieser Text wird demnächst in der von Rainer Bast besorgten Gesamtausgabe von Rickert wieder zitierfähig zugänglich sein.
[7] Heinrich Rickert, *Die Methode der Philosophie und das Unmittelbare*, in: *Logos* 12 (1923) pp. 235–280; wiederabgedruckt in: Heinrich Rickert, *Unmittelbarkeit und Sinndeutung*, Tübingen 1939, hier p. 82. Cf. hier auch p. 83, wo Rickert noch einmal ausdrücklich hervorhebt, daß es ihm um Qualitäten des Gegenständlichen geht, die »nicht als ›Eigenschaft‹ eines dem Subjekt gegenüberstehenden Gegenstandes«, sondern um ihre ›rein zuständliche Unmittelbarkeit‹, um das also, »was, wie wir schon sagten, zwischen dem Akt des Subjekts und seinem Gegenstand noch indifferent in der ›Mitte‹ liegt«. Zwar ist das nur ein Bild, räumt Rickert ein, aber »begrifflich unbestimmte Ausdrücke werden sich in keiner Philosophie des Unmittelbaren ganz vermeiden lassen«.

haben wir das ›Material‹ im strengen Sinne, die prote hyle oder den ›Urstoff‹ der Welt, soweit Wissenschaft davon reden kann«.[8] In unsere Zuständlichkeiten, also Befindlichkeiten und Stimmungen, ist schon und gerade hier ein verstehendes Auge eingesetzt, das unseren subsemantischen Weltkontakt nicht herstellt, sondern ›erfährt‹. Wir verstehen nicht erst Äußerungen und Expressionen, sondern vordem schon in einiger Unmittelbarkeit das, was uns tönt oder anmutet. Wir bringen das auch bilderreich zum Ausdruck, »wenn wir davon reden, daß der Wind uns lau umschmeichelt, die Quelle lieblich murmelt, der Fels trotzig starrt, das Gewitter düster droht, die Woge sanft rauscht, das Meer ruhig atmet, der Mond uns freundlich anblickt, die Wolken hastig daran vorübereilen, die Sonne majestätisch am Himmel emporsteigt oder die Sterne still erhaben durch die fühllos kalte Winternacht glänzen«.[9] Alle diese zum Teil kitschigen Bekundungen machen unsere Zuständlichkeiten beredt und bezeugen auf ihre nicht wörtlich zu nehmende Weise das Zwischenreich, sind jedenfalls ein Dementi einer primären Sinnfreiheit des Sinnlichen: »Verstandene Bedeutungen auch von Sinnlichem sind selber nicht sinnlich.«[10] So wird das sinnlich Wahrnehmbare überall zu einem unsinnlich Verstehbaren. Dieses ›minimalmetaphysische‹ Scharnier wird für Rickert zur entscheidenden Basis unserer Stellung im Zwischenreich als Fundament unserer Weltstellung. Dafür ruft er als Zeugen im Anschluß an Ernst Robert Curtius sogar Marcel Proust auf und fragt sich kokett: »Sollte hier die Poesie der Wissenschaft vorangehen und ihr die Wege weisen?«[11]

Es scheint unbestreitbar, daß Rickerts Verankerung unserer Weltstellung in der Medialität von Zuständlichkeiten und Stimmungen sachlich auch heute noch valide ist. Es ist daher kein Wunder, daß selbst Martin Heidegger, der den Neukantianismus nicht mochte, diesen Gedanken Rickerts in gewandelter Form auch in *Sein und Zeit* (1927) übernommen hat. »Wir müssen in der Tat *ontologisch* grundsätzlich«, heißt es bei ihm, »die primäre Entdeckung der Welt der ›bloßen Stimmung‹ überlassen.« Zur Begründung fährt Heideg-

---

[8] Heinrich Rickert, *Die Methode der Philosophie*, op. cit., p. 66.
[9] Heinrich Rickert, *Die Methode der Philosophie*, op. cit., p. 92.
[10] Heinrich Rickert, *Die Methode der Philosophie*, op. cit., p. 78.
[11] Heinrich Rickert, *Die Erkenntnis der intelligibeln* [sic] *Welt und das Problem der Metaphysik*, in: *Logos* 16 (1927) pp. 162–203; wieder abgedruckt in: Heinrich Rickert, *Unmittelbarkeit und Sinndeutung*, op. cit., p. 134 (Anm.).

3. Das philosophische Echo des Indiskreten 47

ger noch fort: »Ein reines Anschauen und drängte es in die innersten Adern des Seins eines Vorhandenen, vermöchte nie so etwas zu entdecken wie Bedrohliches.«[12]

Das von Rickert herausgearbeitete Duplex von Sinnlichem und Sinnigem, die in sich auch die Zweiheit von Subjekt und Objekt, von Ich und Nicht-Ich, von Individuum und Gesellschaft etc. befaßt, Paare, die er an anderer Stelle auch als *Weltalternativen* bezeichnet,[13] führen ihn 1929 geradezu zwangsläufig auf die allegorische oder symbolische Verfassung des Zwischenreiches. Diese wird greifbar, »wo ein sinnliches Gebilde, das wir wahrnehmen, mit einem unsinnlichen Gebilde, das wir verstehen, ›zusammenfällt‹ oder eine ›Einheit‹ bildet«.[14] In seiner symbolischen Verfassung wird uns vor allem erst zugänglich, was Rickert »Sprache und Antlitz der Körperwelt« nennt. Hier hätte es nahegelegen, daß Rickert zumindest auf Ernst Cassirers *Philosophie der symbolischen Formen*, die ja 1929 bereits komplett vorlagen, verweist. Er tut es nicht.

Es scheint übrigens, daß unter den Zeitgenossen Rickerts Georg Misch (1878–1965) der einzige war, der bei Windelband und Rickert nicht nur die Erbschaft Kants, sondern auch die von Leibniz bemerkt hat.[15] Rickert geht auf die allerdings unsachlich geratene Besprechung von Georg Misch im Nachwort zur 5. Auflage seines Buches *Die Grenzen der naturwissenschaftlichen Begriffsbildung* (1929) nicht ganz zu Unrecht etwas indigniert ein,[16] nicht jedoch auf die von Misch signalisierte Erbschaft von Leibniz. Aber Misch sprach auch nur von einem ›Leibniz-Kantischen Einfall‹ des ›einfallreichen‹ Windelband, den Rickert gewissermaßen nur ausgeschlachtet habe.

Daß Rickert dennoch ganz nahe an die Konzeption von Leibniz heranrückt, zeigt sich insbesondere da, wo er im Zwischenreich des Unsinnlichen auf das Problem der Einheit stößt: »Vielleicht stekken in den allerelementarsten unsinnlichen Zuständen bereits Ein-

---

12 Martin Heidegger, *Sein und Zeit* § 29, 10. Aufl., Tübingen 196, p. 138.
13 Cf. Heinrich Rickert, *Grundprobleme der Philosophie. Methodologie, Ontologie, Anthropologie*, Tübingen 1934, p. 42 sq. – Carl Friedrich von Weizsäcker nimmt diesen Titel später in sein Konzept der Physik auf, natürlich nicht mit Berufung auf Rickert. Er spricht dann von *Uren*.
14 Heinrich Rickert, *Die Erkenntnis der intelligibeln Welt*, op. cit., p. 147.
15 Georg Misch, *Die Idee der Lebensphilosophie in der Theorie der Geisteswissenschaften*, in: *Kant-Studien* 31 (1926) pp. 536–548.
16 Heinrich Rickert, *Die Grenzen*, op. cit., pp. 757 sq.

heiten und Zusammenhänge, die jeder Auflösung in ihre Elemente, wie wir sie beim Sinnlichen vollziehen, spotten.« Dennoch bleibt für ihn die Grunderfahrung nicht zu unterschlagen: »Es sind gewissermaßen nur intelligible Fetzen, die uns da zum Bewußtsein kommen.«[17] Hier fehlt Rickert das begriffliche Instrumentarium der *petites perceptions* von Leibniz, um die klandestine Tiefe einer indiskreten Einheit überhaupt denken zu können. Auch das Konzept einer symbolischen Form, wie Cassirer es seit 1923 entwickelt hat, fehlt hier empfindlich, von Cassirers Ausführungen zur symbolischen ›Prägnanz‹ ganz zu schweigen.[18] Die Eingangskennzeichnung der ›symbolischen Prägnanz‹ bei Cassirer hätte Rickert sicher sofort unterschrieben, handelt es sich nach Cassirer doch um die Art, »in der ein Wahrnehmungserlebnis, als ›sinnliches Erlebnis‹, zugleich einen bestimmten nicht-anschaulichen Sinn in sich faßt und ihn zur unmittelbaren konkreten Anschauung bringt«.[19] Allerdings ist Cassirers Einbettung der symbolischen Formen von einem Rickert weit überbietenden historischen und systematischen Reichtum, der in seiner Strahlkraft bis heute fasziniert.

Der eigentliche Erbe von Leibniz, wird man sagen dürfen, ist wohl Cassirer und nicht Rickert. Das hängt natürlich auch damit zusammen, daß Cassirer im Gegensatz zu Rickert profunde Kenntnis von Leibniz hatte. Schon 1902 erschien in Marburg sein Buch *Leibniz' System in seinen wissenschaftlichen Grundlagen*. Insbesondere das erste Kapitel hat für Cassirers spätere Konzeption einer *Philosophie der symbolischen Formen* sachliches Gewicht. Es trägt den Titel *Über die Stellung und Bedeutung des Symbolbegriffs bei Leibniz*.[20] In seiner programmatischen Einleitung zum ersten Teil bezieht sich Cassirer auch ausdrücklich auf Leibniz und sein Konzept einer ›all-

---

[17] Heinrich Rickert, *Die Methode der Philosophie*, op. cit. p. 94/95.
[18] Cf. hierzu Oswald Schwemmer, *Ernst Cassirer. Ein Philosoph der europäischen Moderne*, Berlin 1997, pp. 116 sq.
[19] Ernst Cassirer, *Philosophie der symbolischen Formen*, Bd. III, Darmstadt 1982, p. 235.
[20] Cf. hierzu Herbert Kopp-Oberstebrink, *Das Verhältnis von Systematik und Historie in Ernst Cassirers philosophie- und wissenschaftsgeschichtlichen Arbeiten. Untersuchungen zum frühen Werk*, Diss. Wuppertal 2014; hier insbes. das Kapitel *Die Entstehung von Leibniz' System aus dem Schulzusammenhang des Marburger Neukantianismus* pp. 90 sq. – Cf. auch Dietrich Mahnke, *Leibniz als Begründer der symbolischen Mathematik*, in: *Isis* Bd. IX (1927) pp. 278 sq. Auf diese Schrift verweist Cassirer häufiger.

3. Das philosophische Echo des Indiskreten 49

gemeinen Charakteristik‹ als Vorbild für seinen Versuch, eine solche Charakteristik für den gesamten Raum des geistigen Ausdrucks, also des Zwischenreiches in seinen Korridoren Sprache, Kunst, Mythos, Religion, Erkenntnis und Wissenschaft, in Form einer »Grammatik der symbolischen Funktion als solcher« zu liefern.[21] So ambitioniert Cassirers Projekt auch ist, in seiner Durchführung ist es ihm jedenfalls gelungen, das Zwischenreich in ein zumindest im Umriß realisierbares Projekt der Philosophie einzubinden, was sich von Rickert trotz seiner systematisch ertragreichen Beobachtungen nicht sagen läßt. Von zentraler Bedeutung ist hier auch Cassirers These von der Nichtreduzierbakeit der symbolischen Formen. Jede eröffnet für sich ein eigenes Sinnfeld, das etwas sichtbar macht, was in anderen Formen nicht sichtbar werden kann. Die symbolischen Formen sind gewissermaßen eine Republik des Geistes schon an seiner Ausdrucksbasis. Das ist bei Rickert anders. Zwar sieht auch er, daß gegen jeden Solipsismus eine pure Ich-Welt eine ›contradictio in adjecto‹ ist, »denn das individuelle Ich oder die eigene Person ist nur als sozialer Begriff denkbar«. Sonst hätte er auch seine Brückenfunktion zur Soziologie Max Webers gar nicht einnehmen können. Sein *way out* bleibt hier jedoch ambivalent: »Das Selbstbewußtsein muß daher zum *Gemeinschaftsbewußtsein* erweitert werden.«[22]

Dieser universalisierende Schritt verdient zunächst gewiß Zustimmung. Die Frage bleibt bei ihm allerdings offen, wie dieses Gemeinschaftsbewußtsein näher zu fassen ist. Genauer: Hier bedürfte es eigentlich wieder einer symbolischen Form z. B. in Form eines Rechtsstaates, in dem ein solches Gemeinschaftsbewußtsein ein rechtlich definiertes Format zum Ausdruck bringt. Sonst könnte es geschehen, daß die soziale Fassung des Gemeinschaftsbewußtseins schon im Nationalen ohne eine hinreichend legitimierte Rechtseinhegung terminiert. Geist kann aber von sich aus nicht schon im Nationalen terminiert sein. Auch hier haben wir wieder einen Hinweis auf die von Fulda herausgearbeitete Tendenz Rickerts, den Universalismus Kants in seinem Herunterbrechen des Geistes auf die Kultur zu unterminieren. Die Herausgeber von Rickerts 1939 posthum erschienener Aufsatzsammlung *Unmittelbarkeit und Sinndeutung* weisen in ihren Vorworten auf ein im Nachlaß Rickerts ›nahezu

---

[21] *Philosophie der symbolischen Formen*, Erster Teil, Darmstadt 1964, p. 19.
[22] Heinrich Rickert, *Vom Anfang der Philosophie*, in: *Logos* XIV (1925) pp. 121–162, in: Rickert, *Unmittelbarkeit und Sinndeutung*, op. cit. p. 24.

druckfertiges Manuskript‹ von Rickert über Fichte hin, das, wie Hermann Glockner affirmativ mitteilt, den Titel tragen sollte: *Fichte als sozialer und nationaler Denker*. Auch August Faust weist in seinem Vorwort ebenfalls rühmend darauf hin, daß »Rickert mit seinen 70 Jahren sehr starken Anteil an der nationalsozialistischen Revolution genommen hat«.[23]

Von dieser Gefahr ist Cassirers Neueinsatz einer symbolischen Fassung des Zwischenreiches natürlich weit entfernt. Seine Bewirtschaftung des Zwischenreichs durch symbolische Formen ist republikanisch organisiert. Da gibt es nichts Nationales, sondern nur expressiven Geist in seinem irreduziblen Eigensinn.

In dieser Perspektive nahm Susanne K. Langer Cassirers Ideen schon 1942 auch in Anlehnung an ihren Lehrer Alfred North Whitehead auf. Ihr Buch *Philosophy in a New Key*, das noch zu Lebzeiten Cassirers 1942 erschien, 1965 auch auf Deutsch unter dem Titel: *Philosophie auf neuem Wege. Das Symbol im Denken, im Ritus und in der Kunst*. Dieses Buch hat das Verdienst, Cassirer im Nachkriegsdeutschland wieder bekannt gemacht zu haben. In ihrem Vorwort bedankt sie sich nicht nur bei ihrem Lehrer, sondern u. a. vor allem auch bei Ernst Cassirer, dem »Begründer der Philosophie des Symbolismus«.[24] In ihrem Schlußkapitel *Das Sinngewebe* bezieht sich Langer auch auf den von Coleridge geprägten Ausdruck *primary imagination*, durch den der Umstand markiert wird, daß wir an der Basis auf einen nichtdiskursiven Symbolismus angewiesen sind und bleiben. Sie tritt hier auch den Atavismen der damaligen Zeit als Zeit der Irrungen entgegen und hofft mit ihrer ›symbolischen Transformation‹ der philosophischen Problemkonturen dem Verstehen auch da noch eine Bahn zu bieten, wo Schmerz und Leid der Preis unseres Fortschritts sind, wie ihr Lehrer Whitehead hellsichtig bemerkte. Der Grundirrtum in der Welt der symbolischen Formen, den Cassirer bereits deutlich benannt hat und dessen Diagnose Langer aufnimmt, ist die bis heute sogar in der Politik (›Symbolpolitik‹) wirksame Tendenz, das Symbolische mit dem Symbolisierten zusammenfallen zu lassen: »solange symbolische Formen nicht bewußt abstrahiert werden, werden sie regelmäßig mit dem,

---

[23] Heinrich Rickert, *Unmittelbarkeit*, op. cit., p. VIII und p. XVIII.
[24] Susanne K. Langer, *Philosophie auf neuem Wege. Das Symbol im Denken, im Ritus und in der Kunst*, Berlin 1965, p. 9.

3. Das philosophische Echo des Indiskreten

was sie symbolisieren, verwechselt«.[25] Diesen identifikatorischen Fehlschluß hat übrigens bereits Novalis bemängelt: »Auf Verwechslung des *Symbol* mit dem Symbolisirten [sic] – auf ihre Identisirung [sic] (...) beruht der ganze Aberglaube und Irrthum aller Zeiten, und Völker und Individuen.«[26] Vor dieser Identifizierung zu warnen, war auch das Anliegen von Bertrand Russell: »Der Grund, warum der Theorie der Symbole eine gewisse Bedeutung zukommt, ist also der, daß man sonst mit ziemlicher Sicherheit die Eigenschaften der Symbole mit denen der Dinge verwechselt.«[27]

Ein vollkommen neuartiges Anknüpfen an Cassirers *Philosophie der symbolischen Formen* kann man in unserer Zeit in dem ausgreifenden, in kritischer Auseinandersetzung mit ontologischen Positionen unserer Zeit vorgelegten Projekt einer *Sinnfeldontologie* von Markus Gabriel antreffen. Sein Zentralgedanke ist folgender: »Ich verstehe unter ›Existenz‹ die Tatsache, daß ein Gegenstand oder einige Gegenstände in einem Sinnfeld erscheinen.«[28] Gabriels Konzept eines Sinnfelds kann man als eine Nachfolgekonzeption von Cassirers Konzept einer symbolischen Form ansehen. Beide, also Sinnfeld und symbolische Form, sind perspektiveabhängig, nicht aufeinander reduzierbar, wohl aber ineinander ›einbettbar‹. Ein Sinnfeld aller Sinnfelder kann es indes ebensowenig geben wie eine symbolische Form aller symbolischen Formen. Das hat Gabriel zu der provokanten These geführt, daß es die Welt nicht gibt.[29] Das soll bei ihm aber nur heißen, daß es die Welt in einem gegenständlichen Sinne nicht geben kann, denn dann müßte sie selber wieder in einem Sinnfeld erscheinen. Im Prinzip ähnelt diese korrekte Einsicht Kants Fassung des Weltbegriffs. Auch für ihn ist ›die Welt‹ nur eine regulative Idee, der nichts Ostensibles entsprechen kann. In dieser offenen façon ist diese Idee aus architektonischen Gründen natürlich

---

[25] Susanne K. Langer, *Philosophie auf neuem Wege*, op. cit., p. 240.
[26] Novalis, *Das allgemeine Brouillon. Materialien zur Enzyklopädistik 1798/99*, in: Novalis, *Schriften* Bd. 3, ed. Richard Samuel, Stuttgart/Berlin/Köln/Mainz 1983, p. 397.
[27] Bertrand Russell, *Die Philosophie des logischen Atomismus*, München 1976, p. 185.
[28] Markus Gabriel, *Sinn und Existenz. Eine realistische Ontologie*, Berlin 2016, p. 184 et passim. Cf. ders., *Fields of Sense. A new realistic Ontology*, Edinburgh 2915.
[29] Cf. Markus Gabriel, *Sinn und Existenz*, op. cit. pp. 224 sq.; ders., *Warum es die Welt nicht gibt*, Berlin 2013.

unentbehrlich, das gilt für Kant ebenso wie für Gabriel. Wir brauchen solche Intuitionen von Ganzen und haben sie auch naturaliter, um uns graziös zu komplettieren, ohne je komplett sein zu können.

Den deutlichsten Bezug sogar zu Leibniz entfaltet die Sinnfeldontologie da, wo sie gewissermaßen einen internen Platonismus etabliert,[30] der für Leibniz' Konzept der Monade so typisch ist. In seiner Auseinandersetzung mit Frege plädiert Gabriel dafür, »daß man sich im Raum des Nachdenkens über das Denken auf eine gleichsam immanente Externalität besinnen kann, ohne deswegen mit einem Außenbereich zu rechnen«.[31] Sinnfelder sind wie Monaden Augen oder Fenster, um etwas als Erscheinung überhaupt sichtbar werden zu lassen. Beide *haben* keine Fenster, aber *sind* welche. Sie machen jeweils den Hintergrund aus, »vor dem dasjenige hervortritt, was es gibt«.[32] Da es keine stabile Hierarchie der Sinnfelder geben kann, da sie in ihrer Fülle perspektiveabhängig sind, ist ihre Konzeption von sich aus nur mit einem Pluralismus von Sinnfeldern verträglich, der unübersehbar und daher nicht mengenfähig[33] oder als mögliche Welt im Sinne der Modallogik interpretierbar ist.[34] Das Zwischenreich der Sinnfelder läßt sich so jedenfalls nicht annullieren.

Der Vorzug dieser Konzeption ist unter anderem der, daß sie es erlaubt, die Existenz von fiktionalen Dingen positiv zu akzentuieren. Im Sinnfeld von Goethes *Faust* ist ›Faust‹ natürlich der Name von etwas, das in diesem Sinnfeld existiert. So kann es ebenso auch Fälle geben, in denen es vernünftig ist, Existenz zu bestreiten. Wer feststellt, daß es in diesem Eisschrank kein Bier gibt oder daß es in diesem Wald keine Pilze gibt, unterstellt ineins, daß es in anderen Eisschränken oder Wäldern sehr wohl der Fall ist. »Sinnvolle Existenzverneinung (in einem Feld) impliziert Existenzbehauptung (in einem anderen Feld bzw. mehreren anderen Feldern).«[35] Gabriel si-

---

[30] Diese Konzeption eines internen Platonismus findet sich unter dem Stichwort ›immanente Transzendenz‹ schon in Cassirers Vorarbeiten zur *Philosophie der symbolischen Formen*. Cf. dazu die vorzügliche Studie von Tobias Endres, *Ernst Cassirers Phänomenologie der Wahrnehmung*, ersch. Hamburg 2020.
[31] Markus Gabriel, *Sinn und Existenz*, op. cit., p. 474.
[32] Markus Gabriel, *Sinn und Existenz*, op. cit., p. 192/93.
[33] Cf. Markus Gabriel, *Sinn und Existenz*, op. cit., p. 155: »Mengen sind in Sinnfelder eingebettet (…), wobei nicht alle dieser Sinnfelder ihrerseits Mengen sind.«
[34] Cf. Markus Gabriel, *Sinn und Existenz*, op. cit., pp. 396 sq.
[35] Markus Gabriel, *Sinn und Existenz*, op. cit., p. 210.

3. Das philosophische Echo des Indiskreten 53

chert seine Konzeption in ausführlichen, natürlich auch kritischen, zum großen Teil auf persönlichen Gesprächen beruhenden Diskussionen mit relevanten Philosophen unserer Zeit ab, so mit Paul Boghossian, David Chalmers, James Conant, David Espinet, Maurizio Ferraris, Manfred Frank, Jens Halfwassen, Gunnar Hindrichs, Anton Friedrich Koch, Bruno Latour, John McDowell, Quentin Meillassoux, Thomas Nagel, Graham Priest, Jens Rometsch, Sebastian Rödl, Rainer Schäfer, John Searle, Slavoj Žižek u. a. Zu seinem Projekt ist im *Philosophischen Jahrbuch* 2015 eine ausführliche kritische Diskussion mit seinen Erwiderungen erschienen. Der Witz der Sinnfeldontologie ist ja, daß sie eine realistische ontologische Option vertritt und verteidigt. Gabriel spricht hier von einem ›neuen Realismus‹.[36] Dem fällt seiner Intention nach auch die Unerreichbarkeit des ›Dinges an sich‹ von Kant zum Opfer. Hier ist ihm der deutsche Idealismus von Fichte, Schelling und Hegel ein Vorbild gewesen, so daß man nicht sagen kann, daß diese neue Philosophie der symbolischen Formen nur in den Untiefen der Gegenwart schwimmt. Das Indiskrete hallt über die »Zurückweisung der diskreten Ontologie«[37] bei Gabriel philosophisch bis in unsere Zeit und es steht zu vermuten, daß wir uns auch weiterhin an ihm abarbeiten werden. Der metaphysische Trost gegenüber diktatorischen Konstruktivismen oder postmodernen Relativismen, den der Pluralismus der Sinnfelder gleichwohl spendet, ist dies: »Die Dinge sind tatsächlich so, wie wahre Gedanken sie darstellen.« Und das besagt mit einem geerdeten Moses: »Der Realismus macht sich kein Bild von der Welt mehr.«[38]

Die Konzeption dieses philosophischen Programms ist vor allem auch gegen den durchaus herrschenden Naturalismus unserer Zeit gerichtet. ›Naturalismus‹ steht hier für das, was man heute gerne *outsourcing* nennt: Philosophie entsorgt die Ontologie in die positiven Wissenschaften. Was es gibt, entscheiden Wissenschaften, nicht die Philosophie.

Gabriel nennt diesen Naturalismus eine Ideologie und er zitiert hier genüßlich eine jüngere Arbeit von Hilary Putnam: »Philosophen – vielleicht sogar eine gewisse Mehrheit all derjenigen Philoso-

---

[36] Cf. dazu auch mit kritischen Einlassungen: Markus Gabriel (ed.), *Der neue Realismus*, Berlin 2014.
[37] Markus Gabriel, *Sinn und Existenz*, op. cit., p. 140.
[38] Markus Gabriel, *Sinn und Existenz*, op. cit., p. 486/87.

phen, die über Probleme der Metaphysik, Erkenntnistheorie, Philosophie des Geistes und Sprachphilosophie schreiben – verkünden an irgendeiner sichtbaren Stelle in ihren Aufsätzen und Büchern, daß sie ›Naturalisten‹ sind oder daß ihre Position oder die von ihnen verteidigte Auffassung ›naturalistisch‹ ist.« Putnam macht sich über solche Konfessionen lustig: »Diese Verkündigung ähnelt hinsichtlich ihrer Stellung und Emphase der Stellung von Verkündigungen in Artikeln, die in Stalins Sowjetunion geschrieben wurden und die besagten, daß eine Position mit derjenigen des Genossen Stalin übereinstimmt; wie im Fall dieser Verkündigung wird als klar vorausgesetzt, daß jede Position, die nicht ›naturalistisch‹ ist (nicht mit der Position des Genossen Stalin übereinstimmt), ein Gräuel ist und auf keinen Fall korrekt sein kann.«[39] Im Grunde genommen sind dies Abdankungen der Philosophie und Markus Gabriel nimmt sie auch als solche auf: »Der Naturalismus ist der Feigenblatt-Materialismus unserer Zeit.«[40] Dem ist nichts hinzuzufügen.

Dennoch muß auf eine weitere Stärke der Sinnfeldontologie hingewiesen werden. Sie vermag auf die von Leibniz erstmalig vorgeschlagene positive Akzentuierung von Gefühlen affirmativ zu reagieren. Gefühle haben in der Philosophie seit der Antike keine gute Presse. Sie sind einfach zu flüchtig, zu diffus, kurz, sie sind, wie man heute gerne sagt: *elusive Objekte*. Je näher man ihnen diskursiv beizukommen sucht, desto mehr weichen sie ins Indiskrete zurück. Man könnte hier auch von *orphischen Bezügen* sprechen. Orpheus wendet sich auf dem Gang an die Oberwelt Eurydike vergewissernd zu und schon entschwindet sie ins Schattenreich zurück.[41] Leibniz erreicht hier sogar einen heute noch gültigen Befund aus der Tierpsychologie: »wenn man Hunden den Stock zeigt, so erinnern sie sich des Schmerzes, den er ihnen verursacht hat und jaulen (*crient*) und laufen davon.«[42] Gefühle sind flüchtig, gewiß, aber sie sind da und sie sind wirksam. Darauf hat in der Tat als erster Leibniz aufmerksam gemacht.

---

[39] Markus Gabriel, *Sinn und Existenz*, op. cit., p. 93 (Übersetzung von Markus Gabriel); cf. Hilary Putnam, *Philosophy in an Age of Science. Physics, Mathematics, and Skepticism*.
[40] Markus Gabriel, *Sinn und Existenz*, op. cit., p. 91. Hier verweist er u. a. auch auf Holm Tetens, *Der Naturalismus: Das metaphysische Vorurteil unserer Zeit*, in: *Information Philosophie* 3 (2013) p. 8–17.
[41] Cf. Wolfram Hogrebe, *Echo des Nichtwissens*, Berlin 2006, pp. 144 sq.
[42] Leibniz, *Monadologie*, in: ders., *Kleine Schriften*, op. cit., p. 451.

3. Das philosophische Echo des Indiskreten

Philosophen nach ihm waren hier ansonsten bis heute sehr zurückhaltend. Erst in den letzten dreißig Jahren rückten Gefühle, *emotions*, wieder in Debatten ein, vor allem da, wo man sich genötigt sah, so etwas wie Mitgefühl und Mitleid im ethischen Diskurs zu thematisieren. Auch darin war Leibniz ein Vorbild. Er stieß auf soziale Empfindungen, wo er nach den Grundlagen eines Naturrechts fahndete, die auch die Motivation zu konziliantem und schließlich gerechtfertigtem Handeln umfassen müssen. 1670/71 schrieb er einen Text, den der Herausgeber Hubertus Busche mit dem Titel *Universale Gerechtigkeit als klug verteilte Liebe zu allen* versehen hat.[43] Hier findet sich die ebenso lakonische wie modern anmutende Feststellung von Leibniz, »daß, seitdem wir die Sieger über den Erdball sind, ein Feind übriggeblieben ist: in uns selbst (intra nos hostis superest)«.[44] An diesem Feind in uns arbeiten wir uns heute und vermutlich bis auf weiteres immer noch ab.

Da Leibniz eine vertragstechnische Grundlegung des Rechts als arbiträr ablehnt, ist er gezwungen, wenn er an seinem naturrechtlichen Programm festhalten will, auf faktisch gegebene ›natürliche‹ Grundlagen sozialer Verbindlichkeiten zu rekurrieren. Genau das tut er und hier kommen indiskrete Gefühle, die diese fundierende Rolle im Zwischenreich übernehmen könnten, ins Spiel. Es sind dies Zuwendungsformen wie Liebe (amor, caritas) und Ehrfurcht (pietas), rücksichtnehmende Neigungsprofile jedenfalls, die das Wohl des anderen um seiner selbst willen im Auge haben.[45] Solche Zuwendungsformen sind für Leibniz sogar mit positiven Gefühlen verbunden, denn »was auch immer um seiner selbst willen gewünscht wird, ist erfreulich (jucundum)«.[46]

---

[43] Cf. Hubertus Busche (ed.), *Gottfried Wilhelm Leibniz. Frühe Schriften zum Naturrecht*, Hamburg 2003, p. 214/15 sq. – Busche hat dieser Edition von Leibniz-Texten eine fulminante Einleitung vorangeschickt, die die Konzeption, die Leibniz wohl anvisiert hat, in großer Klarheit hervortreten läßt.
[44] Leibniz, *Frühe Schriften*, op. cit., p. 216/17.
[45] Cf. hierzu Hubertus Busche, *Die innere Logik der Liebe in Leibnizens Elementa Juris Naturalis*, in: *Studia Leibnitiana* 22 (1991) pp. 170–184. Cf. ferner Ursula Goldenbaum, *All you need is, love, love ... Leibniz' Vermittlung von Hobbes' Naturrecht und christlicher Nächstenliebe als Grundlage seiner Defintion der Gerechtigkeit*, in: *Neuzeitliches Denken. Festschrift für Hans Poser zum 65. Geburtstag*, eds. Günter Abel, Hans-Jürgen Engfer, Christoph Hubig, Berlin/New York 2002, pp. 209–231.
[46] Leibniz, *Frühe Schriften*, op. cit., p. 236/37.

Gefühle werden so zur naturalen Basis unserer Begabung für *commitments*, deren Architektur auf dieser Basis nur aufruht und explizit macht. An dieser Stelle wendet sich Leibniz auch vehement gegen die Lustfeindlichkeit der stoischen Tradition, die Essig austeilt, um den Wein privatim trinken zu können: »Man befrage jene Stoiker, jene Luftschiffer (aëreos) und Wolkenflieger (nubivolos), die von überirdischen Dingen reden und vorgeblich Feinde der Lust (voluptas), in Wahrheit aber Feinde der Vernunft (ratio) sind. Man betrachte und erforsche ihre Handlungen bzw. ihre Regungen, und man wird merken, daß sie auch nicht einen Finger rühren können, ohne zugleich ihrer hohlen Philosophie eine Lüge anzuheften.«[47]

Das ist so offenkundig, daß es schon verwundert, wenn zuwendungseröffnende Gefühle auf der kognitivistischen Schiene der Ethik selten thematisiert werden.[48] Diese Zwiespältigkeit kennzeichnet sogar die kognitivistische Diskursethik von Jürgen Habermas, obwohl er genau weiß: »Offenbar haben Gefühle eine ähnliche Bedeutung für die moralische Rechtfertigung von Handlungsweisen wie Wahrnehmungen für die theoretische Erklärung von Tatsachen.«[49] Auf diese verräterische Stelle hat Christoph Demmerling in einer luziden Studie aufmerksam gemacht und im Gegenzug dazu, den Zusammenhang von Gefühlen und moralischen Beurteilungen so gefaßt, daß die Gefühlsbasis als unentbehrlich erscheint.[50] Seine Ergebnisse faßt Demmerling, frei referiert, so zusammen: (1) Gefühle sind nicht ausschließlich Widerfahrnisse. Der Kontrast von Gefühl und Vernunft hat nur begrenzte Reichweite. (2) Intentionalität, physiologische Erregungen und phänomenales Erleben sind nur Aspekte, unter denen sich Gefühle von Gedanken und körperlichen Empfindungen unterscheiden lassen. (3) Ohne Sympathiegefühle hätten moralische Urteile keine Objekte. Gefühle begründen zwar keine Moral, stellen aber eine wichtige Voraussetzung für die Einnahme

---

[47] Leibniz, *Frühe Schriften*, op. cit., p. 238/39.
[48] Das hat sich erst seit Anthony Kenny allmählich geändert (cf. ders., *Action, Emotion and Will*, London 1963); cf. auch Ronald de Sousa, *Die Rationalität des Gefühls*, Frankfurt/M. 1997; weitere Literatur bei Christoph Demmerling (Anm. 50).
[49] Jürgen Habermas, *Moralbewußtsein und kommunikatives Handeln*, Frankfurt/M. 1983, p. 60.
[50] Christoph Demmerling, *Gefühle und Moral. Eine philosophische Analyse*, (Bonner Philosophische Vorträge und Studien, ed. Wolfram Hogrebe, Bd. 22) Bonn 2004, p. 44 Anm. 40.

3. Das philosophische Echo des Indiskreten 57

eines moralischen Standpunkts dar. (4) Eine strikte Trennung von Faktizität und Geltung läßt sich nicht durchführen. (5) Gefühle sind gewissermaßen Organe für die Wahrnehmung moralrelevanter Situationen. Summa: »Die Skylla des Begründungsrationalismus, der glaubt, ganz auf Gefühle verzichten zu können, und die Charybdis des Emotivismus, der Gefühle zur Grundlage der Moral machen möchte, können so in gleicher Weise vermieden werden.«[51]

Der Rechtsgrund dieser Neujustierung des moralischen Diskurses liegt in der Tat im Rückgang auf die Einbeziehung des Zwischenreiches als zur Realität der *condition humaine* gehörig, da von hier aus diese in ihrem dualen Eigensinn erst aufgeschlüsselt werden kann. Das Auseinanderfallen von Begründungsrationalismus und Emotivismus darf einer Philosophie nicht passieren, sie erzeugt damit einen exkludierenden Dualismus, der beide Seiten in eine Schieflage bringt, die einfach sachwidrig ist.

Der Vermeidung dieses Fehlers hat auch der Anwalt des Indiskreten, den wir schon konsultiert hatten, zeit seines kurzen Lebens zugearbeitet und das war wieder Novalis. In seinen *Fichte-Studien* (1795/96) vermerkt er einmal: »Die Grenzen des Gefühls sind die Grenzen der Filosofie. Das Gefühl kann sich nicht selber fühlen.«[52] Diese Grenzziehung hat jedenfalls mehr sachliches Gewicht als jede Grenzziehung mithilfe der Sprache, wie sie seit Wittgensteins *Tractatus* im 20. Jahrhundert prominent wurde. Gerade wo es uns die Sprache verschlägt, reichen Gefühle weiter, denen wir zu Wort helfen müssen und nicht immer, aber manchmal auch können. In dieser Zone entdeckt Novalis auch den Ursprung des Normativen. Und zwar ausgerechnet in Zuständen unserer Hilflosigkeit, in denen wir auf den Beistand anderer angewiesen sind. »Durch Unvollkommenheit wird man der Einwirckung *anderer* fähig – und diese fremde Einwirckung ist der Zweck.« Wo wir selbst Hilfe nötig haben und erfahren, werden wir auch hilfsbereit sein. »Das Herz ist der Schlüssel der Welt und des Lebens. Man lebt in diesem hülflosen Zustande, um zu lieben – und anderen verpflichtet zu seyn.«[53] Genau das war auch die Fundierungsidee von Leibniz. Wo Hilfsbereitschaft praktiziert wird, erfüllen wir freiwillig eine informelle Verpflichtung des

---

51 Christoph Demmerling, *Gefühle*, op. cit., p. 36.
52 Novalis, *Schriften. Zweiter Band*, ed. Richard Samuel, op. cit., p. 114.
53 Novalis, *Teplitzer Fragmente* (1798), in: *Sämtliche Werke. Zweiter Band*, ed Richard Samuel, op. cit., p. 606.

3. Das philosophische Echo des Indiskreten

Herzens, die zwar keine Begründung, aber ein Paradigma, ein Urbild aller sonstigen Verpflichtungen ist.

Man kann nun nicht sagen, daß dieser Umstand der Philosophie entgangen ist, aber man muß dennoch sagen, daß sie ihn in der Regel nur mit spitzen Fingern angefaßt hat. Daß im indiskreten Zwischenreich wesentliche Instanzen unseres Weltkontaktes anzutreffen sind, haben selbst Heroen des Diskreten nicht in Abrede gestellt. Markus Gabriel weist mit Recht auf eine sprechende Einlassung von Bertrand Russell hin, der in seiner *Analyse des Geistes* einmal notiert: »Empfindungen sind das, was der psychischen und physischen Welt gemeinsam ist.«[54] Der psychophysische Expressionismus, den Leibniz im Rahmen seiner Metaphysik, wenn Hubertus Busche Recht hat, im Auge hatte, könnte hier zustimmen. Nicht jedoch der Einbettung dieses Befundes in einen *logischen Atomismus*, wie Russell empfahl. Russell war das Zwischenreich letztlich zuwider. Leibniz hatte gerade hier keinerlei Scheu und definiert: »*Gerechtigkeit* (iustitia) (...) [ist] die zu Gewohnheit verfestigte innere Haltung (...), andere zu lieben (habitus amandi alios).« Aber er fügt zur Vorsicht noch hinzu: »solange es durch Klugheit geschehen kann, d. h. solange es nicht Ursache für größeren Schmerz ist.«[55] Diese Einschränkung läßt lediglich die Klausel durchschimmern, daß in allen Bereichen eine Orientierung an der Billigkeit (aequitas) leitend sein muß. Denn: »*Verpflichtet* sind wir (*obligati* sumus, debemus) zu dem (wir müssen das tun), was *billig* (quod *aequm* est) ist.«[56] Kontrollierbare Billigkeit ist auf ›amanter‹ Basis in uns das letzte Wort von Leibniz. Das war es später (1809) auch bei Schelling: »der Geist ist noch nicht das Höchste; er ist nur der Geist, oder der Hauch der Liebe. Die Liebe aber ist das Höchste.«[57] Man darf diese *façon de parler* hier nicht allein im anthropomorphen Sinne verstehen.[58] Schelling sagt

---

[54] Bertrand Russell, *Die Analyse des Geistes*, Hamburg 2000, p. 177; cf. Markus Gabriel, *Sinn und Existenz*, op. cit., p. 471.
[55] Leibniz, *Universale Gerechtigkeit*, op. cit., p. 240/41.
[56] Leibniz, *Universale Gerechtigkeit*, op. cit., p. 242/43.
[57] Friedrich Wilhelm Joseph Schelling, *Philosophische Untersuchungen über das Wesen der menschlichen Freiheit und damit zusammenhängenden Gegenstände*, ed. Thomas Buchheim, Hamburg 1997, p. 77.
[58] Hierauf hat als erster Martin Heidegger hingewiesen. Cf. ders., *Schellings Abhandlung über das Wesen der menschlichen Freiheit*, ed. Hildegard Feick, Tübingen 1971. Sein Kernargument ist: »Ist nicht der Mensch solcher Art seiend, daß er, je ursprünglicher er er selbst ist, er gerade nicht nur und nicht zuerst er selbst ist?« (p. 197).

3. Das philosophische Echo des Indiskreten 59

auch warum und nennt es ›das Geheimnis der Liebe‹, »daß sie solche verbindet, deren jedes für sich sein könnte und doch nicht ist, und nicht sein kann ohne das andere«.[59]

Es kommt hier für den Leser alles darauf an, die Bedeutung von Liebe qua nicht-metrisierbarer, weil conditiver Bindungsenergie als in eine Struktur hineinreichend zu denken, die alles freie ›Zusammen‹, alles lateinische ›con‹ und griechische ›σύν‹ erst möglich macht. Sonst gäbe es auch keinen Kosmos. Genau das ist die Idee von Leibniz, wenn er von ›amor‹ spricht. Allerdings will Leibniz ihr noch eine Billigkeitslizenz beigesellen. Aber diese Billigkeit bleibt ohne wertschätzende und liebende Zuwendung völlig haltlos und wäre auch nicht erforderlich. Erst so gibt es auf dieser indiskreten Basis im Zwischenreich so etwas wie Harmonie (*unum in multis*): *Sentiri est harmonicum esse*.[60] Wir sind schon auf unserer emotionalen Basis eben deshalb harmoniebedürftig. Das gilt im Erbschatten seit er Antike bis heute von unserer erotischen Grundstruktur bis zur kosmischen Erotik. Natürlich mag das alles schwer nachvollziehbar sein, aber weiter sind wir jedenfalls auch heute noch nicht, selbst da nicht, wo man freie Elektronen braucht.

Obwohl das philosophische Echo des Indiskreten historisch in vielen verästelten Erwägungen zu bemerken ist, vor allem auch bei und in der Erbschaft von Wilhelm Dilthey, in einem Reichtum jedenfalls, von dem unsere Skizze hier kaum einen adäquaten, geschweige umfassenden Eindruck vermitteln konnte, versucht die Philosophie der Gegenwart diese relevante Erbschaft möglichst zu ignorieren. Aber selbst wo das nicht geschieht, sind längst nicht alle Fragen beantwortet.

---

[59] Schelling, op. cit., p. 79.
[60] Cf. hierzu Hubertus Busche, *Leibniz' Weg*, op. cit., pp. 488 sq.

4. Fraglichkeiten

Fragen über Fragen bedeutet im Deutschen einmal: von einem sicheren oder auch nicht so sicheren Ausgangspunkt aus ergeben sich immer neue Fragen (questions *after* questions); dann bedeutet die Wendung aber auch: Fragen über das, was Fragen sind (questions *about* questions).

1929 erschien der Artikel von Felix S. Cohen ›What is a Question?‹ und er beginnt seine Ausführungen mit der Feststellung: »›What is a question?‹ is a question which seems to have been almost totally ignored by logicians.«[1] Das hat sich allerdings inzwischen gründlich geändert. Interrogativlogik oder erotetische Logik blühten auf. Seit Felix Cohen und dann Rudolf Carnap ist der bei ihnen bloß syntaktische Einsatz der, daß Fragen *Aufforderungen* sind, eine Satzfunktion auszufüllen. Was ist die korrekte Einsetzung für x in der Funktion $2+2=x$? Antwort: 4.

Später sah man ein, daß Fragen auf syntaktischer Basis nur unzureichend analysiert werden können, so daß pragmatische Rahmungen miteinbezogen wurden. Diese Entwicklung, die von Arbeiten von Nuel D. Belnap (*1930), Mary (1922–2011) und Arthur Norman Prior (1914–1969) bis zu John R. Searle (*1932) und Charles Leonard Hamblin (1922–1985) et al. reicht, ist noch im Fluß.[2]

Wichtig ist hier, wie zumeist, der Anschluß solcher bloß pragmatischen Ansätze an szenische Einbettungen. Das ist regelmäßig deshalb erforderlich, weil Fragen häufig eine szenisch relevante Bedeutung haben, die für die Gesamtsituation einer Geschichte ausschlaggebend sein kann.

---

[1] Felix S. Cohen, *What is a Question?* In: *The Monist* 39, 3 (1929) pp. 350–359, p. 350.
[2] Cf. hierzu den Artikel *Interrogativlogik* von Carl-Friedrich Gethmann, in: Jürgen Mittelstraß, *Enzyklopädie Philosophie und Wissenschaftstheorie*, Bd. 2, Mannheim/Wien/Zürich, pp. 278 B–282 B.

4. Fraglichkeiten

Denn Fragen sind manchmal geradezu unschicklich, bisweilen erwünscht und gelegentlich sogar untersagt, und dieser Status erwächst ihnen nicht aus syntaktischen oder pragmatischen Fassungen, sondern erst aus szenischen Einbettungen.

Unschicklich sind Fragen in der Antike nach der Ordnung des Kosmos, denn gerade diese steht völlig ›außer Frage‹, sonst gäbe es gar keinen Kosmos, sondern nur Chaos. Damit werde ich gleich beginnen.

Erwünscht sind im Mittelalter Fragen, um Mitleid zu bezeugen. Das machte Parzivals unterlassene Frage an Amfortas so verhängnisvoll, bis er sie später zu seinem Glück dann doch stellte.

Erwünscht sind Fragen auch in den Wissenschaften, um verkrustete Selbstverständlichkeiten aufzubrechen. Daran gibt es bis heute keinen Zweifel.

Untersagt sind in der Oper manchmal Fragen nach der Identität. Solche Fragen können nämlich zum Abgang eines rettenden Helden führen. Das ist in Wagners *Lohengrin* der Fall.

*

In Platons Dialog *Philebos* beginnt das Drama des Fragens und Antwortens mit der dialogischen Eingangsfrage (ἐπανερωτῶντες), die man ohne weiteres als eine Kardinalfrage nicht nur der antiken Philosophie bezeichnen darf:

»Ob wir wohl […] sagen wollen, über alles insgesamt und über dies sogenannte Ganze (ὅλον) walte die Gewalt des Vernunftlosen (τὸ ἄλογον) und des Zufälligen (τύχη) und das Ohngefähr (εἰκῇ), oder im Gegenteil, […] eine wundervolle Vernunft und Einsicht (νοῦς καὶ φρόνησις) beherrsche alles anordnend?«[3]

Der Gesprächspartner Protarch hält diese Frage für »nicht einmal erlaubt (οὐδὲ ὅσιον)«.[4] Der griechische Ausdruck ὅσιος ist schwer zu übersetzen, er changiert zwischen ›schicklich‹ und ›fromm‹; οὐδὲ ὅσιον hieße entsprechend ›unschicklich‹ oder ›blasphemisch‹. Auch nur die Erwägung eines nicht geordneten Universums (ἀτάκτως)[5] ist für die Griechen in diesem Sinne ›unerlaubt‹.

---

[3] *Philebos* 28 d.
[4] *Philebos* 28 e.
[5] *Philebos* 29 a.

Diese Frage nach einer universellen Wohlordnung des Kosmos nimmt der späte Schelling (1832/33) wieder auf: »Warum ist Sinn überhaupt, warum ist nicht Unsinn statt Sinn?«[6] Für ihn ist diese Frage aber nicht unerlaubt, sondern notwendig. Sie ist die Kernfrage seiner späten *positiven Philosophie*, die in den Rachen eines vorgöttlichen Seins hineindenkt.

Verstörte Dekonstruktivisten heutiger Zeit würden sich hier bevormundet fühlen. Indes: Schon die Griechen wußten, daß ein auch nur erwogenes Alogisches sofort selbst auch den destruieren würde, der es als Möglichkeit in Betracht zieht. Eine globale Unordnung ist ein Ungedanke, ist insofern selbstzerstörerisch. Warum? Weil schon die Frage wenigstens ein geordnetes Reglement der Sprache in Anspruch nehmen muß, um eine universelle Unordnung erwägen zu können. Das nennt man eine *tu-quoque* Figur, die seit Aristoteles eine rhetorisch eingesetzte Variante ist, um inkonsistenten Unsinn abzuwehren, wie z. B. eine Bestreitung des Satzes vom zu vermeidenden Widerspruch in der aristotelischen *Metaphysik*.

Selbstzerstörende Ideen sind in der Philosophie zumeist unter dem Titel *self-defuting* oder *self-refuting ideas or thoughts* diskutiert worden. Noch zuletzt hat Guido Kreis Patrick Grims These von der Inkonsistenz der Allquantifikation über Tatsachen als ›selbstzerstörerisch‹ nachgewiesen.[7] In der Regel wurde aber nur die Struktur des Fragemusters im Hinblick auf erwartete Antworten analysiert. Das, wonach gefragt wird, hat in dieser Diskussionsrunde niemanden interessiert.

Der einzige, der die Dimensionen einer Frage differenzierte, gerade mit szenischem Einschluß dessen, *wonach* gefragt wird, war Martin Heidegger. In *Sein und Zeit* (1927) unterschied er *Gefragtes*, *Befragtes* und *Erfragtes*.[8] Nur in Unterstellung solcher Dimensionen kann ein Interesse an dem, wonach gefragt wird, überhaupt thematisiert werden.

---

[6] Friedrich Wilhelm Joseph Schelling, *Grundlegung der positiven Philosophie*, Münchener Vorlesung WS 182/33 und SS 1833, ed. Horst Fuhrmans, Torino 1972, p. 222. Schelling formuliert hier auch: »Die ganze Welt liegt gleichsam in der Vernunft gefangen, aber die Frage ist: wie ist sie in dieses Netz gekommen?«
[7] Cf. Guido Kreis, *Negative Dialektik des Unendlichen. Kant, Hegel, Cantor*, Berlin 2015, pp. 441 sq.
[8] Martin Heidegger, *Sein und Zeit*, Tübingen 1963, § 2: *Die formale Struktur der Frage nach dem Sein*, pp. 5 sq.

4. Fraglichkeiten

Die Interrogativlogik ist in dieser Hinsicht unergiebig geblieben, ihre Stärke entfaltete sie allerdings in den von ihr hergestellten klärenden Bezügen zur Informatik. Dennoch wird man gegen diese Engführung festhalten müssen, daß Fragen ohne Bezug auf anthropologische Grundlagen, also eine ontologische Theorie der Lebenswelt, nicht relevant thematisiert werden können. Wenn man, wie seinerzeit Felix Cohen fragt, was ist das überhaupt: eine Frage?, kommt man um die Situierung dieser Möglichkeit, sich fragend zu sich selbst zu verhalten, einfach nicht herum.

Wenn man sich an die komplexe Situation in diesen Dingen heranpirschen will, sollte man zunächst überlegen, ob es tierische Vorformen des Fragens gibt. In gewissem Sinne: ja. Denn Tiere pflegen in ihrem Sicherungsverhalten quasi Fragen an ihre Situation zu stellen. Und das tun sie, indem sie, wie Jäger es nennen, ›wittern‹. Alttiere treten auf eine Lichtung und mit offenen Nüstern und Lauschern ventilieren sie die Umgebung ringsum. Erst wenn sie nichts Befremdliches registrieren, folgt den Alttieren das Rudel auf die Lichtung. Das gilt sogar für die männlichen Chefs des Rudels. Auch sie folgen in diesen Sicherungssituationen den weiblichen Alttieren und warten deren Fragen an die Umgebung und Antworten derselben ab. Geben die Alttiere mit ihrem Verhalten Entwarnung, folgt das gesamte Rudel auf die Lichtung.

Die Witterung ist eine externe Ausrichtung. Aber Tiere sind auch auf eine Registratur interner Signale zum Verhaltensprofil Mitlebender aus, seien es nun Mitglieder des Rudels, Artgenossen oder andere. Tiere stellen im Wortsinn natürlich keine Fragen, aber sie verfügen über extern oder intern innehaltende Verhaltensweisen, die sich exklusiv für Informationszuflüsse offen halten. Dazu gehören eben das ›Wittern‹ oder ›belauernde‹ Attitüden. Reste dieses Sicherungsverhaltens stecken heute noch in uns. Sie bleiben bei uns aber an Vergewisserungsbemühungen angeschlossen, die das Wittern zu ersetzen geeignet sind. Aus solchen Vergewisserungsattitüden sind später die Wissenschaften entstanden.

Von dieser ›kosmologischen‹ Rahmung unschicklicher Fragen kann man übergehen zu einer ›höfischen‹ Form szenisch erwünschten Fragens. Damit ist, wie schon angedeutet, Parzivals zunächst unterlassene, dann doch gestellte Mitleidsfrage, wie sie in Wolfram von Eschenbachs Versroman von ca. 1200 bis 1210 Gestalt gefunden hat.

Im III. Buch des Romans erläutert Gurnemanz dem noch ungehobelten Parzival elementare höfische Umgangsformen. Dazu gehört auch, daß man sich nicht allzu geschwätzig aufführen darf und mit permanenten Fragen anderen auf die Nerven geht: »irn sult niht vil gefrâgen.«[9] Dieser Ratschlag hat leider zur Folge, daß Parzival bei seinem ersten Besuch auf der Gralsburg Amfortas nicht mitleidig nach seinem Wohlbefinden fragt, obwohl dieser einen sichtlich maladen Eindruck machte. Das bereut Parzival anschließend und gesteht im IX. Buch Trevrizent, »daz er niht zem wirte [Amfortas] sprach umben kumber den er an im sach«.[10] Er bedauert jetzt, »daz er niht frâgte des wirtes schaden«.[11] Erst im XVI. Buch des Romans stellt Parzival die ihn und Amfortas erlösende Mitleidsfrage: »oheim, waz wirret dier?«[12] Amfortas »wart gesunt unt wol genas«,[13] und Parzival wird Gralskönig.

Hier mag man gleich die szenisch anders wirksame Frage nach der Identität anschließen. Parzivals Sohn Lohengrin kommt als Gralsritter zu Menschen, die der Hilfe bedürfen. So mit dem Schwanentaxi an den Hof des verstorbenen Herzogs von Brabant, dessen Tochter Elsa von Intrigen (Graf Telramund und dessen Frau Ortrud) bedrängt wird. Seine rettende Kraft kann Lohengrin aber nur entfalten, solange er und seine Herkunft anonym bleiben. Genau das schärft Lohengrin bei Richard Wagner Elsa auch ein:

»Nie sollst Du mich befragen
noch Wissens Sorge tragen,
woher ich kam der Fahrt,
noch wie mein Nam' und Art.«

Elsa kann dem Druck dieses Frageverbots allerdings unter Ortruds Insinuationen schließlich nicht mehr standhalten und fragt Lohengrin nach seiner Identität. Schon ist der Zauber verflogen. Lohengrin gibt sich in der Gralserzählung als Sohn Parzivals und als Gralsritter zu erkennen. Er muß daher sogleich, nach Entzauberung und per Wiedererscheinen von Elsas durch Ortrud in einen Schwan verzau-

---

[9] ed. Karl Lachmann, Berlin/Leipzig 1926 (Studienausgabe Berlin 1964), Vers 171, 17.
[10] op. cit., Vers 473, 15.
[11] op. cit., Vers 473, 19.
[12] op. cit., Vers 795, 29.
[13] Op. cit., Vers 796, 4.

4. Fraglichkeiten

berten Bruder Gottfried, mit einem entschwanten Schwanentaxi also, *unendlich traurig* zurück zur Gralsburg ziehen. Elsa stirbt.

Das hier von Wagner inszenierte Frageverbot hat antike Wurzeln.[14] Als Zeus auf seinen irdischen Eskapaden Semele beglückt, muß seine überirdische Identität ebenfalls gewahrt bleiben. Aber Semele überredet ihn, sich in seinem vollen Glanz zu zeigen, dessen Wahrnehmung sie allerdings sofort vernichtet.

Fragen nach der Identität können also szenisch äußerst prekär sein. Natürlich hat Wagner in sein Opernpersonal noch ganz andere Hintergründe eingebaut, politische, ökonomische, historische und metaphysische.[15]

Sein Held Lohengrin nimmt für sich aber auch eine Bedingungslosigkeit in Anspruch, die von Elsa getragen werden muß, was sie zu seinen Füßen auch tut: »Wie ich zu deinen Füßen liege, geb' ich dir Leib und Seele frei.« Diese Bedingungslosigkeit nahm auch Wagner für sich in Anspruch. Der Künstler kommt von Irgendwo (Monsalvat) und darf daher alles verlangen. Freundinnen der #MeToo-Bewegung wäre das heute allerdings, vermutlich zu Recht, unerträglich.

Im Überschlag kann man sagen: Fragen indizieren unsere Ergänzungsbedürftigkeit in allen Informationstableaus. Was wir erfragen, gehört manchmal zu unseren elementaren *supplement needs* als *supplementa necessaria*. Unsere Ergänzungsbedürftigkeit startet in uns als biologischen Wesen, die der Energiezufuhr in Form von Nahrung bedürfen, und setzt sich fort bis in unsere mentale Verfassung, die der Informationszufuhr bedarf, und prägt unsere Unabgeschlossenheit. Wir sind nicht und niemals komplett.

Was zeigt sich darin, daß wir überhaupt fragen können? Wir sind in einen informationellen Erwartungsraum hineingestellt und kön-

---

14 Zu Wagners im Lohengrin eingebauten Bezügen cf. Martin Lade, *Mythische Vernunft und kosmopolitischer Nationalismus des jungen Wagner*, in: Programmheft der Kölner Oper zu Wagners Lohengrin, Regie Klaus Maria Brandauer, Köln 2006, p. 14.
15 Im Kontext cf. hierzu Jochen Hörisch, *Weibes Wonne und Wert. Richard Wagners Theorie-Theater*, Berlin 2015. Hörisch hat das Verdienst, neben der Musik vor allem auch Wagners Texte wirklich ernst zu nehmen. So hat er als erster entdeckt, daß Lohengrin bei Wagner in der Gralserzählung seine Identität nicht umstandslos preisgibt: »Seine Antwort auf die untersagte Frage ist vielmehr um eine Ellipse herum organisiert, der Gedankenstrich weist ausdrücklich auf diese rhetorische Figur hin: *Sein Ritter ich – bin Lohengrin genannt.*« (op. cit., p. 219 sq.). Dieses Buch von Hörisch ist das Beste, was es derzeit über Wagner gibt.

nen das in Form illokutionärer Sprechakte auch sprachlich realisieren.[16] Sprechakte bedürfen allerdings einer anthropologischen bzw. ontologischen Fundierung, sonst hängen sie als bloß sprachliche Fertigkeit einfach in der Luft. Daß es Frageformen gibt, war den Sprechern und damit zugleich den Grammatikern aller Zeiten schon immer bekannt.

Daß es zu Fragen biologische Vorformen gibt, hatten wir schon ausgeführt. Vielleicht könnte man sogar genetische Mutationen metaphorisch als Fragen an ein Milieu verstehen. Gibt es aber auch physikalische Fragen? Doch wie sollte eine physikalisch interpretierte ›Antwort‹ überhaupt aussehen? Physikalische Prozesse sind nicht umkehrbar. Aber auch Entropie lebt von Eingängen, die nicht ausbleiben dürfen.

Es scheint, daß das Spiel von Fragen und Antworten im uns verständlichen Sinn eine exklusiv semantische Veranstaltung ist, die zwar Vorformen in Verhaltensweisen hat, aber letztlich ausschließlich in propositionalen Attitüden ihren Vollsinn erreicht. Ohne Propositionen, ob diese nun platonische oder bloß konzeptuelle Entitäten sind, bleibe hier dahingestellt, ohne sie jedenfalls gibt es keine Fragen. Die physikalische Natur fragt sich nichts, und wenn doch, dann in nur statistisch verständlicher Weise. Sie verfehlt sich daher in großen Zahlen. *Quaerit se natura*, heißt es bei Petronius, *nec invenit*.

Es scheint, daß die Möglichkeit von Fragen wesentlich an szenischen Formen des Nichtwissens hängt. Nicht an Formen eines absoluten Nichtwissens, von dem wir nicht einmal wissen, daß es uns bedrängt, sondern von szenischen Formen eines Nichtwissens, um das wir wissen. Nur in diesem Format eines gewußten Nichtwissens können wir überhaupt fragen. Das Reich der Fragen gehört zum indiskreten Zwischenreich. Hier sind auch Szenen, Strukturen und Systeme beheimatet, deren Entstehung und Bestand kontextsensitiv und daher fragil bleiben. Sie sind weder nur *facta* noch nur *ficta*, sondern oszillieren zwischen diesen Polen als Konstellationen sui generis, Netze zwischen Wissen und Nichtwissen im Sinne von Novalis. Mit ihnen sortieren, konfigurieren und assemblieren wir die diffusen Bestände unserer Impressionen und sonstigen Daten, soweit sie es zulassen und unseren manchmal durchaus vagen Interessen Genüge tun. Nichts ist hier ungefährdet, das Individuum

---

[16] Cf. John Searle, *Speech acts*, Cambridge 1969.

4. Fraglichkeiten

nicht und seine gesellschaftlichen Formate erst recht nicht. Szenen, Strukturen, Systeme sind Fragen und nicht mehr. Ihre Nicht-Ungefährdetheit spiegelt sich in der Geschichte der Geschichtsphilosophie, die, seitdem die Theoretiker dies begriffen haben, ihr Ende durch Verstummen, *ex silentio* also, bekundet hat. Damit soll es an dieser Stelle in Sachen Fraglichkeit, selbst wenn sie uns nie verläßt, sein Bewenden haben.

5. Heideggers Bild

Horst Bredekamp hat darauf aufmerksam gemacht, daß man die Zeichnungen und Bildverwendungen bedeutender Forscher nicht ignorieren solle. Dazu brachte er ergiebige Ausführungen u. a. zu Galilei,[1] Hobbes,[2] Leibniz[3] und Darwin,[4] die sachaufschließendes Potential enthielten, das er expliziert und fruchtbringend ausgeführt hat. Tatsächlich gibt es auch von Martin Heidegger eine Zeichnung, genauer: eine Bildverwendung, ob es von ihm oder von einem anderen stammt, ist unklar, mit der er jedenfalls etwas verdeutlichen wollte, was anders als durch diese Zeichnung ihm nicht möglich schien. Daß dies manchmal auch in der Philosophie notwendig ist, wenn sie sprachlich nicht weiter weiß, ist seit Platon bekannt. Er allerdings setzte nicht auf Zeichnungen, sondern auf einen überspringenden Funken in häufigen gemeinsamen Denkbemühungen (ἐκ πολλῆς συνουσίας), »weil Erklärungen durch Worte kraftlos (ἀσθενές) sind«.[5] Vor allem scheitern Worte an dem Umstand, daß »zweierlei ist (ὅτι δυοῖν ὄντοιν), was etwa ist und wie etwas ist«.[6] Was Platon hier im Auge hat, ohne es erklären zu können, ist die Tatsache, daß wir normalerweise die Verhältnisse in diskretem Milieu ansprechen, obwohl sie adäquat nur in einem indiskreten Vokabular plausibel gemacht werden können. Das besagt: Wir müssen die

---

[1] Horst Bredekamp, *Galileis denkende Hand. Form und Foirschung um 1600*, Berlin/München/Boston 2015.
[2] Horst Bredekamp, *Thomas Hobbes visuelle Strategien. Der Leviathan: Urbild des modernen Staates*, Berlin 1999.
[3] Cf. Horst Bredekamp, *Die Fenster der Monade*, op. cit.; ferner ders., *Monaden sind Fenster*, op. cit., hier insbes. Kap. 3: *Die semantisch zeichnende Hand*, p. 82 sq.
[4] Horst Bredekamp, *Darwins Korallen. Frühe Evolutionsmodelle und die Tradition der Naturgeschichte*, Berlin 2005.
[5] Platon, *Siebenter Brief* 342 e; in: Platon, *Werke*, Fünfter Band, ed. Günther Eigler, Darmstadt 1983, p. 412 u. 416.
[6] Platon, *Siebenter Brief* 343 b, op. cit., p. 419.

5. Heideggers Bild

elementaren ontologischen Verhältnisse komplett auf ein indiskretes Vokabular umstellen. Denn nur so sind sie sachgemäß zu erfassen. Das heißt aber, die gesamte Philosophie müßte neu geschrieben werden. Genau das hat Heidegger intendiert, spätestens seit seiner Vorlesung über Schellings *Freiheitsschrift* im Jahre 1936 und zeitgleich in den *Beiträgen*.[7] Er spricht von einem ›anderen Anfang‹ der Philosophie, den er seit dieser Zeit ins Auge gefaßt und versuchsweise in Angriff genommen hat.

In seiner Auslegung der *Freiheitsschrift* Schellings schreibt Heidegger: »die Tatsache, daß die Natur das Rechnen und die Berechenbarkeit mit sich geschehen läßt, spricht eher dafür, daß sie uns damit täuscht und von sich fernhält, als daß wir damit ein wirkliches Wissen erreichen.«[8] Das ist sicher sehr ambitioniert gesagt, aber indiziert doch die Absicht, über die mathematisierten Existenzbegriffe auch der Naturwissenschaften hinauszugreifen, um einen universalen Terminus zu gewinnen. Erst später wußte er, daß das offenbar nicht funktionieren kann. Das indiskrete Sein verliert sich im Gegenstandslosen und kann uns daher nur ein Vorschwebendes bleiben.

Von Heidegger sind meines Wissens keine eigenhändigen Zeichnungen überliefert, wohl aber viele Skizzen zu Begriffskoordinaten. Handzeichnungen würden natürlich den Kunsthistoriker Bredekamp in erster Linie interessieren, weil sie eine Verwandtschaft von Wissenschaft und Kunst überzeugend dokumentieren. Heidegger war ja auch äußerst empfänglich für künstlerische Expressionen aller Art, von der Dichtung über die bildende Kunst bis zur Musik. Aber er praktizierte keine dieser expressiven Formate, genauer: er exerzierte sie nur in seinem Denken, das ebenso plastisch wie poetisch und klangreich ist. Es handelt sich ersichtlich um Denk-Kunst.[9] Umso verwunderlicher, daß er tatsächlich einmal in seinem riesigen Œuvre ein Bild präsentiert und zwar genau an einer Stelle, die zum Herzstück von Schellings Denken und von hier aus auch Heideggers gehört. Es geht hier um die Differenz zwischen Grund und Existenz. Genauer: es geht um eine Ausdeutung der aristotelischen Formel τὸ τί ἦν εἶναι, quod quid erat esse, was es war zu sein. An dieser For-

---

[7] Martin Heidegger, *Beiträge zur Philosophie. (Vom Ereignis)*, Gesamtausgabe Bd. 65, Frankfurt 1989.
[8] Martin Heidegger, *Schellings Abhandlung*, op. cit., pp. 167.
[9] Das ist auch Peter Trawnys Ansicht in seinem Buch *Heidegger Fragmente* (op. cit.). Cf. hier das schöne Kapitel *Manuskript-Kunst* (pp. 135 sq.).

mel hat sich die Geschichte der Metaphysik wahrlich abgearbeitet. Bei Schelling und Heidegger bekommt ihre Deutung aber eine ganz andere Wendung. Ihnen geht es wörtlich (ἦν, erat, war) um die vorgängige Dimension dessen, was ist. Was ist, ist immer es selbst (ipse, αὐτός). Mithin geht es Schelling und Heidegger um die Genese des Selbst. Damit greifen sie noch vor das Zwischenreich zurück, in den Ungrund der Existenz. Es geht ihnen und insbesondere Heidegger um ein allgemeines Verständnis dessen, wie etwas es selbst werden kann, es geht ihm um das *fieri* des *ipse*. Das ist für Schelling ebenso wie für Heidegger das Werden überhaupt, das heißt anfänglich: ›des‹ Gottes. »Der werdende Gott tritt in seinem Werden zum Gewordenen heraus, und *in* diesem Werden und *als* dieses *ist* er, der er ist. Das innergöttliche Werden ist anfänglich das Sich-erblicken des Gottes selbst in seinem Grunde, so daß im Grunde dieser Blick bleibt.«[10] Nur durch diesen Blick (›Sich-selbst-erblicken in dem Anderen als *seinem* Anderen‹), durch diesen Ein-blick oder, wie beide sagen, durch diesen ›Lichtblick‹ wird der Funken eines Selbstwerdungsprozesses gezündet, und das gilt auch für ›den‹ Gott und damit bleibend für alles. Was von Heidegger als ›der‹ Gott bezeichnet wird, ist natürlich, wie er selbst sagt, »nicht als ein alter Papa mit weißem Bart, der Dinge anfertigt«,[11] zu verstehen, sondern als Titel für ein erstes, anonymes Zusichkommen, ohne das es nichts geben könnte.

Der in dieser primären Selbstigung ausgelöste Prozeß einer Selbstwerdung überhaupt ist in keinem Selbst stillgestellt. Was ist, kann es nur prozeßhaft sein. Heidegger spricht hier von einer elementaren ›Werdebewegtheit‹. Das ist ein merkwürdiger Ausdruck, obschon das damit Angezeigte für ihn »das metaphysisch Wichtigste der ganzen Abhandlung« ist.[12] Es geht ihm eigentlich nur um das nichtige Plasma der Selbstwerdung, wie es nach der Formel »natura naturans als natura naturata des Scotus Eriugena« vorgedacht wurde.[13] Dieser sich verdichtende Selbstwerdeprozeß und die sofort aus dem Zentrum wieder hinausgeschleuderte Auswerfung als erneuter Prozeß einer Verdichtung (ex centro iterum) hat Heidegger als flüssiges Duplex mithilfe einer Abbildung zu verdeutlichen versucht,

---

[10] Martin Heidegger, *Schellings Abhandlung*, op. cit., p. 163.
[11] Ibid.
[12] Martin Heidegger, *Schellings Abhandlung*, op. cit., p. 159.
[13] Cf. Anm. 175 (ibid.).

5. Heideggers Bild

die er weder ankündigt, noch kommentiert.[14] Sie sieht folgendermaßen aus:

Ob diese Figur nun von unten nach oben oder von oben nach unten gedeutet werden muß, läßt Heidegger offen. Es scheint ihm auch unwichtig zu sein. Worum es ihm geht, ist nur das Verschlungensein einer Bewegung. Damit will er offenbar die ›Werdebewegung‹ verdeutlichen, die der Architektur des Geistes und des Seins gleichermaßen zugrunde liegt.

Heidegger nennt die *Freiheitsschrift* Schellings »eine Antwort auf die ›Phänomenologie‹ [Hegels]«.[15] Ob das wirklich der Fall ist, kann hier offen bleiben. Er schätzt jedenfalls Schellings letzte von ihm selbst publizierte Schrift von 1809 so hoch ein, daß sie ein ganz anderes Denken, das heißt einen anderen Anfang der Philosophie ins Auge faßt, mit dem Schelling bis zu seinem Tod 1854 nicht fertig geworden ist, sondern erst er selbst, Heidegger. Ein solcher Neueinsatz operiert bei Schelling mit dem Begriff des ›Willens‹, den man

---

[14] Martin Heidegger, *Schellings Abhandlung*, op. cit., p. 164. Siehe auch Martin Heidegger, *Gesamtausgabe*, Bd. 42, ed. Ingrid Schüßler, Frankfurt/M. 1988, p. 236.
[15] Martin Heidegger, *Schellings Abhandlung*, op. cit., p. 231.

nicht psychologisch oder anthropologisch mißverstehen darf. Schelling nennt ihn auch ›Ursein‹. Er ist nur Titel einer Einigungsenergie, die aus dem Zentrum des Rückgangs heraus immer wieder wirksam wird, wie es die Zeichnung veranschaulicht. Heidegger versteht diesen Willen auch als »Sichzusammennehmen, Zu-sich-selbst-kommen, Sich-selbst-wollen, Selbstsein, Geist, *Liebe*«.[16] Hier verweist er mit Recht auch auf Leibniz: »Einheit *als* Einheit ist Einigung.«[17] Daß Einheit damit zu einem dynamischen Begriff wird, der das *Intendieren* des Selbst und das Selbst als *Intendiertes* monadisch zusammenfaßt, ist gerade die Pointe einer Ontologie des *Hen dia dyoin* (ἓν διὰ δυοῖν, eins durch zwei). Und eine solche Struktur des Anfänglichen liegt Schellings und Heideggers Konzeption einer ›Sichigung‹ zugrunde, bevor noch irgendetwas ist. Daß sich für jeden Nachvollzug dieser Erwägungen Schwierigkeiten auftürmen, muß man wohl in Kauf nehmen.

Tatsächlich gibt es außer Schelling und Heidegger nur einen Kopf, der sich ebenfalls mit solchen Überlegungen herumgeschlagen hat, und das war Paul Valéry. Dieser hat in zwei Texten Denker entworfen, die Projektionen seiner selbst sind: Leonardo und Monsieur Teste. Genial ist der erstgenannte: *Introduction à la Méthode de Léonardo de Vinci* von 1894 (gedr. 1895). In den Jahren 1919 und 1933 erschienen ergänzende Versionen, die 1957 in die Pléiade-Ausgabe mit aufgenommen wurden. In der Fassung von 1919 bemerkt Valéry, daß sich das Bewußtsein als »Sproß des antlitzlosen und ursprunglosen Wesens, auf das jeder Weltversuch zurückfällt und sich bezieht«, letztlich auf »zwei ihrem Wesen nach unbekannten Entitäten« anzusetzen ist: »Sich selber und X.« Er fügt noch hinzu: »Beide sind sie abgezogen von allem, mitverstanden in allem, alles mitverstehend. Gleich und in der Substanz eins.«[18] Man kann wirklich nur erstaunt sein, wie ein Dichter diese abstrakte Struktur, die Schelling und Heidegger ins Auge gefaßt haben, so unprätentiös wiedergeben konnte. »Ich sage: *Mensch*, und ich sage: *es*, per analogiam und weil es kein Wort dafür gibt.«[19] Ein paar Seiten weiter entschlüsselt Valéry diese Rätselhaftigkeit: »Wer X auch sein mag: sobald ich

---

[16] Martin Heidegger, *Schellings Abhandlung*, op. cit., p. 211.
[17] Ibid.
[18] Paul Valéry, *Leonardo. Drei Essays*, trad. Karl August Horst, Frankfurt/M. 1960, p. 134.
[19] Paul Valéry, *Leonardo*, op. cit., p. 135.

5. Heideggers Bild

meinem Denken über ihn auf den Grund gehe, weist es in meine Richtung, wer ich auch sein mag. (...) Die *Intention* allen Denkens liegt in uns.«[20] Man mag es nicht glauben, aber die anonyme Struktur der Intentionalität, sicher keine physikalische, physiologische oder neuronale Eigenschaft des Menschen, erhält von Valéry eine geradezu ontologische Wucht: »Aus unserer eigenen Substanz bestreiten wir vorstellend und bildend einen Stein, eine Pflanze, eine Bewegung, einen *Gegenstand*: irgendein Bild ist vielleicht nur der Anfang unserer selbst ...«[21]

Wie immer: Wir sind ein Produkt unserer Intentionalität. Und schon befinden wir uns wieder im Drama jener ›Sichigung‹, die wir von Schelling und Heidegger kennengelernt hatten.

In einem Ergänzungstext zu seinem Jugendwerk *Leonardo* unter dem Titel *Leonardo und die Philosophen* (Brief an Leo Ferrero) (1933) liefert Valéry eine für die damalige Zeit durchaus bemerkenswerte Abrechnung mit der Philosophie, soweit sie ihm akademisch entgegentrat. Sie ist nach seiner Wahrnehmung »immer eifriger bestrebt« oder sollte es wenigstens sein, »sich gegen den *gefährlichen Anschein, als verfolge sie ein reines Wortziel*, zu verwahren«.[22] Nichts hält Valéry für verhängnisvoller, als genau einen solchen Versuch. Tatsächlich hat die Philosophie im 20. Jahrhundert exakt dies exerziert: ein Wortziel und nur dies anzustreben. Das Desaster ließ nicht lange auf sich warten. Ein ontologiefreies Herumhantieren mit kommunikativ gebremsten Wortverwendungen gab im Prinzip die überkommunikative Mitte der Philosophie auf, also das Denken.

Schon Valéry sah die Philosophie seiner Zeit, da wo sie noch wie bei Henri Bergson für eine ›innere Welt‹ empfänglich war, partiell als sensibel an für einen Blick »auf den Bereich *diesseits der Sprache*, wo sie jene heimliche Werdeform beobachten, die man als *Intuitionen* bezeichnen kann«. Das, so befindet er, »sind die Musiker unter den Philosophen«. Sie würden »die Tendenz ihres Denkens mit Leichtigkeit, einer kaum merklichen Neigung folgend, zur Kunst der Zeit und des Gehörs hinführen«.[23] Es ist schon erstaunlich, wie ausgerechnet ein Dichter ersten Ranges diese Schelte einer auf Sprachphilosophie herabgesunkenen und depravierten Form des Denkens so

---

[20] Paul Valéry, *Leonardo*, op. cit., p. 152.
[21] Paul Valéry, Ibid.
[22] Paul Valéry, *Leonardo*, op. cit., p. 216.
[23] Paul Valéry, *Leonardo*, op. cit., p. 217/18.

überaus hellsichtig formulieren konnte. Für ihn war es offenkundig, daß wir, sobald wir »nicht mehr bloß auf *irgendwelche* Zeichen, die nur eine oberflächliche Vorstellung von Sachen vermitteln«, sondern »sobald wir dieses Denken leben«, daß wir genau dann geradezu spüren, »wie es sich von jeder Sprachverabredung loslöst«.[24] Wir werden dann »auf unmittelbare Weise gewahr, daß die Sprache, wie organisch und unentbehrlich sie auch sein mag, in der Welt des Denkens *nichts* ausrichten kann, wo *nichts* seine transitive Natur gefangen nimmt«.[25] Diese Lektion von einem Dichter hat die Philosophie im 20. Jahrhundert nicht zur Kenntnis genommen. Denken ist etwas anderes als Sprechen.[26] Die Dynamik des Denkens, wie Valéry sagt: ihr transitives Wesen, kann in Klassifizierungen nicht eingefangen werden. Wenn Philosophen in der Tat bloß darauf ausgehen, »*Denkergebnisse in Aussageform zu bringen*«, verlieren sie ein Zentrum, aus dem jedes Denken seine Energie bezieht. Gegen diese Abirrung stellt Valéry ›seinen‹ Leonardo und das heißt natürlich: ›sich selbst‹. Valéry befindet: »Dagegen ist für Leonardo die Sprache nicht alles. (...) Leonardo zeichnet, rechnet, baut, verziert, nimmt alle Arten von Stoffen in Gebrauch, welche Ideen dulden und Ideen auf die Probe stellen.«[27] Gerade wegen dieser Universalität empfiehlt Valéry am Ende den Philosophen, sich umzubesinnen. Er vermöge einfach nicht einzusehen, warum sie nicht »unseren Leonardo, für den die Malerei die Stelle der Philosophie vertrat, adoptieren sollten?«[28]

Tatsächlich votiert Valéry an dieser Stelle für einen perspektivischen Universalismus, der den Philosophen in ihrer taxonomischen Obsession der überkommenen Metaphysik strikt entgegensteht. Trotzdem gab es schon seit Leibniz Hinweise auf eine andere Perspektive. Sein Bestreben, »so viel Mannigfaltigkeit wie möglich, jedoch verbunden mit der größtmöglichen Ordnung zu erhalten«,[29] war genau das, was Valéry als Dichter anstrebte.

---

[24] Paul Valéry, *Leonardo*, op. cit., p. 207.
[25] Paul Valéry, *Leonardo*, op. cit., p. 209.
[26] Cf. zuletzt Markus Gabriel, *Der Sinn des Denkens*, Berlin 2018. Gabriel identifiziert das Denken als einen sechsten Sinn, der die Sprache zwar braucht, aber in ihren Erzeugungen keineswegs aufgeht und auch digital nicht simuliert werden kann.
[27] Paul Valéry, *Leonardo*, op. cit., p. 188/89.
[28] Paul Valéry, *Leonardo*, op. cit., p. 218.
[29] Leibniz, *Monadologie*, op. cit., p. 465.

5. Heideggers Bild

Auch die Bemerkung von Leibniz, daß es aus diesem Blickwinkel »im Universum nichts Unbebautes, nichts Unfruchtbares, nichts Totes, kein Chaos, keine Verworrenheit als nur dem Scheine nach [gibt]«, kommt Valérys poetischer Vision mehr als entgegen. Vor allem auch die abschließende und relativ saloppe Bemerkung von Leibniz, daß dieser Befund, auf den ich oben schon hingewiesen hatte, im Vergleich mit einer visuellen Erfahrung eine Stütze erhält, daß man »sozusagen ein Gewimmel der Fische des Teiches sieht, ohne die Fische selbst zu unterscheiden«.[30]

Leibniz und Valéry liefern Kristalle einer gefährdeten Harmonie, durch die ›fast‹ alles notwendig, aber natürlich auch nicht rein zufällig ›gefügt‹ ist. Heidegger und Schelling sind die Abendröte des Geistes vor seinem denkbaren Rücksturz in das uranfängliche Wesen, »das gleichsam *vor* aller Existenz (…) und darum schrecklich ist«.[31] Beide Perspektiven ›wittern‹ klandestin gegen die antike und auch Hegels Option einen letztlich gar nicht denkbaren, universalen Struktur- oder Ordnungskollaps und geben gerade deshalb auch heute noch zu ›Bedenken‹ Anlaß. Hier gilt allerdings für jeden, der sich darauf einlassen möchte das, was Schelling einmal von Horaz als Mahnung übernahm: »Mit Vorsicht, bei den Göttern, tritt heran! Es lauert Feuer unter der tückischen Asche.«[32]

Trotz dieser angemahnten Vorsicht werde ich abschließend noch die Frage nach der Genese von Normen und Strukturen aufgreifen. Normalerweise wird diese Frage umgangen oder vermieden. Das darf aber ein Philosoph nicht.

Beginnen wir mit einigen bekannten Trivialitäten. Normen sind in der Regel Reglements, die Menschen sich selber geben, um einen überindividuellen Umgang miteinander ausüben zu können. Sie sind explizit, wenn sie kodifiziert und manchmal nach definierten Ver-

---

[30] Leibniz, *Monadologie*, op. cit., p. 471.
[31] Schelling, *Über das Wesen*, op. cit., p. 63.
[32] Schelling, *Über das Wesen*, op. cit., p. 83. Die Übersetzung habe ich von dem Herausgeber Thomas Buchheim (p. 165) übernommen. Er gibt auch die Quelle an: Horaz, *Carmina* II 1, 7 sq. – In einem neuen Buch versucht Gottfried Gabriel den Kontrast zwischen Indiskretem und Diskretem erneut durch die Formel einer Komplementarität zu entschärfen. Damit ist das Drama einer internen Genese allerdings stillgestellt. Diese Strategie verfolgt Gabriel seit etlichen Jahren. Cf. zuletzt ders., *Präzision und Prägnanz. Logische, rhetorische, ästhetische und literarische Erkenntnisformen*, Paderborn 2019.

fahren festgelegt worden sind. Sie können aber auch implizit sein, wenn man nach unterstellten Normen sucht. Diese nennt man meist Präsuppositionen. Normen sind in der Regel konventionell. Das bedeutet nicht, daß sie immer unbegründet sind. Allerdings haben akzeptierte Normensysteme immer eine Geschichte. Diese hängt an ihrer Begründungsgeschichte. Was heute akzeptiert wird, gilt morgen unter gewandelten Verhältnissen nicht mehr. Ob es auch natürliche Normen gibt, ist umstritten. Paradebeispiel ist hier das Naturrecht.

Überhaupt sind rechtliche Normen Reglements, die sanktionsbewehrt sind. Sie haben dann Gesetzescharakter, wenn ihre Nichtbefolgung Konsequenzen bis zur Verurteilung vor Gericht nach sich ziehen.

Weshalb braucht man Normen? In der Regel deshalb, weil man in einer erwartungsfesten Gemeinschaft leben möchte. Wenn die Handlungsweisen jedes Mitglieds einer Gemeinschaft jeweils ihrem Belieben anheimgestellt wären, wären Kollisionen unvermeidlich. Normen dienen in solchen Fällen einer Konfliktvermeidung. Deshalb gibt es Gesetze im Sinne des Rechts.

Schon aus dem, was hier skizziert wurde, kann man die These vertreten: Menschen sind sich selbst normierende Wesen. Man kann übrigens nicht sagen: Sich selbst normierende Tiere. Warum nicht? Weil Tieren Normen fremd sind, sie werden instinktiv reglementiert. Die Selbstnormierung des Menschen ist schon seine Geburt als Mensch. Hatte Carl Schmitt das bedacht?

Schwierig wird diese Interpretation aber dann, wenn man die Hintergrundsnormierungen thematisiert. Das sind jene, die unserem natürlichen *equipment* zugrunde liegen. ›Natürlich‹ heißt hier bloß: Nicht beschlossen, sondern unserer menschlichen Verfassung konstitutiv ›mitgegeben‹. Das betrifft in erster Linie die Sprache und das Denken, aber auch elementare Formen des Umgangs miteinander. In diesen Feldern nach verborgenen Notwendigkeiten (*hidden necessities*) zu fahnden, ist Sache der Philosophie. Was müssen wir notwendigerweise unterstellen, um etwas zu können? Und was ist dem hier Unterstellten wieder unterstellt? Philosophie ist auf dieser Schiene normative Prämissenfahndung.

Wenn schon Tiere keinen Kontakt mit Normen haben, dann die Natur insgesamt erst recht nicht. Man kann also nicht sagen, daß Naturgesetze einen normativen Status haben. Sie sind völlig anderer Art. Wenn ein Satz (eine Formel) als Naturgesetz präsentiert wird,

5. Heideggers Bild

dann gibt es für den Phänomenbereich, über dem sie definiert sind, keine Ausnahme im Ereignisfluß. Das unterscheidet sie kategorial von Normen.

Man darf daher den Bereich, der durch Normen reglementiert ist, in Erinnerung an Hegel komplett als Reich des objektiven Geistes kennzeichnen. Zu dem gehören Naturgesetze nicht, sondern nur der Gesamtkorpus der durch den Menschen reglementierten Formen seines Zusammenlebens im Raster von Institutionen sowie das gesamte Reich expressiver Kulturformate. Zwar gibt es auch Naturgesetze und Naturwissenschaften nicht, sofern sie nicht von Menschen ersonnen und betrieben werden. Indes: Ihre Geltung sollte unabhängig von den Forschern sein. Diese an sich plausible Forderung kam allerdings durch Ergebnisse der Naturwissenschaft selbst ins Schlingern. Die Quantenphysik konnte ohne die Rolle eines Beobachters (Beteiligten) ihrer Experimente nicht mehr entscheiden, welche Ereignisse stattfinden. Diese Einbeziehung des Menschen in den Bereich dessen, was er kann, ist ein Resultat des 20. Jahrhunderts und hat zu bisweilen bizarren Ausdeutungen geführt. Die sollen uns hier aber nicht interessieren.

Was virulent ist, ist die Nähe von Normen zu den von ihnen Betroffenen. Weit entfernt sind beschlußfassende Gremien wie Parlamente. Sehr nah sind Umgangsnormierungen schon in Familien. Diese sind in der Regel auch nicht beschlossen, sondern überkommen oder übernommen, aber wirksam. Sie bilden den Grundstock von Brauch und Sitte. Auch hier gibt es ein Gefälle von offenen zu exkludierenden Normierungen, von konzilianten Attitüden bis zu diskreditierenden. Alle diese Spielarten zeigen: Es gibt keine Realitätsfelder unseres *commercium sociale*, die nicht durch Normen reglementiert sind. Selbst Spielregeln laden zum *fair play* ein.

Viel schwieriger ist aber die Frage, wie Normen überhaupt entstehen. Normen im Sozialkorpus sind nur ein Spezialfall von Reglements, von Gesetzen, Regeln, Ordnungen, Systemen, Strukturen etc. Es gibt meines Wissens nur einen Philosophen von Rang, der sich dem Problem einer Entstehung von Strukturen überhaupt gestellt hat, und das war wieder Schelling. Man darf sagen, daß er in seinem gigantischen Projekt *Die Weltalter* (ab 1811) mit diesem Problem gerungen hat, ohne es befriedigend lösen zu können. Die Schwierigkeit für Interpreten ist allerdings zudem, daß er in dieses Projekt zuviel hat integrieren wollen, seine Metaphysik, seine Naturphilosophie, seine Ontologie, seine Bewußtseinstheorie, seine

Geschichtsphilosophie, seine Theologie etc. Wenn man diese Integrationsabsicht einmal ausblendet und sich nur auf die Überlegungen zur Strukturgenese konzentriert, ergibt sich folgendes Bild.

Wir müssen mit zwei gegensätzlichen Energien rechnen: einer *ipsoiden* und einer *communalen*. Was besagt das? Strukturen kann es nur geben, wenn wir eine Energie zur Verfügung haben, die dafür sorgt, daß es Selbste gibt; und eine Energie, die dafür sorgt, daß es kein Selbst geben kann, wenn es sich nicht in ein Gemeinsames fügt. Das ist genau das Tableau, von dem Schelling in seinen *Weltaltern* ausgeht, er nennt die benannten Energien ›verneinende‹ und ›bejahende‹ Kraft. Die erste Frage ist nun: Wie kann es sein, daß dieses Duplex überhaupt auftreten kann? Hier nimmt Schelling eine Anleihe aus der Urteilstheorie auf (Subjekt und Prädikat).[33] Aber auch das soll uns hier nicht interessieren. Es geht ihm letztlich nur um den Kontrast zwischen verschließenden und aufschließenden Energien *nach* ihrer undefinierten Einheit. Wenn ein Selbst alles sein will, pumpt es sich gleichsam auf und platzt schließlich. Es muß sich also öffnen (*subordinatio fundamentalis*), um als Selbst Struktur gewinnen zu können. Es muß gewissermaßen von seinem Selbst etwas opfern, um allgemeinheitsfähig werden zu können. Das heißt im Klartext: Was wir brauchen, ist eine Spaltung der ursprünglich undefinierten Einheit. Schelling spricht hier entsprechend von der erwiesenen Notwendigkeit, »daß die Eine Einheit sich in zwei Einheiten zersetze«.[34] Diese *Zersetzung* ist für die Entstehung von Strukturen unabdingbar. Ein Selbst für sich könnte nur verblitzend existieren, es muß sich öffnen, um strukturfähig werden zu können, um also in eine Stabilität einzurücken, die ein Existieren erst möglich macht. Existenz ist ohne dieses Opfer an die dadurch produktive Zersetzung nicht möglich. Erst diese Zersetzung verleiht dem indiskreten Milieu eine Dynamik, die Schelling mit Jakobus 3, 6 als Rotation (τροχὸς τῆς γενέσεως) zu verstehen gibt. Für ihn ist es »jenes wie wahnsinnig in sich selbst laufende Rad der anfänglichen Geburt«.[35] Dieser Irrsinn vor jedem Sinn ist bleibend das klopfende Herz des

---

[33] Cf. Wolfram Hogrebe, *Prädikation und Genesis. Metaphysik als Fundamentalheuristik im Ausgang von Schellings ›Die Weltalter‹*, Frankfurt/M. 1989.
[34] Friedrich Wilhelm Joseph Schelling, *Schriften von 1813–1830*, Darmstadt 1968, p. 21.
[35] Schelling, *Schriften von 1813–1830*, op. cit., p. 143.

Universums, seine, wie Heidegger sagen würde, ›Werdebewegtheit‹. So kann Schelling am Ende der Weltalter den kapitalen Satz auf den verstörten Leser loslassen, der besagt, »daß der wahre Grundstoff alles Lebens und Daseyns eben das Schreckliche ist«.[36]

Das Drama dieser Selbstigung ist von niemandem außer Schelling je thematisiert worden, vielleicht doch im Neuplatonismus, aber nicht in dieser Dramatik. Man muß auch bedenken, daß ein werdendes Selbst gewissermaßen noch vor dem Punkt liegt, also etwas ist, das proto-pünktlich ist. Ebenso daß ein werdendes *Commune* noch vor diesem liegt, also proto-linear ist. Das alles sind Konstruktionen im Indiskreten, einem Milieu, das *vor* stabilen diskreten Verhältnissen etabliert ist bzw. etabliert werden muß. Heidegger hat das mehr geahnt als gewußt, aber er ist dem Wink von Schelling gefolgt.

In seiner Schelling-Vorlesung über die Freiheitsschrift verweist er etliche Male auf die *Weltalter*. Man darf sich nichts vormachen: Bei Schelling wird etwas angedacht, was noch nicht ausgedeutet ist, weder in der Philosophie noch, wenn überhaupt möglich (was ich bezweifle), in der Mathematik oder Physik. Das Problem ist einfach, wie man aus einem indiskreten Milieu Strukturen überhaupt entstehen lassen kann. Wie ist ein Ausbremsen der irrwitzigen Rotation im Indiskreten, wie Schelling es vorsieht, überhaupt möglich? Für Schelling ist es die Macht des Sanften, die stärker ist als die autoide Energie, und eben diese befähigt, ›sich zu fangen‹. Natürlich gibt es in diesem Syndrom keine Kausalitäten, aber ein ›leises Anziehen‹ schon, »wie das, was dem Erwachen aus tiefem Schlummer vorangeht«.[37] Dieses Erwachen des Universums ist allerdings nichts unbedingt Erfreuliches, denn das anfängliche Duplex »ringt [als] in Widerstreit existirende [sic] Wesen wie in schweren, aus der Vergangenheit, weil aus dem Seyn, aufsteigenden Träumen (…), in denen es zuerst alle Schrecknisse seines eigenen Wesens empfindet«.[38] Diese Schrecknisse gründen darin, daß nichts existieren kann, was nicht *a limine* der Vergänglichkeit anheimgegeben wäre. Jeder Anfang ist immer auch Zeugnis einer Vergeblichkeit. Daß etwas ist, zahlt eben dafür mit Endlichkeit, *in initio erat finis*.

---

[36] Schelling, *Schriften von 1813–1830*, op. cit., p. 145.
[37] Schelling, *Schriften von 1813–1830*, op. cit., p. 142.
[38] Ibid.

6. Lessings Weisheit

Bedeutende Stimmen der Aufklärung sind nicht exklusiv an einer durchrationalisierten Weltsicht interessiert, sondern stets auch an einer rücksichtsvollen, ja elastischen Form des Umgangs miteinander. So gibt es in der Aufklärung auch kein Diskursmonopol, vielmehr eine Stimmenvielfalt, die, wenn möglich, ›harmonisch‹ sein sollte. Diese Offenheit ist ein bedeutendes Verdienst der Aufklärung, ihrer Dichter und Denker. Hierzu gehörte früh Gottfried Wilhelm Leibniz und spät Gotthold Ephraim Lessing, der, obwohl durchaus auch eine polemische Begabung, einer ›sanften Stimme der Vernunft‹ sein Wort lieh.

Friedrich Vollhardt, dem wir eine umfassende, die Diskussionslage der Zeit sowie die gesamte inzwischen aufgelaufene Forschungsliteratur einbeziehende Studie zu Leben und Werk von Lessing verdanken, hat das pointiert so formuliert: Bei Lessing handele es sich um ein Denken, »das die Kontingenz von Lebenswelten akzeptiert – aus Gründen der Vernunft«.[1] So konnte es sein, daß Lessing als Verfechter vernünftiger Nachsichtigkeit dennoch im engeren Sinne kein Theoretiker der Toleranz war, sondern sie in szenischen Tableaus gleichsam vorführte, nicht also doktrinal analysierte, sondern wirklich ›zeigte‹.[2] Toleranz ist bei ihm, wie wieder Vollhardt völlig richtig festhält, »weniger Gegenstand der Reflexion als der Anteilnahme«.[3] Das ist ihm besonders eindrucksvoll, auch heute noch und gerade heute, in fesselnder und vorbildlicher Weise in seinem letzten Drama *Nathan der Weise* (1779) gelungen. Die Aktualität Lessings läßt sich nicht in Abrede stellen. Das liegt aber nicht nur an seiner Botschaft

---

[1] Friedrich Vollhardt, *Gotthold Ephraim Lessing. Epoche und Werk*, Göttingen 2018, p. 359.
[2] Zum Kontrast *demonstrare* (beweisen) und *monstrare* (zeigen) cf. Carlo Ginzburg, *Spurensicherung. Die Wissenschaft auf der Suche nach sich selbst*, trad. Gisela Bonz / Karl F. Hauber, Berlin 2011.
[3] Vollhardt, *Lessing*, op. cit., p. 367.

6. Lessings Weisheit

der Toleranz zwischen den abrahamitischen Religionen (jüdisch, christlich, islamisch), sondern vor allem auch daran, *wie* er diesen Toleranzgedanken einführt. Soweit ich sehe, ist dieser Modus in der von mir avisierten speziellen Hinsicht bislang nicht explizit thematisiert worden.

Zunächst muß daran erinnert werden, daß Lessing stets in einem inneren Dialog mit Leibniz stand: »Die Beschäftigung mit der Leibniz'schen Philosophie bildete im Leben Lessings eine Konstante.«[4] Das hat besonders prägnant auch Monika Fick in einer focussierten Analyse der *Emilia Galotti* (Uraufführung 1772) herausgearbeitet, in der sie Lessings Rückgriff auf die *petites perceptions* bei Leibniz nachweist.[5]

Vergegenwärtigen wir uns kurz und skizzenhaft die Szenerie im *Nathan*. Er, reicher jüdischer Kaufmann, kommt von einer erfolgreichen Geschäftsreise aus Babylon nach Jerusalem zurück und erfährt, daß sein Haus gebrannt habe, ja fast »von Grund aus abgebrannt«[6] wäre. Das beeindruckt Nathan allerdings nicht. Wäre es so gewesen, so kommentiert er, »hätten wir ein neues uns / Gebaut; und ein bequemeres«. Aber was viel schlimmer ist, um ein Haar wäre bei diesem Brand seine Tochter Recha, wie sich später herausstellt: seine Ziehtochter, ums Leben gekommen. Sie wurde aber gerettet von einem jungen Tempelherrn, den Saladin, der Sultan Jerusalems, zuvor als einzigen ansonsten getöteter Christen begnadigt hatte, weil er ihn physiognomisch an seinen Bruder Assad erinnerte.

Nathan will diesen Retter Rechas unbedingt finden, um ihm zu danken. Er findet ihn, kommt mit ihm ins Gespräch, der Tempelherr ist anfangs frostig und unleidlich, will von Dank von einem Juden nichts wissen, am Ende gesteht er, daß er sich schäme, und bietet Nathan seine Freundschaft an, die dieser sofort annimmt. Inzwischen erfährt Nathan, daß Sultan Saladin ihn sprechen möchte. Saladin ist derzeit pleite und braucht Kredit. Im Dritten Aufzug kommt es zur Begegnung zwischen Saladin und Nathan. Saladin verwickelt ihn in ein Gespräch, um ihn überhaupt erst in seiner Weisheit kennen

---

4 Vollhardt, *Lessing*, op. cit., p. 253.
5 Monika Fick, *Verworrene Perzeptionen. Lessings Emilia Galotti*, in: *Jahrbuch der Deutschen Schillergesellschaft* 37 (1993), p. 139–163. Cf. zu diesem Aspekt auch Alexander Košenina, *Literarische Anthropologie. Die Neuentdeckung des Menschen*, Berlin 2008.
6 Zitiert nach der Ausgabe von Karl Lachmann, Bd. 2, Berlin 1838, pp. 190–362.

zu lernen. Welche Religion ist die wahre? Die jüdische, christliche oder islamische? Saladin: ›Von diesen drey Religionen kann doch eine nur / Die wahre seyn.‹ Nathan ahnt das Tückische dieser Frage und antwortet mit der berühmten Ringparabel, auf die ich gleich noch ausführlicher zu sprechen komme. Im Ergebnis zeigt Nathan, daß solche Fragen nach einer diskreten Identität manchmal und vor allem in der von Saladin vorgegebenen Form unbeantwortbar sind.

Zum Schluß erweist es sich, daß alle Beteiligten zudem in einem verwandtschaftlichen Verhältnis stehen, das ihnen vordem nicht bekannt war. Der Tempelherr, Curd von Stauffen, ist eigentlich Leu von Filnek und insofern Bruder von Recha, Blanda von Filnek. Recha ist aber zudem und de facto Tochter von Assad, dem Bruder Saladins, und einer Christin, schließlich auch Pflegetochter von Nathan. Diese anfangs unbekannten Verwandtschaftsverhältnisse werden am Ende des ›dramatischen Gedichts‹ einigermaßen mühsam aufgeklärt. Letzte Regieanweisung Lessings: ›Unter stummer Wiederhohlung [sic] allerseitiger Umarmungen fällt der Vorhang.‹

Zurück zur Ringparabel. Ihre Erzählung durch Nathan wird motiviert durch die Frage Saladins, welche Religion die wahre sei. Nathan ist verblüfft, er war auf eine Bitte um Kredit gefaßt, aber jetzt diese Frage! Nathan im 6. Auftritt des dritten Aufzugs, kurz allein:

»Hm! Hm! – wunderlich! – Wie ist
Mir denn? – Was will der Sultan? Was? – Ich bin
Auf Geld gefaßt; und er will – Wahrheit. Wahrheit!
Und will sie so, – so baar, so blank, – als ob
Die Wahrheit Münze wäre!«[7]

Als Saladin zurück ist, bietet ihm Nathan als Antwort auf seine Frage ›ein Geschichtchen‹ an, Saladin ist einverstanden, sofern sie ›gut erzählt‹ wird. Und nun erzählt Nathan die Ringparabel.

Der Ring, mit einem Opal geschmückt, hatte ›die geheime Kraft, vor Gott und Menschen angenehm zu machen, wer in dieser Zuversicht ihn trug‹. Schließlich kam dieser Ring als Erbstück auf einen Vater, der drei Söhne hatte, die ihm gleich lieb waren. Der Vater, als es ans Sterben ging, ›kömmt in Verlegenheit‹ und schickt in seiner Not seinen Ring an einen ›Künstler‹, um zwei Kopien anfertigen zu lassen, was diesem auch vorzüglich gelingt, so daß selbst

[7] Lessing, *Nathan*, ed. Lachmann, op. cit., p. 275.

6. Lessings Weisheit

der Vater, als er die Ringe zurück erhält, ›seinen Musterring nicht unterscheiden konnte‹. Der Vater ist erfreut und vermacht jedem seiner Söhne getrennt einen der Ringe. Danach stirbt er. Unter den Söhnen kommt es zum Streit, jeder wähnt sich als der rechtmäßige Erbe des Rings und ›will der Fürst des Hauses seyn‹: ›Man untersucht, man zankt, man klagt. Umsonst; der rechte Ring war nicht erweislich.‹[8] Hier hält Nathan kurz inne und fügt dann hinzu: ›Fast so unerweislich, als uns itzt – der rechte Glaube.‹

Saladin fühlt sich gefoppt, der habituelle Phänotyp der Mitglieder einer Religion steht Nathans Ununterscheidbarkeitsthese evident entgegen:

»Die Ringe! – Spiele nicht mit mir! – Ich dächte,
Daß die Religionen, die ich dir
Genannt, doch wohl zu unterscheiden wären.
Bis auf die Kleidung; bis auf Speis und Trank!«[9]

Nathan kontert:

»Und nur von Seiten ihrer Gründe nicht. –
Denn gründen alle sich nicht auf Geschichte?
Geschrieben oder überliefert! – Und
Geschichte muß doch wohl allein auf Treu
Und Glauben angenommen werden?«[10]

Weil das so ist, verlangen die aus Geschichte erwachsenen, auch religiösen Lebensformen wechselseitigen Respekt. Kann ich, fragt Nathan Saladin, ›von dir verlangen, daß du deine Vorfahren Lügen strafst, um meinen nicht zu widersprechen? Oder umgekehrt. Das nemliche gilt von den Christen.‹ Saladin: ›Der Mann hat Recht. Ich muß verstummen.‹

Die Parabel ist damit allerdings noch nicht am Ende. Nathan nimmt den Faden wieder da auf, wo er ihn im Streit der Erben fallenlassen hatte. Die drei Brüder ziehen vor Gericht. Der Richter ist so weise, wie er nur sein kann. Er fordert die Brüder auf, die Wunderkraft des Ringes (›beliebt zu machen, vor Gott und Men-

---

[8] Lessing, *Nathan*, ed. Lachmann, op. cit., p. 278.
[9] Ibid.
[10] Ibid.

schen angenehm‹) je für sich zu beweisen. Das gelingt leider nicht. Eine Neigung gegeneinander ist nicht vorhanden. Der Richter: ›Ihr schweigt? (...) Jeder liebt sich selber nur am meisten? – O so seid ihr alle drey betrogene Betrieger! Eure Ringe sind alle drey nicht echt. Der echte Ring vermuthlich ging verloren.‹[11] Damit ist der Streit vom Richter abgewiesen und er endet mit einer richterlichen Ermahnung: Jeder der drei Brüder möge sich ›um die Wette‹ der Kraft des Steines würdig erweisen, ›mit Sanftmuth, Veträglichkeit und Wohlthun‹. Saladin ist entzückt und bietet Nathan seine Freundschaft an, die dieser wieder unverzüglich annimmt, um ihm zugleich die uneingeforderte finanzielle Unterstützung zuzusagen, die sich später auch als unnötig erweist.

Lessings Pointe in und mit dieser Parabel ist die, daß er die Streitfrage, welches die wahre Religion sei, auf die Ebene der Echtheit der Ringe zurückführt, um von hier aus die Unentscheidbarkeit der Frage zu demonstrieren. Die *facultas diiudicandi*, das Beurteilungsvermögen erfährt eine Grenze im Bereich des Diskreten, aber bewährt sich gleichwohl auch im Bereich des Indiskreten. Der von Lessing inszenierte Rückgang in ein indiskretes Milieu des geschichtlich Gewordenen gibt keineswegs die Ratio auf, sondern macht sie in diesem Rückgang nur geschmeidiger, sie bewährt sich auch da noch, wo keine belastungsfähigen diskreten Kriterien mehr zur Verfügung stehen. Der Rückgang in das indiskrete Milieu zeitigt bei Lessing sogar einen bedeutenden Gewinn: Wo die diskrete Dimension ein Rechthaben (Beweise) erforderlich macht, bietet der Rückgang in eine indiskrete Dimension die Chance zur Toleranz. Das hat Lessing als erster gesehen. Und genau das macht die Ringparabel bis heute so faszinierend. Aufklärung ereignet sich da, wo der Eigensinn des Diskreten und Indiskreten gewürdigt werden kann, aber sich nicht gegenseitig ausschließt. »Was Lessing einzuführen versuchte, sollte wenig später als ›höhere Aufklärung‹ bezeichnet werden.« So faßt Friedrich Vollhardt diese Strategie im Rückgriff auf Hölderlin treffend zusammen.[12]

Aber Lessing stellt seine neue Sicht auf die Architektur unserer Rationalität im *Nathan* noch auf eine harte Probe. Im 7. Auftritt des

---

[11] Lessing, *Nathan*, ed. Lachmann, op. cit., p. 280. In der zitierten Lachmann-Ausgabe ist die Reihenfolge der Auftritte ab dem 7. Auftritt falsch nummeriert.
[12] Vollhardt, *Lessing*, op. cit., p. 375.

6. Lessings Weisheit

4. Aufzugs berichtet Nathan dem Klosterbruder von einem schrecklichen Ereignis, in dem Christen ›alle Juden mit Weib und Kind ermordet hatten‹. Unter diesen waren auch Nathans Frau samt seinen und ihren sieben Kindern (Söhnen), ›die in meines Bruders Hause, zu dem ich sie geflüchtet hatte, insgesamt‹ verbrannten. Nathan war nachvollziehbar verzweifelt und hat

»drey Tag' und Nächt' in Asch'
Und Staub vor Gott gelegen, und geweint. –
Geweint? Beyher mit Gott auch wohl gerechtet,
Gezürnt, getobt, mich und die Welt verwünscht;
Der Christenheit den unversöhnlichsten
Haß zugeschworen –
Doch nun kam die Vernunft allmählig wieder.
Sie sprach mit sanfter Stimm': ›und doch ist Gott!‹«[13]

Das ist meines Wissens die härteste Stelle in der gesamten Literatur der Aufklärung und sie dürfte auch heute noch alle Verzweifelten berühren. Die Brutalität der Menschen hat Lessing nicht übersehen. Im 2. Auftritt des 4. Aufzugs läßt Lessing den (christlichen) Patriarchen notorisch wiederholen: »Thut nichts! Der Jude wird verbrannt.«[14]

Lessing wollte die ›sanfte Stimme der Vernunft‹ nicht irgendwo verstummen lassen, denn genau das wäre eine Verabschiedung vom Programm ›Mensch‹. Er wollte sie auch da noch vernehmbar inszenieren, wo flagrante Grausamkeit der Menschen untereinander erfahren werden mußte. Damit ist eine Theodizee, die nicht existenziell basiert ist, am Ende. Lessings Gott muß nicht der Gott einer besten Welt sein, sondern hat auch da noch Chancen, wo Gewalt der Menschen untereinander wütet. Das ist neu und sicher eine Zumutung für alle, die einen solchen Horror, auch noch in unserer Zeit, erfahren haben.

Daß Lessing an der expressiven Architektur des Menschen in ihrem ganzen Umfang festhält, hat seinen Grund darin, daß er auf ihre humanen Orientierungsleistungen im Indiskreten nicht verzichten will, weil genau dies antihuman wäre. Die ›sanfte Stimme der Vernunft‹ bewährt sich als *anteilnehmende Vernunft*. Nathans Weisheit

---

[13] Lessing, *Nathan*, ed. Lachmann, op. cit., p. 324.
[14] Lessing, *Nathan*, ed. Lachmann, op. cit., p. 302.

wird im Indiskreten virulent als Zeichen einer uneingeschüchterten Humanität. Im Diskreten bedarf es keiner Weisheit, sondern zwingender Beweise. Wo Beweise nicht vorhanden sind, bedarf es der Weisheit.

Bei Lessing ist dieser Bereich, das Zwischenreich, zugleich der Bereich des Witzes. Witz ist in der Aufklärung nicht der Kalauer, sondern im Gegensatz zum methodischen Scharfsinn unser Organ, Kontexte zu wittern. Gottfried Gabriel hat diesen Kontrast prägnant so zusammengefaßt: »Die philosophische Tradition der Aufklärung hat den Unterscheid zwischen Scharfsinn und Witz ganz allgemein so bestimmt, dass der Scharfsinn *Verschiedenheiten im Ähnlichen* und der Witz *Ähnlichkeiten im Verschiedenen* ausfindig macht.«[15] Lessing bietet in seinen Berichten *Das Neueste aus dem Bereich des Witzes* (1751) in der Tat Beispiele aus dem Bereich ›der schönen Wissenschaften und freyen Künste‹, die für Lessing »das Reich des Witzes ausmachen«.[16]

Während die »ernsthaften Wissenschaften, welche man im engeren Verstande die Gelehrsamkeit nennt, von nichts als von dem Elend der Menschen« handeln, ja im Dienste einer »unerträglichen Sklaverey« stehen, »sind es allein die schönen Wissenschaften, welche durch bezaubernde Reitze die ursprüngliche Empfindung der Freyheit« in uns stimulieren.[17] Gerade der Witz im Sinne des französischen *esprit* ist es, der in unserem gesellschaftlichen Dasein die Essenz unserer Verträglichkeit generiert. »Die Höflichkeit, das einnehmende Betragen, der zärtliche Geschmack, alle untrügliche Kennzeichen gesitteter Völker, sind ihre [der schönen Wissenschaften] Früchte.«[18]

Es bedarf keiner Frage, daß Lessing eine *Dialektik der Aufklärung*, wie sie erst im 20. Jahrhundert diagnostiziert wurde, bereits in Zeiten der Aufklärung ausgetragen hat. Auch das macht seinen Rang als Dichter und Denker aus. Ohne daß er die Unentbehrlichkeit des szientifischen Denkens in Abrede stellen würde, weiß er doch,

---

[15] Gottfried Gabriel, *Präzision und Prägnanz. Logische, rhetorische, ästhetische und literarische Erkenntnisformen*, Paderborn 2019, p. 15. Diese für die Aufklärung in der Tat fundamentale Entgegensetzung hat Gabriel seit langem vielfältig untersucht.
[16] Lessing, *Sämmtliche Schriften*, Bd. 3, ed. Karl Lachmann, p. 196.
[17] Ibid. Der Satz ist in der zitierten Lachmann-Ausgabe korrupt. Warum ich sie dennoch zitiere? Ich habe sie geerbt.
[18] Ibid.

6. Lessings Weisheit

daß dies intellektuell nicht die ganze *story* sein kann. Ja, er hat ein Gespür für die Vorrangigkeit des Indiskreten, einfach deshalb, weil wir in diesem begrifflich unscharfen Milieu aufwachsen. Sonst wäre Erziehung, d. h. für ihn: Offenbarung für Infanten, unnötig. In seiner religions- und geschichtsphilosophischen Hauptschrift *Die Erziehung des Menschengeschlechts* (1780) versucht Lessing das Ineinanderspiel von Diskretem und Indiskretem aus seiner bloßen taxonomischen Entgegensetzung herauszulösen, indem er diesen Kontrast in einen Prozeß überführt, eben in einen Begriff der Erziehung. Das ist ein Stichwort für die späteren geschichtsphilosophischen Konzeptionen bis Hegel geworden. Die dennoch verbleibenden Schwierigkeiten für die Interpreten bestehen vor allem darin, daß Lessing hier zugleich eine Antwort auf zwei theologische Grundströmungen seiner Zeit finden will, Antworten auf die Orthodoxie und die Neologen. Ohne uns auf die Kontroversen, die Lessing sein Leben lang begleiteten, im Detail einzulassen, hilft hier zur Orientierung eine prägnante Zusammenfassung, die wir Panajotis Kondylis verdanken: »In bezug auf die Positionen der beiden theologischen Gegner Lessings [ist zu sagen]: der orthodoxe Offenbarungsglaube vertritt die Vernunft in einer bestimmten Phase ihrer Entwicklung, die früher oder später überholt sein wird. (...) Der Fehler der Neologen liegt wiederum in der Leugnung der Tatsache, daß sich die Vernunft versinnlicht hat und auch versinnlichen muß.«[19]

In einem Fragment aus dem Nachlaß bietet Lessing eine knapp gefaßte Überlegung *Ueber die Entstehung der geoffenbarten Religion*.[20] Hier konzipiert er als Anfangsformat eine *natürliche* Religion, zu der »ein jeder Mensch, nach dem Maaße seiner Kräfte, aufgelegt und verbunden [ist]«. Um diese individuelle *façon d'être* der natürlichen Religion aber »gemeinschaftlich zu machen«, benötigte man, und das ist der Anlaß ihrer Entstehung, das Format positiver (gestifteter) Religionen. Diese hatten ihrerseits den Mangel, daß ihnen das *Conventionelle* ihrer Stifter anhaftete. Daraus ergibt sich für Lessing: »Alle positiven und geoffenbarten Religionen sind folglich gleich wahr und gleich falsch.«[21] Hieraus geht nun zwanglos das Toleranzgebot für die Religionen untereinander hervor, wie er es

---

[19] Panajotis Kondylis, *Die Aufklärung*, op. cit., p. 607.
[20] Lessing, *Sämmtliche Schriften*, Bd. 11, ed. Karl Lachmann, op. cit., pp. 607 sq.
[21] Op. cit., p. 608.

im *Nathan* inszeniert hat. Den geschichtlichen Index wird keine positive Religion los.

Wie allen geschichtlichen Figuren verbleibt auch ihnen stets eine indiskrete Rahmung, die nicht Träger eines exklusiven Wahrheitsanspruchs sein kann. Aber auch eine Flucht ins Diskrete durch Dogmatisierung hilft hier nichts, denn die diskrete Münze unterliegt einem Währungsverfall. Diese Ambivalenzen, das ist Lessings Meinung, müssen Menschen einfach aushalten, ohne gegeneinander aggressiv zu werden. Unsere Lebenswirklichkeit spielt sich in historischen Tableaus ab, die sich zwar in diskreten Inseln, die Wirtschaft und Wissenschaft eine Zeitlang bereitstellen, einigen Halt finden können, aber aufs Ganze gesehen werden diese Tableaus ihre indiskrete Eigenart nicht los, ja dürfen es auch nicht, weil sie dann auch kein Ganzes auf Zeit mehr sein könnten. Kulturen bleiben fragile Gebilde. Vollhardt bündelt diese Konsequenz, die uns aus Lessings Überlegungen implizit entgegentritt, in die erstaunliche Bemerkung: »daß ihm an Eindeutigkeit hinsichtlich der Offenbarungsinhalte nicht gelegen war.«[22] Nicht gelegen sein konnte, sollte man ergänzen, weil sie prinzipiell nicht zu erreichen ist.

---

[22] Vollhardt, *Lessing*, op. cit. p. 337.

7. Goldsteins Wildnis

Seit einiger Zeit wird auch im deutschsprachigen Raum ein neues literarisches *genre* bekannt, das schon seit dem 19. Jahrhundert in den USA und dann in England als *Nature Writing* geläufig war.[1] Dieser Ausdruck ist natürlich flach, er signalisiert nur etwas ohne jede Tiefenschärfe, um das Betitelte begrifflich kenntlich zu machen. *De facto* geht es um eine Sprachwerdung von Naturerfahrungen, die außerhalb von wissenschaftlichen, ökonomischen oder touristischen Interessen liegen. In diesem Schreiben soll also eine Erfahrung zu Worte kommen, die aus unserem Primärkontakt mit einem natürlichen Milieu stammt, wie wir es häufig aus unserer Kindheit kennen oder in günstigen Augenblicken später kennengelernt haben.

In Deutschland nahm Ulrike Draesner diese Anregung literarisch auf und praktizierte sie in etlichen Arbeiten.[2] Der erste namhafte Philosoph in Deutschland, der sich dieser neuen literarischen Weltsicht philosophisch gestellt hat, ist Jürgen Goldstein. In seinem 2019 erstmals aufgelegten Buch *Naturerscheinungen*[3] geht er den historischen Kontrastfolien dieser im 19. Jahrhundert ausgerechnet in den USA neu aufbrechenden Naturerfahrung nach, präsentiert die literarischen Programme einiger Hauptakteure und entwickelt Gedanken darüber, was das alles zu bedeuten hat. Philosophisch gesehen kann man das literarische Plädoyer für die Berechtigung einer

---

[1] Einen äußerst erfolgreichen rezenten Nachhall des *nature writing* bietet Delia Owens, *Where the Crawdads sing*, New York 2018; dt. *Der Gesang der Flußkrebse*, Berlin 2019. De facto ist dieser Roman eine Mischung aus Kriminalroman und *nature writing*.
[2] Implizit in ihrem Werk (wie alle Dichter) schon immer, explizit seit ihrem Buch *Mein Hiddensee*, Hamburg 2015. Programmatisch heißt es auf ihrer *homepage* (2019): *Nature and Space Writing. Schreiben über Natur und Raum*: »Ich schreibe, um hörbar zu machen, in Sprache zu übersetzen, was gemeinhin nicht gesprochen wird, nicht sprechbar erscheint.«
[3] Jürgen Goldstein, *Naturerscheinungen. Die Sprachlandschaften des Nature Writing*, Berlin 2019.

nicht-ökonomischen, nicht-wissenschaftlichen Naturbegegnung gewiß einer *Phänomenologie* zuweisen, die sich um die Entzifferung aller Arten, wie uns etwas erscheint, zu bemühen hat. Auch *Nature Writing* ist stets *Mind*, besser: *Geist Writing* und umgekehrt. Das war in Deutschland immerhin seit Leibniz und dann prägnant seit dem Deutschen Idealismus bekannt. Und Goldstein nimmt diese Verklammerung in einer Bemerkung zu Joan Didion auch auf: »Erst der emotionale und intellektuelle Reflexionsraum einer Person lässt den Bedeutungshof eines punktuellen Faktums hervortreten.«[4] So erhält jedes Faktum eine Aura, um deren Rettung willen es dringlich ist, von ihm zu berichten. Erst die sprachliche Präsentation rettet diese Aura ins Gegenwärtige. Hier gibt es keine fertigen Bauklötze. Ohne die sprachliche Evokation des Zwischenreiches gingen selbst Geschichten der grausigsten Art wie Truman Capotes Buch *In Cold Blood* (1966) (dt. von Kurt H. Hansen, *Kaltblütig*, 1966)[5] ihres Ranges verlustig. Wir haben es hier durchgängig mit einem neuen Realismus zu tun, einem Realismus, der nicht konstruiert ist, also eigentlich gar keiner ist, der aber auch nicht nur faktizitär daherkommt. Es ist der Realismus des Indiskreten oder des Zwischenreiches: »Diesen Raum des Dazwischen teilen die vorgestellten *true stories* mit dem *Nature Writing*.«[6]

Von einigen wichtigen Autoren des *Nature Writing* gibt Goldstein eindringliche Portraits, die er selbst einmal so zusammenfaßt: »Thoreau sah die Natur durch die Brille eines – freilich dezent gehaltenen – *Transzendentalismus,* Dillard hat ihr die Möglichkeiten einer affirmativen und negativen Theologie abgelesen, für Abbey dagegen wurde der Mensch im Sinne eines Biozentrismus zu einer nahezu marginalen Gestalt, Baker suchte in einem Akt von *Animal Writing* dem Wanderfalken gleich zu werden, während Macfarlane einem modernen Thoreau gleich gegenwärtig die Wildnis neu zu entdecken sucht.«[7] Eine solche Summierung kann natürlich die Lek-

---

[4] Goldstein, *Naturerscheinungen*, op. cit., p. 226. Das Wort ›Bedeutungshof‹ übernimmt Goldstein von Marion Poschmann (cf. op. cit., p. 208).
[5] Cf. hierzu die Ausführungen Goldsteins, op. cit., pp. 220 sq.
[6] Goldstein, *Naturerscheinungen*, op. cit., p. 235.
[7] Goldstein, *Naturerscheinungen*, op. cit., p. 239. Hier die entsprechenden Daten: (1) Henry David Thoreau (1817–1862), (2) Annie Dillard (geb. 1945), (3) Edward Abbey (1927–1989), (4) John Alec Baker (1926–1987), (5) Robert Macfarlane (geb. 1976). Dazu kommen in Goldsteins Interpretationen u. a. John Muir (1838–1914) und Nan Shepherd (1893–1981).

7. Goldsteins Wildnis

türe der Texte oder ihrer Interpretationen durch Goldstein nicht ersetzen. Immer geht es darum, was Thoreau als erster in der Devise gebündelt hatte: »Alles Gute ist wild und frei.«[8]

Die Leistung des Interpreten Goldstein besteht darin, daß er das Aufbrechen einer neuen Naturerfahrung in der Eroberung einer neuen Sprache wiederfindet, die alles Taxieren, Rubrizieren und alles Doktrinale hinter sich läßt, ohne diese Zugänge zu verneinen. Hier geht es um literarische Sehanleitungen. Die Texte, um die es Goldstein vor allem zu tun ist, sind nichts »als Wegweiser in eine eigene Naturerfahrung«.[9] Daß die Autoren des *Nature Writing* auch von einem praktischen, ja zivilisationskritischen Impuls getragen sind, bestreitet Goldstein nicht. Allerdings versagen sie sich durchaus einem missionarischen Eifer, wie er heutzutage penetrant üblich geworden ist. »Bewirkt ein literarisches Hervortretenlassen der Natur in den Resonanzraum der Sprache einen Wandel der Praxis?« fragte sich Goldstein. Und er antwortet bündig: »Wohl kaum.«[10] Dennoch sind sie nicht nutzlos. Aber diesen Nutzen müssen wir uns in Formen einer neuen Wahrnehmungsoffenheit selbst erarbeiten, die Texte bieten uns dazu nur eine Hilfestellung. »Nature Writing als kultivierte Wahrnehmungskunst der Ereignisoffenheit arbeitet daran, unsere Verblüffungsresistenz abzubauen.«[11] Die Wildnisse, deren Gewahrung uns die von Goldstein besprochenen Autoren angelegen sein lassen, müssen nicht an exotischen Orten gesucht werden, sie befinden sich unmittelbar in unserer Umgebung. Auf diese Heimholung der Wildnis hat insbesondere Robert Macfarlane hingewiesen und sie exerziert. Daraus folgt mit Goldstein: »Wildnis ist nicht länger eine Frage des Ortes, sondern Folge des sie hervorbringenden Blicks.«[12] Normalerweise sehen wir nur das, was wir zu sehen erwarten. Wir sind Routiniers des Wahrnehmens geworden und wundern uns dann nur, wie langweilig die Welt geworden ist. Wir blenden die Überraschungen im Sichtbaren notorisch einfach aus. Sprünge »in der Konsistenz des Erwarteten« ignorieren wir.[13] Daß das Sehen auch in Zonen des Nichtgewußten hineinreicht, wol-

---

[8] Goldstein, *Naturerscheinungen*, op. cit., p. 272 et passim.
[9] Goldstein, *Naturerscheinungen*, op. cit., p. 279.
[10] Goldstein, *Naturerscheinungen*, op. cit., p. 272.
[11] Goldstein, *Naturerscheinungen*, op. cit., p. 276.
[12] Goldstein, *Naturerscheinungen*, op. cit., p. 275.
[13] Goldstein, *Naturerscheinungen*, op. cit., p. 277.

len wir nicht mehr wahrhaben. Daran erinnern uns die Autoren des *Nature Writing*. Goldsteins Buch endet daher mit der Aufforderung von John Muir: *Come to the mountains and see*.

Daß wir heutzutage geradezu von einer Wahrnehmungsängstlichkeit eingenommen sind, macht diese Literatur so dringlich. Unsere Standard-Weltbezüge halten wir furchtsam von Berührungen mit einem *real unknown* frei. Das hat Goldstein vorzüglich herausgearbeitet. Gerade die Wildnis war es, »das Unheimliche hervortreten zu lassen. Wildnis ist der Kern einer evozierten Natur.«[14] Das Unheimliche ist mit Freud, der auf eine Definition von Schelling zurückgreift, das, was im Verborgenen hätte bleiben sollen und doch hervorgetreten ist. Die Wildnis ist als das Hervorgetretene eine Provokation des »unaufgeklärten Anthropozentrismus«.[15] Um die Wildnis zuzulassen, müssen wir nicht nur einen medialen (*wie mir ist*), sondern geradezu, wie Goldstein sagt, einen ›evokativen‹ Weltbezug einnehmen. Das ist ein Wagnis. Der erste, der einen evokativen Weltbezug eigens gefordert hat, war Georg Misch (1978–1965), der Schwiegersohn von Wilhelm Dilthey. Misch schreibt: »Das Evozieren will die Gegenstände selber sprechen lassen, d.h. es will die Gegenstände, die ihr eigenes Selbst haben, zur Aussprache ihrer Meinung von sich selber bringen.«[16] Was Misch deutlich machen will, ist dies: Wir müssen in die Welt hineinrufen, um sie zu Antworten einzuladen, die für uns durchaus unverständlich oder sogar verstörend sein können. Ohne ein *Herausrufen* solcher Rückmeldungen bliebe die Welt und die Natur stumm. Das gilt sogar für Texte. Wer nicht die geeigneten Fragen stellt, wird keine interessanten oder irritierenden Antworten erhalten. Das Evokative ist eine elementare hermeneutische Attitüde, das hat Misch völlig korrekt gesehen, um die niemand herumkommt, der ins Nichtgewußte hinein agiert, sei es interpretativ, investigativ oder expressiv.

Das Genre eines *Nature Writing* ist keine klar umrissene Gattung. Das weiß auch ihr Interpret Goldstein.[17] Seine exemplarischen Aus-

---

14 Goldstein, *Naturerscheinungen*, op. cit., p. 275.
15 Goldstein, *Naturerscheinungen*, op. cit., p. 277 et passim.
16 Georg Misch, *Der Aufbau der Logik auf dem Boden der Philosophie des Lebens. Göttinger Vorlesungen über Logik und Einleitung in die Theorie des Wissens*, eds. Gudrun Kühne-Bertram / Fritjof Rodi, Freiburg / München 1994, p. 537. Cf. hierzu Wolfram Hogrebe, *Szenische Metaphysik*, Frankfurt/M. 2019, pp. 18 sq.
17 Cf. Goldstein, *Naturerscheinungen*, op. cit., p. 107.

7. Goldsteins Wildnis

legungen könnten als tentative Poetik eines Darstellungsstils gelesen werden, der zum Beispiel in der deutschsprachigen Literatur prominent durch Peter Handke oder Botho Strauß repräsentiert wird. Goldstein zitiert Handke auch an einer einzigen Stelle,[18] Strauß gar nicht.

Aber zum Abschluß dieser Überlegungen muß ich noch auf eine Kontroverse eingehen, die Goldstein in seinem Buch mit Joachim Ritter ausgetragen hat.

Es geht um den durch Ritters Diagnose der Moderne genährten Verdacht, daß alle Varianten einer Ästhetisierung zu Beginn der Moderne nichts anderes versuchen, als eine Kompensation der Entzweiung von Überkommenem und Gegenwärtigem zu bewerkstelligen. Ritter hat diese Diagnose von Hegel übernommen. Für Hegel trat die Moderne aus Verbindlichkeiten der Tradition heraus, die einst die bergende Heimat in einiger Selbstverständlichkeit waren. Der Moloch dieser Entzweiung, so Hegel, steht wie ein Menetekel am Beginn der Moderne. Bei Hegel schimmert noch der Schmerz einer Verlusterfahrung durch seine Texte hindurch. Er spricht vom ›Leviathan der Moderne‹. Ritter ist hier brutaler: Diese Entzweiung ist positiv zu bewerten. Ohne sie gäbe es keinen Durchbruch zu einer industriell gefaßten Moderne, die uns die Segnungen einer Wassertoilette und anderer Annehmlichkeiten wie Dusche und Eisschrank bescherte. Einige Interpreten Ritters sagen, daß er zu dieser positiven Einschätzung der Entzweiung durch seine Bekanntschaft mit traditionsgefesselten Lebensweisen in der Türkei Anfang der fünfziger Jahre gekommen sei, als er in Istanbul eine Gastprofessur wahrnahm. Goldstein verteidigt das *Nature Writing* gegen diese Entzweiungsthese von Hegel und Ritter.

Erstens sei die Moderne kein monolithisches Ereignis, sondern ein Prozess auf verzweigten Pfaden. Das *Nature Writing* habe »sich zwar einer zweckrationalen und instrumentellen Modernität als Kontrastfolie zu bedienen gewusst, ohne sich aber grundsätzlich als antimodern oder wissenschaftsfeindlich zu verstehen«.[19] Zweitens habe sich das *Nature Writing* von Anfang an an der Idee einer »Änderung der kulturellen Praxis interessiert«, vor allem auch an dem »Gedanken des Naturschutzes«,[20] sei also keineswegs an einer

---

[18] Goldstein, *Naturerscheinungen*, op. cit., p. 213.
[19] Goldstein, *Naturerscheinungen*, op. cit., p. 251.
[20] Ibid.

Option einer kompensatorischen Befriedung der Entzweiungserfahrung orientiert gewesen.[21] Drittens sei es bei den Autoren des *Nature Writing* um eine »Einheit von Leben und Schreiben« gegangen, um eine Perspektive also, die völlig außerhalb der Optik von Hegel und Ritter lag.

So triftig Ritters Entzweiungsthese auch ist, sie erweist sich mit Blick auf die spezielle Kulturform des *Nature Writing* als zu eng, wie Goldstein schreibt: »als zu rigide«.[22] Hier geht es nicht um den ästhetischen Blick als Kompensation der Entzweiung, sondern um eine ästhetische Praxis.

Ich bin mir allerdings nicht sicher, ob Goldsteins Rettungsversuch sich selber nicht in den Fallstricken und Ambivalenzen des *Nature Writing* verheddert. Daß in diesen Texten eine subkutane Militanz mittransportiert wurde, darauf machte schon 2004 Hannes Bergthaller aufmerksam.[23] Gerade was der von Goldstein präsentierte Edward Abbey angeht, bietet hier Anlaß zu Bedenken,[24] so daß man an der Integrität einer Beschwörung der Naturerscheinungen seit Henry David Thoreau insgesamt irre zu werden droht. *Nature Writing* hat sich von Anfang an – wie in den USA üblich – unter die segnende Hand einer Sakralisierung begeben, die sogar Tendenzen zu ›Kreuzzugsmentalitäten‹ und einer ›Kulturrevolution‹ aufwies, wie sie in anderen Ländern zu Recht äußerst kritisch kommentiert wurde. Bergthaller kommt in diesem Zusammenhang auf eine befremdliche Zuspitzung von Edward Abbey zu sprechen, die, von den meisten Interpreten – auch von Goldstein – dezent ignoriert, von Bergthaller unter dem Stichwort ›Edward Abbeys humanistischer Inhumanismus‹ angeführt wird. Er nimmt Bezug auf eine kurze Passage von Abbey im Anschluß an dessen Schilderung einer Szene, in der eine Eule einen Hasen ›schlägt‹: »We know that the condemned man, at the end, does not resist but submits passively, almost gratefully, to the instruments of his executioner. We have seen

---

[21] Goldstein, *Naturerscheinungen*, op. cit., p. 252.
[22] Goldstein, *Naturerscheinungen*, op. cit., p. 253.
[23] Hannes Bergthaller, *Ökologie zwischen Wissenschaft und Weltanschauung. Untersuchungen zur Literatur der modernen amerikanischen Umweltbewegung: Aldo Leopold, Rachel Carson, Gary Snyder und Edward Abbey*, Diss. Bonn 2004 (hss.ulb.uni-bonn.de/diss_online).
[24] Cf. u. a. Bergthaller, *Ökologie*, op. cit., Kap. 1.4: *Ökologie als Religion der Counter Culture. Gary Snyder und Edward Abbey*, p. 38 sq.

7. Goldsteins Wildnis

millions march without a whimper of protest into an inferno. Is it love? Or only teamwork again – good sportsmanship?«[25]

Diese Stelle enthüllt das ganze Dilemma einer Perspektive, die natürliche, also wilde Verhältnisse auf menschliche zurückprojiziert. Auch Bergthaller, der vor dieser Bemerkung von Abbey wenigstens nicht ausweicht, ist entsetzt. Denn »zu obszön, zu zynisch und menschenverachtend ist der Vergleich zwischen dem ›natürlichen‹ Tod eines Hasen [durch eine Eule] einerseits und dem minutiös orchestrierten, technisch durchorganisierten Massenmord an den europäischen Juden, auf den sich Abbey hier offenkundig bezieht«.[26] Dem ist natürlich nichts hinzuzufügen. So kommt Bergthaller gegen Ende zu einem ernüchternden Resümee: »Jeder Versuch, politische Praxis unter Rekurs auf ›Natur‹ zu legitimieren, schreibt damit einen potentiell reaktionären Diskurs fort – eine Gefahr, die Edward Abbey mit seinen satirischen Überzeichnungen in *Desert Solitaire* besonders deutlich werden läßt.«[27] Es gibt eine Natur, zu der der Mensch nicht mehr gehört. Das genau indiziert die Lust des Opfers, Opfer zu sein. Das ist hart, aber Abbey präsentiert diese Härte nur in deliberativer Frageform: »Is it love?«

Es ist nicht so, daß Goldstein dieser subhumane Zug in den Texten von Abbey entgangen wäre, obwohl er die von Bergthaller präsentierte Stelle nicht zitiert. Aber er sieht sehr wohl, daß Abbey die Szenerien »von der Warte einer Natur aus [betrachtet], für die humane Ansprüche nicht gelten. (…) Zwar regen sich bei ihm Überlegungen über den unersetzbaren Wert des Menschen, aber er scheint entschlossen, dem harten Mystizismus der Wüste zu folgen.«[28] Hier wird eine Grenze fühlbar, die das gesamte literarische Projekt außerhalb jeder Lebensverantwortung stellt, also in eine riskante Unverantwortlichkeit.

Dennoch haben die Resonanzen auf indiskrete Milieus, wie gestuft auch immer, in ihrer Bedeutungsvalenz auch ihre unverzichtbare Rendite. Sie stützen uns vor Verlusterfahrungen von Sinn, vor Abrissen im Sinnkontinuum. In seinem großartigen Buch *Blau* hat Goldstein dies einmal so gebündelt: »Bedeutungsnetze sind Sicher-

---

[25] Edward Abbey, *Desert Solitaire. A Season in the Wilderness*, New York 1968, p. 113.
[26] Bergthaller, *Ökologie*, op. cit., p. 265.
[27] Bergthaller, *Ökologie*, op. cit., p. 303.
[28] Goldstein, *Naturerscheinungen*, op. cit., p. 154.

heitsnetze gegen anthropologische Sinnabstürze. Die reine Faktizität ist nur ein Grenzwert, mit dem der Mensch nicht auf Dauer zu leben vermag.«[29]

Hier gilt es, sich nach verwandten Unternehmungen umzuschauen. Was man benötigt, sind nicht unbedingt die ›wilden‹ Angebote einer Natur, die sprachlich entdeckt sein wollen wie im *Nature Writing*. Die Wildnis befindet sich ja überall, nicht nur in den Angeboten der Natur. Einen solchen universalistischen Ausgriff findet man in den textlichen Bergungsmaschinen von Peter Handke und Botho Strauß, auf die ich schon hingewiesen habe. Auch diese Autoren entführen uns in ungewohnte Sprachlandschaften und instruieren uns auf jeder Seite über ›wilde‹ Subtilitäten, die uns ohne sie gar nicht aufgefallen wären. Die Welt ist auch und gerade im Detail reicher und furchtbarer, als abzusehen war. Deshalb braucht man die Dichter, um nicht an einer Atrophie, einem Mangel an Wunderbarem, auch Schrecklichem zu verkümmern. Wir brauchen das Neue, von dem wir vordem nichts ahnen konnten, das Neue in allen Feldern der Sinne und des Denkens. Wenn es im *Alten Testament* im Buch *Kohelet* oder *Ekklesiastes* geradezu deprimierend heißt: Es gibt nichts Neues unter der Sonne! muß der Dichter, auch der Wissenschaftler und Denker, mit dem Gegenteil rechnen: »Welch furchtbarer Tag unter der Sonne, wenn das Neue plötzlich *doch* wäre – welche Ekklesiastesdämmerung!«[30] Damit rechnet Strauß, und Handke hat schon früher den Ausruf riskiert: »Wer sagt denn, daß die Welt schon entdeckt ist?«[31]

Mit jedem unverstellten Blick beginnt im Zwischenreich eine Neuzeit. Darauf machen Handke und Strauß eine beeindruckende literarische Probe. Daß das Zwischenreich die Dimension des Indiskreten ist, läßt Strauß in ein ›Versinnen‹ münden, »bis von der aufdringlichen ›Realität‹ nur mehr ein gütiger Rauscheffekt, nur das Flüchtige und Diffuse an sich übrigblieben«. Dieser Raum des Indiskreten ist zugleich die Dimension des Impliziten, die unsere szenische Existenz ausmacht: das Implizite »[macht] die Szene«. Sie versammelt ›onirische‹ Gegenstände als ›Gesichte‹, »bewahrt in

---

[29] Jürgen Goldstein, *Blau. Eine Wunderkammer seiner Bedeutungen*, Berlin 2017, p. 193.
[30] Botho Strauß, *Oniritti. Höhlenbilder*, München 2016, p. 100.
[31] Peter Handke, *Die Stunde der wahren Empfindung*, Frankfurt/M. 1975, p. 42 et p. 81.

7. Goldsteins Wildnis

erhöhter Konzentration, was später, dosiert und ausgewickelt, der Intelligenz als Nahrung dient«.[32] Daß wir szenisch existieren, besagt im Entwurf von Strauß, daß wir im Untergrunde onirisch, d. h. verträumt existieren. Hier sind wir von Gesichten Gesichtete und Angetane, erst als Erwachte werden wir zwangsläufig zu Überwachern und Überwachten. Um zu dieser Einsicht zu kommen, bedarf es der Erfahrung einer Vergeblichkeit unseres rationalen Managements, der Zurechtbiegung durch sprachliche Zugriffe, die wir dennoch nicht entbehren können. Meist stellen sich solche Erfahrungen ganz plötzlich ein. So auch bei Strauß: »Alle Gedanken erschienen ihm [dem Redner] auf einmal schal, jede Überzeugung ein schlechter Witz. Die Enge des Ausgesagten, das Grundfalsche schon im Stil des Feststellens und Argumentierens.« Kurz: »Der Mangel an Instinkt für Unsagbares kann jeden Satz ruinieren.«[33] Diese plötzliche Erfahrung machte auch Peter Handke: »Eines Tages, vor vier Jahren, wurde mir von einem Augenblick zum anderen, alles gleichgültig. Damit begann die schaurigste Zeit meines Lebens ...«[34] In Handkes Roman ›fängt sich‹ der Held Keuschnig, das heißt: er selbst, ebenso wie Strauß sich auch ›gefangen‹ hat. Beide koinzidieren in einer Formel für ein neues, entlastetes Realitätsverhältnis, und das ist die Zulassung des onirischen Ursprungs unserer Rationalität. »Was aus Traum ist, bleibt traumbefangen. Ein Bild muß unter Licht zu sich kommen.«[35] Der Traum entläßt ein Bild ›unter‹ Licht, das Bild ›unter‹ Laut ein Wort. Aus der onirischen Wildnis nährt sich das, was wir Geist nennen.

Was geschieht hier? Die denkenden Dichter unterlaufen das gesamte Realitätsverhältnis der Philosophie. Diese hatte bestenfalls unter dem Stichwort eines Empirismus einen Erfahrungskontakt als unentbehrlich reklamiert, der in *sensations* und *impressions* sein Zentrum hatte. Daß das viel zu wenig ist, machten erst im 20. Jahrhundert die Philosophen mit aufwendigen Theorien eines *Eigenschaftsdualismus* und der *Qualia* (David Chalmers) geltend, und zeitgleich viel sinnfälliger, die genannten Dichter. Das Defizit der Philosophie seit je her ist eine ausgebliebene, eingefühlte Differenzierung ihres anthropologischen Unterbaus, der zugleich ein ontolo-

---

[32] Botho Strauß, *Oniritti*, op. cit., p. 45/46.
[33] Botho Strauß, *Oniritti*, op. cit., p. 91.
[34] Peter Handke, *Die Stunde*, op. cit., p. 166.
[35] Botho Strauß, *Oniritti*, op. cit., p. 90.

gischer ist. Erst hier findet sich die »klaffende Wunde, die ich selbst bin«, schreibt Strauß: »Und die Wunde, die schreit gegen die Lauheit, das abgeschmackte Besserwissen, die widernatürliche Aufklärung und allesmildernde Geschichtsschreibung, Riten der Mäßigung, die keinem anderen Zwecke dienen, als sein Vergessenwerden zu erbetteln, von seiner monströsen allesverschlingenden Gegenwart abzulenken.«[36] Prägnanter läßt sich eine fällige Anklage gegen die Philosophie nicht fassen. Handke hatte diesen Tenor schon früher und durchaus sachkundig artikuliert: »Ist euch aufgefallen, wie oft manche Philosophen die Wörter ›versöhnen‹, ›bergen‹ und ›retten‹ verwenden? *Versöhnt* werden bei ihnen die Begriffe; *gerettet* werden die *Erscheinungen*, und zwar von den *Begriffen*; und *geborgen* sind die von den Begriffen geretteten Erscheinungen dann in den *Ideen*.« Handke fügt noch an: »Ich kenne wohl die Ideen, aber ich fühle mich nicht in ihnen geborgen. Ich verachte nicht die Ideen, sondern diejenigen, die sich in ihnen geborgen fühlen – vor allem, weil sie dort vor mir in Sicherheit sind.«[37]

Handke und Strauß schreiben in Bereichen, die sich herkömmlichen Geschichten entziehen, da diese dort erst später gleichsam ›aufblühen‹ können. Goldstein spricht von einer ›Wildnis des Denkens‹ und charakterisiert sie so: »Es gibt auch eine Wildnis des Denkens, eine wilde Offenheit für unvorhergesehene Wahrnehmungen.« Und: »Wildnis, als Bewußtseinsform verstanden, ist in ihrem Kern Unbestimmtheit.«[38] Um dieser Unbestimmtheit standzuhalten, bedarf es, wie Strauß formuliert, einer ›Poetik des abirrenden Wortes‹. Eine solche Poetik »ist Auflösung des Gegebenen, Zustand der Erwartung«.[39] Diese poetische Erwartung über jedes Gegebene und Erinnerte hinaus ist genau die Attitüde, die auch Handke beschreibt: »er erinnerte sich nicht mehr, erwartete nur.«[40]

In dieser Poetik sind, wie wieder Strauß sagt, die Schablonen der ›Click-Gänger‹ und ›Netznesthocker‹ nicht mehr zulässig, im Zwischenreich schöpft der Dichter vielmehr aus einem, wie schon Rilke sagte, ›Weltinnenraum‹, der in einem *totum digitale* nicht zugäng-

---

[36] Botho Strauß, *Oniritti*, op. cit., p. 267.
[37] Peter Handke, *Die Stunde*, op. cit., p. 93.
[38] Jürgen Goldstein, *Naturerscheinungen*, op. cit., p. 275.
[39] Botho Strauß, *Oniritti*, op. cit., p. 82 und p. 89.
[40] Peter Handke. *Die Stunde,* op. cit., p. 163.

lich ist.[41] Aus dieser Ortschaft erwächst auch die Resistenz gegen alle Plattitüden ›aufgeklärter‹ Besserwisser. Handke, unnachahmlich: »Ich höre ›Lernziel: Solidarität‹ und stecke mir den Finger in den Hals.«[42]

In solchen und vielen anderen zeitgeistkritischen Ergebnissen wird die Poetik des abirrenden Wortes durchaus praktisch. Es handelt sich bei diesen Autoren also nicht um Sachwalter eines ausschließlich kontemplativen Verhältnisses zu einer einstweilen ausgebliebenen Realität. Sie verhelfen vordem ungesehenen Verhältnissen in ihren Texten zur Geburt. Aber diese sprachlichen Neugeburten bezeugen immer nur aufs Neue, daß wir uns in einer zugerichteten Welt verirrt haben. Wogegen Handke und Strauß anschreiben, ist das Denksiechtum der Moderne, ihrer Philosophie. Das gelingt aber nur, wenn ihre Sprache ein überkommunikatives,[43] oder – mit Goldstein –: ein evokatives Niveau erreicht, das sichtbar werden läßt, was vordem nicht zu sehen war.

Insgesamt darf man sagen, daß die schwer greifbare Gegenständlichkeit, um die es den genannten Dichtern geht, das Subtile ist, das Feine, das Untergewebte, lat. *subtexlis*. Wenn man dem zustimmt,

---

[41] Botho Strauß, *Oniritti*, op. cit., p. 82 und p. 88.
[42] Peter Handke, *Die Stunde*, op. cit., p. 91. – Als ich diesen Text Ende 2019 schrieb, brandete gerade die Kontroverse um Handkes Texte zu Serbien auf, die nach Empfang des Nobelpreises für Literatur am 10.12.2019 hoffentlich an ein Ende kommt. Diese Debatte ist Handkes literarischem Niveau nicht gewachsen. Trotzdem gilt für Handke natürlich auch, was Odo Marquard schon 2000 notierte: »Die Schriftsteller sind nicht die, die – im Unterschied zu den anderen Menschen – durch eine Sonderoffenbarung eingeweiht sind in den eigentlichen politischen Fahrplan der Welt (…). Politische Äußerungen von Schriftstellern sind – wie die aller anderen Bürger – torheitsfähig und darum umstreitbar; und daß sie kritisiert werden, ist deswegen normal und keine Majestätsbeleidigung und Gotteslästerung.« (Odo Marquard, *Wie politisch muß ein Schriftsteller sein?* in: ders., *Skepsis in der Moderne. Philosophische Studien*, Stuttgart 2007, pp. 23/24.) Ich glaube nicht, daß Handke das bestreiten würde. Er wollte mit seinen Texten zu Serbien etwas anderes, etwas was mit dem zusammenhängt, was ich oben, mit Blick auf Botho Strauß, versucht habe zu skizzieren. Marquards berechtigte Kritik an einer prätendierten ›politischen Sonderoffenbarung‹ von Dichtern und Intellektuellen gilt natürlich für Ernst Jünger, Gottfried Benn, Bert Brecht, aber auch für Martin Heidegger, Carl Schmitt u.a.
[43] Cf. hierzu Ernst Tugendhat, *Anthropologie als ›erste Philosophie‹*, in: ders., *Anthropologie statt Metaphysik*, München 2007, p. 43. Hierzu Wolfram Hogrebe, *Szenische Metaphysik*, Frankfurt/M. 2019, p. 113.

trifft man sich mit der Kennzeichnung, die von Girolamo Cardano aus dessen Buch *De subtilitate* stammt, das zuerst 1550 in Nürnberg erschienen ist: »Est autem subtilitas ratio quaedam, qua sensibilia a sensibus, intelligibilia ab intellectu, difficile compraehenduntur.« Zu Deutsch: »Die *Subtilität* meint ein Verhältnis, in dem das Sinnliche von den Sinnen, das Intelligible vom Verstande nur schwer erfaßt wird.«[44]

Kein Wunder, daß Lessing eine *Rettung Cardans* verfaßt hat, weil es ihm, Glückspieler wie Cardano, gerade um die Kontingenzen unserer Lebenswirklichkeit ging, und das heißt zu seiner und wieder zu unserer Zeit, um den fraglichen Vorrang einer Religion vor der anderen.[45] Cardano ließ diese Frage des Vorrangs offen. Sie war für ihn – so scheint es – unentscheidbar, vielleicht auch aus Gründen der Subtilität der Kandidaten. Lessing inszenierte diese Unentscheidbarkeit, wie oben schon gezeigt, in der *Ringparabel*.

Umso erstaunlicher, daß der Ausdruck *Subtilitas* in unserer Zeit aus literarischen Kontexten sogar in die Quantenphysik eingewandert ist. Bei David Bohm (1917–1992), einem extravaganten, aber doch ernstzunehmendem Kopf der Physik, findet sich die Bemerkung: »the quantum world is *subtle*. According to the dictionary this means ›rarified, highly refined, delicate, elusive, indefinable.‹ Its root meaning is based on the Latin *subtexlis*, which signifies ›finely woven‹. Clearly the quantum world as we have described it cannot be hold in the hand or in any other way.«[46] So wandert das subtile

---

[44] Cardano, *De subtilitate*, in: *Opera omnia* III, p. 357; zitiert (auch die Übersetzung) nach: Thomas Sören Hoffmann, *Philosophie in Italien. Eine Einführung in 20 Porträts*, Wiesbaden 2007, p. 269. Zur Sache cf. ders., *Mantik in der italienischen Renaissance. Aspekte des Divinatorischen im Kontext von Krise und Neubegründung der Philosophie*, in: Wolfram Hogrebe (ed.), *Mantik. Profile prognostischen Wissens in Wissenschaft und Kultur*, Würzburg 2006, pp. 65–80.
[45] *Lessings sämmtliche Schriften*, ed. Karl Lachmann, Vierter Band, Berlin 1838, p. 44–68 (*Rettung des Hier[onymus] Cardanus*). Lessing argumentiert zur Verteidigung von Cardanus philologisch. Letztlich akzeptieren beide, Cardanus und Lessing, die Kontingenz (übernommene Gründe, Geschichte) unserer Lebenswirklichkeit, in die wir hineingeboren werden.
[46] David Bohm/Basil Hiley, *The Undivided Universe: An ontological Interpretation of Quantum Theory*, Routledge 2006 (1. Aufl. 1995), p. 146. Auch zu Bohms aparter Neuformulierung der Quanten-Physik cf. Stefan Bauberger, *Was ist die Welt? Zur philosophischen Interpretation der Physik*, Stuttgart ²2005.

7. Goldsteins Wildnis 101

Zwischenreich bei Bohm auch in ein mathematisiertes Verständnis der Realität hinein.

Woran die Dichter orientiert waren und sind, ist also nichts, was außerhalb einer wissenschaftlich erfaßten Realität liegt, sondern speziell in Bohms holistischer Option seiner mathematisierten Version einer strikt deterministischen Quantenphysik sogar mittendrin. Daß das schwer zu verstehen ist, wird niemand bestreiten; ebenso wenig, daß wir Goldsteins Wildnis jemals loswerden.

Das hat gute Gründe, die merkwürdigerweise mit einer offenbar notwendigen Grundlosigkeit unserer Rationalität zu tun haben. Wir brauchen unabweislich, wie das 18. Jahrhundert formulieren würde, das Konfuse als Energie für unsere Bemühungen um das Distinkte. Das klingt in einem gewissen Sinn bloß didaktisch oder propädeutisch, könnte aber gleichwohl eine ontologische, vielleicht sogar kosmologische Bedeutung haben.

8. Kants Äther

Zu den merkwürdigen Wendungen in Kants intellektueller Biographie gehört seine späte positive Thematisierung des Äthers. Zwar hatte er diesen, von ihm auch ›Wärmestoff‹ genannt, als ultimative Materieform schon früher als Hypothese erwähnt, aber als a priori beweisbare Letztmaterie (*materia ultima*) nicht geltend gemacht. Das ist in den Aufzeichnungen seines handschriftlich hinterlassenen sogenannten *Opus postumum* allerdings anders, übrigens in diesem Text auch nicht überall. Aber schließlich will er doch diese *materia ultima* ihres hypothetischen Annahmecharakters entledigen und als strikt notwendig erweisen.

Nun gilt seit Wilhelm von Ockham bis heute (trotz aller Modifikationen) unbestritten: *Entia non sunt multiplicanda praeter necessitate*, man solle nicht mehr Entitäten zulassen als notwendig. Wenn Kant, der diesem Prinzip (»Ockhams Rasiermesser«) zustimmt, dennoch gegen Ende seines Lebens plötzlich den Äther als notwendig einzuräumende *materia prima* vorstellig macht, muß das Gründe haben, denen er sich beugen mußte.

Nun ist das Schicksal des Äthers in der Geschichte der Naturwissenschaft ebenso lang wie spätestens seit der Neuzeit kontrovers. De facto ist die Annahme eines Äthers jedenfalls mit Albert Einstein besiegelt: den Äther braucht die Physik nicht. Und das gilt selbst dann, wenn Einstein seit seiner Allgemeinen Relativitätstheorie eine großzügigere Auffassung vertreten hat. Aber auch hier kann man sich des Eindrucks kaum erwehren, daß dies mehr eine literarische Konzession war, als eine physikalische Feststellung.[1] Das gilt wohl auch für die eher ironische Bemerkung von Robert B. Laughlin, Nobelpreisträger für Physik 1998, zur Erklärung des fraktionellen

---

[1] Cf. hierzu u. a. Albert Einstein, *Über den Äther*, in: *Verhandlungen der Schweizerischen naturforschenden Gesellschaft*, 105, 2 (1924), p. 85–93; ders., *Raum, Äther und Feld in der Physik*, in: *Forum Philosophicum* 1 (1930), p. 173–180.

8. Kants Äther

Quanten-Hall Effekts: »Die moderne, jeden Tag experimentell bestätigte Vorstellung des Raumvakuums ist ein relativistischer Äther. Wir nennen ihn nur nicht so, weil das Tabu ist.«[2] Der Äther spielt also in der modernen Physik heutzutage nur noch eine Rolle als *façon de parler*, und nicht mehr eine Rolle als harte Entität. Den ironischen *sound* von Robert Laughlin kann man auch daran ermessen, daß er die populären Konzepte eines *Big Bang* ebenso ridikülisiert wie die Beschwörung einer *Weltformel* der Physik, ja ebenso das gesamte Denken von Stephen Hawking. Die Dinge mögen sich, gerade was den Äther angeht, einmal ändern, aber so stehen die Dinge heute.

Das war für den späten Kant allerdings ganz anders. Nachdem er sein kritisches Geschäft abgeschlossen und u. a. die *Metaphysischen Anfangsgründe der Naturwissenschaften* (1786) hatte nachfolgen lassen, fiel ihm auf, daß er von diesen aus einen Übergang oder Abstieg zur Physik noch nicht eigentlich geliefert hatte. Was er brauchte, war mithin ein *top down* Konzept, von einer auf Prinzipien gegründeten Idee der Naturforschung zu einer empirischen Physik. Ein Modell dieses gesuchten und gesicherten Abstiegs hatte er schon in der *Kritik der reinen Vernunft* (1781) geliefert, in der er diesen Abstieg von prinzipiellen, kategorialen Verhältnissen auf die Sinnlichkeit eigens thematisiert hatte und zwar in dem Lehrstück eines *Schematismus* des Verstandes, damit zweifelsfrei die Eingriffsprofile der Kategorien auf die Regulierung des sinnlichen Materials gesichert und einsichtig gemacht werden.

Warum ist aber eigens ein Abstieg von den Anfangsgründen der Naturwissenschaften zu eben diesen nötig? In diesen wie so vielen anderen Fragen an das *Opus postumum* (ca. 1796–1803) sind wir weitgehend auf Vermutungen angewiesen. Dazu könnte gehören, daß Kant in seiner *Kritik der Urteilskraft* (1790) eine Region der Natur in den Vordergrund gestellt hat, die sich nicht allein mechanistisch erklären läßt, und das ist die belebte Natur, zu der Menschen natürlich auch gehören: »Ein organisiertes Wesen ist also nicht bloß Maschine.«[3] Dagegen gilt: »[Die Natur] organisiert sich vielmehr

---

[2] Robert B. Laughlin, *Abschied von der Weltformel. Die Neuerfindung der Physik*, (A different Universe, 2005) trad. Helmut Reuter, München 2007, p. 184.
[3] Kant, *Werke*, ed. Wilhelm Weischedel, Bd. X, Frankfurt/M. 1968, p. 486 (KU B 293).

selbst.«[4] Natürlich können an Lebewesen Teile einer mechanischen Erklärung zugänglich sein. Kant nennt hier Häute, Knochen, Haare. Das ändert aber nichts daran, daß solche »Teile (ihrem Dasein und der Form nach) nur durch ihre Beziehung auf das Ganze möglich sind«.[5] Bezogen auf die Gesamtnatur reicht eine mechanistisch verfaßte Naturwissenschaft allein nicht aus. Hier bedarf es einer Ergänzung, wie sie Kant bis dato noch nicht erwogen hatte. Im 3. Konvolut des *Opus postumum* führt Kant seinen Ergänzungsbedarf so aus, daß seine *Metaphysischen Anfangsgründe der Naturwissenschaften* zwar »an sich selbst eine innere Tendenz haben«,[6] einen Übergang zur Physik zu vollziehen, daß dies aber nicht explizit geschehen sei. Warum nicht? Weil er offenbar übersehen hatte, daß für diesen Übergang apriorische Prinzipien erforderlich sind, die sogar einen Existenzsatz enthalten, der den Äther als Kohärenzprinzip der Materie zu deduzieren gestattet, einschließlich seiner Existenz. Kant mag den leeren Raum Newtons nicht. Den schematischen Übergang, den Kant avisiert, nennt Gerhard Lehmann ein ›Korrespondenzprinzip‹.[7] Es sichert die Konkordanz zwischen Subjekt und Objekt, zwischen Ich und Welt, auf der Basis einer sich selbst organisierenden Materie, zu der wir selbst gehören. Schelling hat diesen Gedanken seinerzeit aufgegriffen, und für seine holistische Naturphilosophie fruchtbar gemacht, wie Marie-Luise Heuser-Keßler schon früher im Anschluß an die seinerzeit neuen Theorien der Selbstorganisation und dissipa-

---

[4] Ibid.
[5] KU B 290.
[6] *Kant's gesammelte Schriften*, ed. Preußische Akademie der Wissenschaften, Bd. XXI, eds. Arthur Buchenau / Gerhard Lehmann, Berlin / Leipzig 1936, p. 287.
[7] So führt das Gerhard Lehmann aus. Cf. ders., *Beiträge zur Geschichte und Interpretation der Philosophie Kants*, Berlin 1969, p. 282 et passim. Gerhard Lehmann, der in der Literatur inzwischen häufig kritisiert wurde, hat das bleibende Verdienst, einen *point of view* für eine halbwegs plausible Interpretation des *Opus postumum* im Kontext des gesamten Werkes vorgelegt zu haben, von der man sich auch heute noch inspirieren lassen sollte. Cf. ansonsten Eckart Förster / Michael Rosen (eds.), *Kant's Opus Postumum*, Cambridge / Mass. 1993; Eckart Förster, *Kant's Final Synthesis. An Essay on the Opus postumum*, Cambridge / Mass. 2000. Warum E. Förster daneben immer wieder auch eine Verteidigung von Rudolf Steiner vorgelegt hat, bleibt mir jedenfalls ein Rätsel, das ich gar nicht lösen will. Cf. ferner: Stefan Schulze, *Kants Verteidigung der Metaphysik. Eine Untersuchung zur Problemgeschichte des Opus postumum*, Marburg 1994; zu einem Überblick über die neuere Diskussion der Ätherdeduktion Kants cf. hier p. 146 sq.

8. Kants Äther

tiver Strukturen (Manfred Eigen, Ilya Prigogine, Hermann Haken et al.) gezeigt hat.[8] Kant benötigt den Äther also, um den Kontext des sich selbst organisierenden Weltganzen materiell schließen zu können. Der Äther ist als ›a priori gegebener Stoff zum Weltsystem‹ für Kant daher »gleichsam der hypostasirte [sic] Raum selbst in dem sich alles bewegt«.[9] Kants späte Strategie rechnet Lehmann, zugespitzt formuliert, einer »Apriorisierung des Empirischen« zu.[10] Ob Kant damit nicht doch die Grenzen seines kritischen Projekts überschreitet, ist in der Literatur umstritten. Wenn die Architektur einer universellen Korrespondenz mit dem Äther ein materielles Fundament erhalten könnte, dann hebt sich der Dualismus zwischen Subjektivem und Objektivem allerdings auf. Damit gewönne man eine neue Chance: die Einbeziehung des Zwischenreiches in die philosophische Systematik. Das Indiskrete gehört dann ab sofort in den Binnenkreis unserer Selbstexplikation. Denn, wie Lehmann ausführt, »das Wirkliche wäre nur partial bestimmt, wenn die Erkenntnis sich mit Prinzipien der Bewegungslehre begnügen wollte, die Umkleidung der Dinge mit der Fülle der Qualitäten, der Farben, Töne usf. bliebe völlig unbegriffen«.[11] Für diese Einschätzung sprechen Kants zahlreiche chemische und physikalische Beispiele für Effekte, die mit einer Bewegungslehre allein nicht erklärt werden können. Kant bemüht gelegentlich auch das Konzept einer internen ›Schichtung‹ (stratificatio), um die Dynamik indiskreter Phänomene plausibel zu machen: »diese Schichtung selbst aber [wird] durch eine lebendige Kraft d. i. die erschütternde Bewegung der alles durchdringenden Weltmaterie bewirkt (…), indem die verschiedene unter einander wechselnde Lagen einen verschiedenen Ton (Grad) der Spannung bey der inneren Zitterung (oscillatio) die specifisch/unterschiedene Elemente nicht aus ihrer Lage rücken läßt in welchen sie mit der innern Bewegung am meisten zusammenstimmt.«[12] Selbst wenn solche und andere Beispiele Kants alles andere als klar sind, steht seine Intuition gleichwohl außer Frage: um Wellenbewegungen, Oszillationseffekte, Atmosphärisches etc. an den Bereich der Naturwissen-

---

[8] Marie-Luise Heuser-Keßler, *Die Produktivität der Natur. Schellings Naturphilosophie und das neue Paradigma der Selbstorganisation in den Naturwissenschaften*, Berlin 1986.
[9] Kant, *Opus postumum*, op. cit., 2. Konvolut, p. 224.
[10] Gerhard Lehmann, *Beiträge*, op. cit., p. 275.
[11] Gerhard Lehmann, *Beiträge*, op. cit., p. 399.
[12] Kant, *Opus postumum*, op. cit., 3. Konvolut, p. 274.

schaften angeschlossen zu halten, bedarf es des Äthers als einer ›alles durchdringenden Weltmaterie‹. Ist diese gegeben, teilen sich die Oszillationen auch Subjekten mit, da sie von diesem Äther genauso durchdrungen sind wie alles sonst. Selbst wenn wir solche Schwingungen nur selten erklären können, bedeutsam sind sie für uns doch. Diese ultimative Konjunktion des Objektiven und Subjektiven versuchte Kant für seinen Existenzbeweis des Äthers in vielen Variationen fruchtbar zu machen. Vielleicht ist diese Zusammenfassung im 12. Konvolut des *Opus postumum* noch die prägnanteste: »Wenn der Wärmestoff nach denen a priori ihm beygelegten Attributen das objective Gantze der bewegenden Kräfte der Materie vorstellt: eben derselbe aber auch nach diesem Begriff das subjective Ganze (die Gesammtheit) aller Wahrnehmungen in Einer Erfahrung enthält so ist die Existenz des Wärmestoffes mit dem Begriff der Zusammenstimmung der Wahrnehmungen zu Einer möglichen Erfahrung einerley; denn die Einheit ist objectiv in Ansehung der bewegenden Materie aber auch subjectiv in Ansehung der Gesammtheit der zu Einer Erfahrung gehörenden Vorstellungen als das Subject bewegender Kräfte. Also stimmt der Satz von der Existenz des Wärmestoffes mit der Erfahrung (als absoluter Einheit) überein. Der Wärmestoff wird als die *Basis* der bewegenden Kräfte der Materie categorisch behauptet (ist absolut gegeben) und ist nicht blos hypothetischer Stoff dergleichen man annimmt um Phänomene dürftig zu erklären.«[13]
Die Pointe Kants ist in diesem Beweis, wenn man ihn denn als solchen einmal hinzunehmen geneigt ist: Das objektive Ganze muß eo ipso auch das subjektive Ganze sein. Daher nennt er diesen Beweis auch »blos erläuternd (analytisch) nicht erweiternd (synthetisch)«.[14] Dadurch wird der Beweis wegen seiner Leichtigkeit allerdings ›auf gewisse Weise verdächtig‹, manchmal sagt Kant geradezu ›befremdlich‹. Gleichwohl hält er daran fest, daß es in diesem Beweis nicht nur um ein logisches Verhältnis geht, sondern um ein eminent metaphysisches, nämlich die Absicherung einer offenen Geschlossenheit des Erfahrungskontextes. Das klingt paradox und ist es auch, aber Kants späte Intuition bewegt sich genau in dieser Paradoxie. Im 1. Konvolut des *Opus postumum*, die Kants letzte Notizen umfassen, wird diese Geschlossenheit in einer finalen Synthese durch Gott sicher-

---

[13] Kant, *Opus postumum*, 12. Konvolut, in: *Kant's Schriften*, op. cit., Bd. XXII, pp. 614 sq.
[14] Op. cit., p. 615.

8. Kants Äther

gestellt. Soweit man diesen Notizen noch verwertbare Argumente entnehmen kann, ist dieser Gott allerdings eher das Prinzip eines sich selbst organisierenden Kosmos als sonst etwas. Das ist so weit von Spinoza und Leibniz nicht entfernt, sofern der Eindruck nicht trügt. Jedenfalls verströmen diese letzten Aufzeichnungen von Kant ein deutlich antireduktionisches Aroma, wie es in unserer Zeit auch Thomas Nagel konzeptionell vertritt.[15] Bewußtsein, Wahrheit und Werte lassen sich reduktionisch nicht verständlich machen.

Aber Gerhard Lehmann hat auch noch auf einen anderen wichtigen Punkt bei Kant aufmerksam gemacht. Im *Opus postumum* kommen häufig Wendungen wie ›Erscheinung von der Erscheinung‹ vor, eine Duplizierung in der Art des Gegebenseins von Inhalten gleich welcher Art. Kants Intuition war offenbar der Umstand, daß wir nichts thematisieren können, ohne uns instantan mitzuthematisieren. »*In* der Erscheinung erscheint sich das Subjekt *der* Erscheinung als ›Erscheinung *von* der Erscheinung‹.«[16] Diese Duplizierung, ein Phänomen, das Kant vor dem *Opus postumum* nicht kannte, nennt Lehmann ›Erscheinungsstufung‹. Diese begegnet auch später in Fichtes *Transzendentaler Logik* (1812), in der er im Rahmen seiner Bildtheorie eine verwandte ›Bildstufung‹ vornimmt (Bild vom Bilde).[17] Im Prinzip wird damit die Reflexivität aller intentionalen Akte eingefangen, die reflektierende Urteilskraft gewinnt beim späten Kant die Oberhand. Im Suchen nach Begriffen *setzt* sich der Suchende als Subjekt und *setzt* das Objekt als das Gesuchte. Dieses selbstbezügliche Verhältnis faßt Heidegger später als den schon ›im Suchen liegenden Fund‹. Damit stellt sich für Lehmann zweifelsfrei dar, daß das *Opus postumum* »geradezu *infiltriert* [ist] *mit Gedanken der Kritik der Urteilskraft*«. Ohne sie kann der gesamte Problembestand des *Opus postumum* [nicht] »verstanden und interpretiert werden«.[18]

Die Schwierigkeit im Verhältnis zu den vorhergehenden kritischen Schriften Kants besteht darin, daß seine Inanspruchnahme der

---

[15] Thomas Nagel, *Geist und Kosmos. Warum die materialistische neodarwinistische Konzeption der Natur so gut wie sicher falsch ist*, Berlin 2013 (*Mind and Cosmos*, 2012).
[16] Gerhard Lehmann, *Beiträge*, op. cit., p. 366.
[17] In: *Fichtes Werke*, ed. Immanuel Hermann Fichte, Bd. IX, Berlin 1971, p. 103 sq.; cf. hier p. 153: »Bild des Bildes; das ist nicht mehr Sache der Anschauung, sondern des Verstehens.«
[18] Gerhard Lehmann, *Beiträge*, op. cit., p. 370/71.

reflektierenden Urteilskraft im *Opus postumum* tatsächlich konstitutiv wird und nicht mehr nur regulativ: das Subjekt konstituiert sich schon in jedem Akt der Wahrnehmung aufgrund der jetzt exponierten, von Lehmann so genannten ›Erscheinungsstufung‹, selbst. Damit werden jedenfalls reduktionistische Strategien, wie sie heute gang und gäbe sind, mit Kants später Konzeption unverträglich. Unser Selbstausbau läßt sich aus evolutionären Kausalverhältnissen nicht erklärlich machen.

Der Äther wurde für Kant und für uns heute noch, so könnte man überspitzt zusammenfassen, zur kosmologischen Wildnis, in der wir uns nur deshalb nicht verlieren, weil wir schon immer mitten in ihr sind und sie in uns. Sonst wären wir einer tentativen, und damit immer nur historischen Selbstexplikation gar nicht fähig.

9. In den *slums* des Indiskreten

Ein grundierender Tenor der Philosophie der 2. Hälfte des zwanzigsten Jahrhunderts folgte der Devise von Willard Van Orman Quine: *Fort mit den intensionalen Gegenständen!*[1] Tatsächlich konnte Quine zeigen, und er hat zeitlebens an dieser Auffassung festgehalten, daß sich intensionale Entitäten wie vor allem Bedeutungen oder Bedeutungsgleichheit (Synonymie) diskret nicht dingfest machen lassen, sich also allen Bemühungen um extensionale Fassungen, wie wir sie für die Sprachen mathematisierter Wissenschaften, speziell der Physik, benötigen, in robuster Renitenz entziehen. Also weg mit ihnen! Dazu gehören natürlich auch die verdächtigen abstrakten singulären Termini, die, wie ›das Diskrete‹, abstrakte Größen bedeuten, denen wir mißtrauen sollten. Selbst ansonsten in Logik und Mathematik viel benutzte Ausdrücke wie ›Mengen‹ und ›Klassen‹ sind eigentlich unseriös, »selbst wenn man [sie] zähneknirschend« zuläßt.[2] Auch sie gehören eigentlich auf den Müllhaufen unseriöser Begriffsbildung, ebenso wie Modalitäten und mögliche Dinge. All dies, so Quine, sind unordentliche Elemente (disorderly elements) in einem begrifflichen *slum*, den wir besser trockenlegen sollten (simply to clear).[3]

Obwohl etliche Philosophen seinem Rigorismus entgegentraten, so Paul Grice (1913–1988), Peter Strawson (1919–2006), John George Kemeny (1926–1992) et al., was Quine seinerzeit freimütig eingeräumt hat,[4] blieb er in seiner streng extensionalen Option unbeirrt. Gelegentlich deutete er eine gewisse Großzügigkeit an, aber niemals prinzipiell. »Es ist aber«, schreibt er einmal, »nicht ganz ausge-

---

[1] Cf. ders., *Wort und Gegenstand* (Word and Object), trad. Joachim Schulte, Stuttgart 1980, § 43 (pp. 356 sq.)
[2] Op. cit., § 48, p. 410.
[3] Willard Van Orman Quine, *On what there is*, in: *Review of Metaphysics* 2 (1948/49) pp. 21–38; repr. In: ders., *From a logical point of view*, Cambridge/Mass. 1953, pp. 1–19.
[4] Cf. op. cit., p. 357, Anm. 3.

schlossen, einen gewissen Sinn mit dem bekannten vagen Gedanken zu verbinden, demzufolge die Annahme abstrakter Entitäten irgendwie ein rein formales Mittel ist – im Gegensatz zum stärker faktenbezogenen Charakter der Annahme physikalischer Gegenstände.«[5] Hier führt er Hilary Putnam (1926–2016) als Zeugen an, der ihn offenbar zu dieser großzügigen Bemerkung veranlaßt hat.[6] Die Kritik an Quines Rigorismus ist bis in unsere Zeit noch viel deutlicher geworden, man denke u. a. nur an Olaf L. Müller und Graham Priest.[7]

Das Problem Quines ist sein Versuch, die gesamte Leistung unserer sprachlichen Verständigung auf die Basis extensionaler Begriffsbildung abzusenken. Das kann nicht gelingen und ist ihm auch nicht gelungen. Die *slums* der Umgangssprache kann man nicht extensional trockenlegen, weil wir sonst expressive Portfolios preisgeben müßten, die wir für unseren kommunikativen, und hier speziell für unseren sensiblen Umgang miteinander, dringend benötigen. Auch künstlerische und wissenschaftliche Genialität, wenn sie sich denn in einfallsbefeuerten Konsistenzgeweben expressiv äußert, ist ohne das Medium indiskreter Begriffsbildung gar nicht denkbar.

In der Tat scheint bei Quine eine Eigenart der natürlichen Sprache für Irritationen gesorgt zu haben, daß sie nämlich mit ihren szenischen Einbettungen unseres tastenden Vergewisserungsspiels kompatibel sein muß. Deshalb benötigen wir abstrakte singuläre Terme, Possibilia und andere Modalitäten, schon aus Zeit- und daher Abkürzungsgründen. Natürlich brauchen wir vor allem Bedeutungen, über die wir uns in kommunikativen Szenen den Kopf zerbrechen können (›Wie hat er das nur gemeint?‹ oder: ›Wie könnte das weitergehen?‹), auch sie bleiben ein Element unserer deliberativen Konfliktbereinigungs- und Planungsbegabung vor jeder Entscheidung und Tat, d. h. in Spielräumen vor dem Faktischen. Solche Eigenarten der Sprache erschließen sich allerdings nur dann, wenn man Sprachforscher konsultiert, die die ›weltbildende‹ Funktion der Sprache bemerkt und expliziert haben, wie z. B. Wilhelm von Humboldt.

---

[5] Op. cit., § 49, p. 417, Anm 4.
[6] Hilary Putnam, *Mathematic and the existence of abstract entities*, in: *Philosophical Studies* 7 (1956) p. 81–88. In seiner späteren Zeit wurde Putnam zu einem dezidierten Kritiker Quines, dem er vorwarf, einen unheilvollen Einfluß auf die Metaphysik gehabt zu haben.
[7] Cf. Olaf L. Müller, *Synonymie und Analytizität. Zwei sinnvolle Begriffe*, Paderborn 1998; Graham Priest, *Towards Non-Being. The Logic and Metaphysics of Intentionality*, Oxford ²2006.

9. In den slums *des Indiskreten*

Das hat Quine nie getan. Sein trotziger Behaviorismus blockierte ein sachlich gebotenes Eingehen auf eine Phänomenologie z.B. im Stile Husserls, darauf hat ihn sein Schüler Dagfinn Fœllesdal hingewiesen, aber Quine blieb standhaft. In seinem Projekt wird nicht nur die Sprache der Bedeutungen und Möglichkeiten, sondern damit zugleich das gesamte Zwischenreich eliminiert, in dem wir leben. Das Indiskrete muß ihmzufolge vor dem Gerichtshof numerisch reputabler Extensionalität im *cleaning* einer diskreten Waschmaschine ausgewaschen werden.

Diese Prozedur, das darf man nicht übersehen, entlastet das Leben von der Philosophie – aber macht sie damit überflüssig. Physik und behavioristische Psychologie übernehmen das Ruder. Kein Wunder, daß Quine als Persönlichkeit, wenn man denn die Chance hatte, ihn privat kennenzulernen, einen überaus entlasteten, ja entspannten, witzigen und gewinnenden Charme hatte, er machte jedenfalls keinen vom Denken gequälten Eindruck.

Dennoch, da hat Putnam Recht, hilft er einem in der Philosophie nicht weiter. Unsere Einbettung in die *slums* des Indiskreten darf ein Philosoph nicht ignorieren, da jedermann genau hier schon in seinem Selbstwissen intern mit sich versammelt ist, um ins Diskrete überhaupt hinaustreten zu können. Darauf hat Georg Wilhelm Friedrich Hegel seinerzeit mit Nachdruck hingewiesen. Schon in seiner *Phänomenologie des Geistes* (1807) führt er aus, daß ein Ich keine punktuelle Größe ist, sondern gewissermaßen ein indiskreter *swing* eines in sich gegensätzlichen Sich-Wissens, ein Für-sich-sein: »Denn dieser Gegensatz ist (...) selbst die *indiskrete Kontinuität* und *Gleichheit* des Ich=Ich.«[8] Das ist meines Wissens die einzige Stelle, an der Hegel das Indiskrete direkt in dem von mir gemeinten Sinn benennt. Natürlich artikuliert er das Kontinuierliche an vielen Stellen im Kontrast zum Diskreten, aber er nennt es nicht mehr wörtlich das Indiskrete. Der Sache nach geht bei ihm das Kontinuierliche stets dem Diskreten vorher, weil eben dieses nur aus dem Zwischenreich entstehen kann. Daher ist in Hegels *Logik* die Kategorie der Qualität das Erste, die der Quantität das Zweite.[9] Mittels

---

[8] Georg Wilhelm Friedrich Hegel, *Phänomenologie des Geistes*, ed. Johannes Hoffmeister, Hamburg 1952, p. 472.
[9] Cf. Georg Wilhelm Friedrich Hegel, *Wissenschaft der Logik*, in: ders., *Werke*, eds. Eva Moldenhauer/Karl Markus Michel, Bd. 5, pp. 82 sq.; ders., *Enzyklopädie der philosophischen Wissenschaften*, in: ders., *Werke*, op. cit., Bd. 8, § 86 sq. (pp. 182 sq.).

geeigneter Skalierung kann man nämlich aus qualitativen Kontrasten quantitative Verhältnisse gewinnen, aber nicht umgekehrt. Der Gewinn an numerischer Präzision ist daher stets mit einem Verlust an phänomenaler Bestimmtheit zu bezahlen. »Das alles heißt«, kommentiert der Hegel-Interpret Pirmin Stekeler-Weithofer, »daß in unserer Sprache über diskret gemachte Gegenstände (...) nie über alles geredet werden kann. Das Kontinuum der Welt geht weit über sortale Bereiche [mengenfähige Prädikate, W. H.] hinaus. Es zeigt sich auch als relativ gleichgültig und widerspenstig gegen unsere Wünsche der ›Digitalisierung‹ oder, was im Grund dasselbe ist, Quantifizierung, also gegen unsere Verwandlung der Welt in diskrete Mengen und Größen, auch gegen die nur so mögliche Darstellung durch wahre und falsche Sätze.«[10]

Das Verhältnis von Qualität und Quantität wird bei Hegel natürlich noch sehr viel komplexer entwickelt, zumal beide Antagonisten im *Maß* ›aufgehoben‹ werden, um dann ins *Wesen* überzugehen. Aber das soll hier hintangestellt werden.[11]

Neuere Untersuchungen zu Kommunikationsformen schon im Tierreich legen die Vermutung nahe, daß sie weitgehend analog aufgebaut sind. Das hat den Vorteil, daß sie eben dadurch sehr schnell sind und von den Adressaten meistens problemlos decodiert werden können. »Dies trifft auch auf die menschliche Sprache zu, die zwar den ausgiebigsten Gebrauch von der Digitalisierung macht, aber trotzdem nicht auf analoge Aspekte verzichten kann.«[12] Diese analogen, indiskreten Elemente finden sich vor allem in der »Signalisierung von Stimmungsgehalten«. Hier gilt offenbar die von mir schon häufiger zitierte Bilanz von Volker Beeh: »Je intimer die Kommunikation, desto analoger, je distanzierter, desto digitaler.«[13] Das läßt sich sachlich nachvollziehen, es bleibt aber die Frage, ob sich ›intim‹ überhaupt steigern läßt. Grammatisch funktioniert das natürlich, aber ob es auch sinnvoll ist, ist fraglich. ›Sanft‹, ›sachte‹,

---

[10] Pirmin Stekeler-Weithofer, *Hegels Wissenschaft der Logik. Ein dialogischer Kommentar*, Bd. 1, *Die objektive Logik*, Hamburg 2019, p. 751.
[11] Cf. hierzu demnächst Lars Heckenroth, *Konkretion der Methode. Die Dialektik und ihre teleologische Entwicklung in Hegels Logik*, Diss. Bonn 2020, hier Mskr. pp. 366–384: *Resümee: Hegels logischer Konkretismus*.
[12] Volker Beeh, *Zur Evolution der Sprache*, in: Wolfram Hogrebe (ed.), *Argumente und Zeugnisse*, Frankfurt/Bern/New York 1985, pp. 134–159, hier p. 152.
[13] Beeh, op. cit., p. 153.

9. In den slums *des Indiskreten*

›behutsam‹, ›sehnsüchtig‹, ›zärtlich‹, ›lebendig‹ oder ›tot‹ lassen sich zwar grammatisch, aber nicht eigentlich sachlich steigern. Eine Zuwendung ist entweder intim oder eben nicht. Hier bedarf auch die Linguistik einer Phänomenologie, die einer verkörperten Semantik (*embodied semantics*) gewachsen ist. Solche physio-gnomischen Ansätze sind erst in letzter Zeit Gegenstand philosophischer Bemühungen geworden,[14] vor allem auch kultur- und kunstwissenschaftlicher.[15]

Es gab allerdings zu diesen Debatten einen erstaunlichen Vorläufer, und das war wieder Hegel mit seiner Theorie des subjektiven Geistes, wie sie in seiner *Enzyklopädie* (1830) Gestalt gefunden hat. Auch sie hat in der Forschungsliteratur erst seit einiger Zeit Aufmerksamkeit gefunden.[16] Das liegt daran, daß der Beitrag dieses Teils der Philosophie Hegels seinen spekulativen Endabsichten, systematisch gesehen, gewissermaßen fern steht. Auch Vittorio Hösle befindet noch bündig: »Hegels Philosophie des subjektiven Geistes

---

[14] Cf. u. a. Alva Noë, *Active Perception*, Cambridge/Mass. 2004; Giovanna Colombetti, *The feeling Body. Affective Science Meets The Enactive Mind*, Cambridge/Mass. 2014; cf. hierzu die informative Übersicht von Joerg Fingerhut und Rebekka Hufendiek: *Philosophie der Verkörperung. Die Embodied Cognition-Debatte*, in: *Information Philosophie*, Heft 3 (2017) pp. 16–32.
[15] Hier ist vor allem die von Horst Bredekamp und John Michael Krois (seit 2013 mit Jürgen Trabant) begründete Reihe *Berliner Schriften zur Bildforschung und Verkörperungsphilosophie* maßgeblich geworden, wie sie von 2011–2017 in 20 Bänden vorliegt; richtungsweisend war hier John Michael Krois, *Bildkörper und Körperschema. Schriften zur Verkörperungstheorie ikonischer Formen*, eds. Horst Bredekamp / Marion Lauschke, Berlin 2011 und Horst Bredekamp, *Galileis denkende Hand. Form und Forschung um 1600*, Berlin/München/Bosten 2015; cf. ferner: Joerg Fingerhut / Rebekka Hufendiek / Markus Wild (eds.), *Philosophie der Verkörperung. Grundtexte zu einer aktuellen Debatte*, Berlin 2013; Klaus Sachs-Hombach (ed.), *Verstehen und Verständigung. Intermediale, multimodale und interkulturelle Aspekte von Kommunikation und Ästhetik*, Köln 2016.
[16] Cf. Lothar Eley (ed. et al.), *Hegels Theorie des subjektiven Geistes in der ›Enzyklopädie der philosophischen Wissenschaften im Grundrisse‹*, Stuttgart/Bad Cannstatt 1990; Hans Friedrich Fulda, *Anthropologie und Psychologie in Hegels ›Philosophie des subjektiven Geistes‹*, in: Ralph Schumacher (ed.), *Idealismus als Theorie der Repräsentation?*, Paderborn 2001, pp. 101–105; Dirk Stederoth, *Hegels Theorie des subjektiven Geistes. Ein komparatistischer Kommentar*, Würzburg 2007; Jens Rometsch, *Hegels Theorie des erkennenden Subjekts. Systematische Untersuchungen zur enzyklopädischen Philosophie des subjektiven Geistes*, Würzburg 2007.

gehört nicht zu den stärksten Teilen seines Systems.«[17] Selbst wenn das zutrifft: Hegels Philosophie ist nicht von der Art, daß sie nicht in ihren schwächeren Teilen Perlen vergraben hätte, die freizulegen sich allemal lohnt. So auch hier.

Hegel fordert 1830 tatsächlich schon eine ›psychische Physiologie‹, die einem System des Empfindens in seiner »sich verleiblichenden Besonderung« gewidmet wäre.[18] Ihr würde es obliegen, »die *Verleiblichung* zu betrachten, welche sich geistige Bestimmungen insbesondere als *Affekte* geben«.[19] Aber es geht hier eben nicht nur um Affekte, sondern um ›Zusammenhänge‹, »durch welche von der Seele heraus die Träne, die Stimme überhaupt, näher die Sprache, Lachen, Seufzen, und dann noch viele andere Partikularisationen sich bilden«.[20] Hegel hat also das, was man heute *embodied semantics* nennt, faktisch schon angedeutet und skizziert.

Hegel diskutiert den ersten Aufschlag des Physischen in einer Protosemantik, im physio*gnomischen* Medium von Empfindungen, Stimmungen und Gefühlen, für die generell gilt: was nur inwendig zu sein scheint, ist immer auch auswendig. Diese Akzentuierung unserer grundsätzlich auswendigen Existenz ist für Hegel überall wichtig und charakteristisch. Wir sind schon an unserer physiognomischen Basis nie nur quasi privat, nie nur somatisch eingekerkerte, im Muschelsinn ›verausterte‹ Wesen, sondern a limine szenisch existierende Wesen. Hegels bedeutendes Verdienst ist es, schon auf der Stufe der Sinnlichkeit die Innen-Außen-Schranke eingerissen zu haben, um damit die Erbschaft von Leibniz zu übernehmen[21] und zugleich die aristotelische Devise, daß die Seele irgendwie, vielleicht als latent, aber nie manifest Mitgewußtes, alles ist.[22] Das beweist sich für ihn darin, daß wir schon physiologisch eine symbolisierende Manifestation des Geistes sind. Was äußerlicher Reiz war, gewinnt somatisch instantan Bedeutung. »Durch diese Bedeutung wird die äußerliche

---

[17] Vittorio Hösle, *Hegels System. Der Idealismus der Subjektivität und das Problem der Intersubjektivität*, Hamburg 1988, p. 338.
[18] Georg Wilhelm Friedrich Hegel, *Werke*, eds. Eva Moldenhauer/Karl Markus Michel, Bd. 10, *Enzyklopädie. Dritter Teil*, § 401, p. 101.
[19] *Enzyklopädie*, op. cit., § 401, p. 102.
[20] Ibid.
[21] Cf. Hegel, *Enzyklopädie*, op. cit., § 406, p. 135: »So ist das Individuum die seine Wirklichkeit in sich wissende Monade.«
[22] Cf. *de anima* III, 431 b 21.

9. In den slums *des Indiskreten*

Empfindung zu etwas *Symbolischem*.«[23] Die ›Verleiblichung‹, wie Hegel diesen Transfer nennt, die ›Verkörperung‹, wie man heute gerne sagt, generiert die semantischen Gehalte von Empfindungen, Stimmungen, Gefühlen, kurz, wie wir heute sagen würden: von Emotionen. Dadurch gewinnt das, was wir im Jargon der Sprache des Computers gerne *input* nennen, sofort eine gewisse Bestimmtheit, eine indiskrete Inhaltlichkeit, die im Prozeß der Verleiblichung wieder nach außen gesetzt erscheint. Was verleiblicht ist, ist ab sofort auch von außen erfahrbar. »Wie die äußeren Empfindungen sich symbolisieren, d. h. auf das geistige *Innere* bezogen werden, so *entäußern*, verleiblichen sich die *inneren* Empfindungen notwendigerweise, weil sie der natürlichen Seele angehören, folglich seiende sind, somit ein unmittelbares Dasein gewinnen müssen, in welchem die Seele für sich wird.«[24] Auch Hegel tut sich schwer, diesen Prozeß durchsichtig darzustellen. Das liegt daran, daß wir die Innen-Außen-Schranke zwar einreißen müssen, aber selbst wenn wir das geschafft haben, werden wir dieses Duplex schon aus sprachlichen Gründen nicht los.

Was Hegel aber auch äußerst hellsichtig schon gesehen hat, ist das, was Freud später ›Abfuhr‹ nannte. Unsere expressiven Bekundungen haben häufig die Funktion, ein inneres Spannungsverhältnis nach außen ›abzuführen‹. »Eine solche entäußernde Verleiblichung des Inneren«, so Hegel, »zeigt sich im *Lachen*, noch mehr aber im *Weinen*, im Ächzen und Schluchzen, überhaupt in der *Stimme*, schon ehe diese artikuliert ist, noch ehe sie zur *Sprache* wird.«[25] Schon als Sinnenwesen sind wir – noch unartikuliert – unterwegs zur Sprache und zehren, falls angekommen, von einer Fülle des Anfänglichen dieses Weges, von einem Reichtum, den wir sprachlich nicht mehr einholen können.

Hegels Theorie des subjektiven Geistes ist ein sehr sensibles Lehrstück zu unserer schon sinnlich etablierten szenischen Existenz. Wir sind draußen, um überhaupt innen sein zu können, kurz: Wir sind allemal schon subsemantisch situativ ›getönt‹, bevor wir uns selbst vor Ort finden. In diesem Sinne ist der Mensch konkret ›weltlich‹. So hat, schreibt Hegel sehr plastisch, »diese Welt, die außer ihm ist, ihre Fäden so in ihm, daß, was er *für sich* wirklich ist, aus *denselben*

---

[23] Hegel, *Enzyklopädie*, op. cit., § 401 (Zusatz), p. 108.
[24] Loc. cit., p. 109.
[25] Loc. cit., p. 113.

besteht; so daß er auch in sich abstürbe, wie diese Äußerlichkeiten verschwinden.«[26] Um dieses Absterben zu verhindern, benötigt der Mensch interner Unabhängigkeitsmaschinen, die sich ihm in Formaten seiner Persönlichkeit (Charakter), Gewohnheiten, Mustern der Sittlichkeit und Stabilisatoren seines Selbstseins, am Ende in Religion, Kunst und Philosophie zuwachsen können. Dazu muß er aber erst im Lernprozeß seiner Bewußtwerdung weiter fortgeschritten sein, um in eine Identität des Geistes mit sich einzurücken, die in ihm zwar von Anfang angelegt ist, deren explizites Niveau aber erst erarbeitet sein will. Ohne Bildung ist kein selbständiges Bild unserer selbst zu haben, aber auch solche Bilder werden ihren historischen Index nicht los. Immerhin strahlen sie ein anonymes Dirigat ab, das uns ein Original bestenfalls erahnen läßt.

Für Hegel ist es charakteristisch, daß er die Dynamik eines sich ausbauenden Geistes aus der Kraftquelle einer basalen Gegensätzlichkeit in emotionalen, physischen, mentalen und konzeptuellen Verhältnissen herleitet. Genauer: Hier wird eigentlich nichts hergeleitet, diese Gegensätzlichkeit hat als solche keine Herkunft, sondern ist als instantane Zersetzung des Einen kategorial, d. h. prinzipiell nur denkend zu erreichen. Das ursprünglich Eine, das bestenfalls nur denkend ›berührt‹, kann ausschließlich in diesem Duplex hervortreten. Alle Versuche, dieses ontologische Duplex mit heutigen Mitteln logisch als kontradiktorisch, konträr oder sonst wie im logischen Quadrat einzufangen, sind gescheitert. Das Eine und seine Zersetzung bleiben uns leider allenfalls im *modus cogitandi*, d. h. denkend zugänglich. Was Struktur werden soll, kann anfänglich nur gedacht werden.

So startet die Karriere des Geistes zwar in einer Unmittelbarkeit, die Hegel ›Natürlichkeit‹ nennt. Aber in dieser Stellung noch der Infanten steht der Geist einer Unbestimmtheit gegenüber, die ihm völlig fremd ist. Aus dieser Widersprüchlichkeit muß er sich herausarbeiten. Denn der »Geist ist wesentlich nur das, was er von sich selber weiß.«[27] In dieser Abarbeitung seiner auf jedem Lernniveau erneut wieder aufbrechenden Gegensätzlichkeiten fängt sich der Geist. Und er hat gar keine andere Wahl, »da weder die Seele

---

[26] Loc. cit., § 406, p. 134.
[27] Hegel, *Enzyklopädie*, op. cit., § 385 (Zusatz), p. 33.

noch der Geist sein kann, ohne den Widerspruch in sich zu haben und ihn entweder zu fühlen oder von ihm zu wissen«.[28]

Unsere Emotionalität und Intellektualität, aber nicht nur diese, sondern alles, was existiert, ist mit Hegel nur möglich als eine Art Notwehr, als *defensio contra vim*. Sein ist im Kern Notwehr, gegen sich selbst und gegen anderes. Diesen antagonistischen Grundzug der Physis und der Psyche herausgearbeitet zu haben, ist ein grundlegender Tenor Hegels. In seiner Theorie des subjektiven Geistes kann sich dieser interne Antagonismus noch nicht begrifflich fassen und läßt sich in den Pathologien unseres emotionalen Seins nur ›gnomisch‹ fassen. Hegel spricht nicht nur von einer Physiognomie, sondern geradezu von einer *Pathognomie*.[29] Schon in einer verleiblichten Emotionalität erscheinen nicht ausbalancierte Formen einer zu sich kommenden Seele in einer Selbstzerissenheit, deren extreme Form die *Verrücktheit* ist.[30] Diese ist übrigens als verleiblichtes Duplex ein Lieblingsthema Hegels und er beweist hier eine feinsinnige Sprache: »In der Träne wird der Schmerz, das Gefühl des in das Gemüt eingedrungenen zerreißenden Gegensatzes zu Wasser.«[31] Daß er bezüglich therapeutischer Bemühungen um Seelenkrankheiten, speziell auch des Irreseins ein für seine Zeit erstaunliches Niveau repräsentiert, kann man daran erkennen, daß er mit Berufung auf den aufgeklärten französischen Psychiater Philippe Pinel (1745–1826) dezidiert eine gewaltfreie, emphatische Zuwendung fordert: »Vor allen Dingen kommt es bei psychischen Heilverfahren darauf an, daß man das *Zutrauen* der Irren gewinnt.«[32] Interessanterweise hat Hegel ebenfalls schon darauf hingewiesen, daß in das therapeutische Repertoire der Psychiatrie sogar Humor und *Witz* eine Rolle spielen können: »So genas z.B. ein sich für den Heiligen Geist haltender Narr dadurch, daß ein anderer Narr zu ihm sagte: wie kannst denn *du* der Heilige Geist sein? der bin ja ich.«[33] Im erfahrenen Witz, so Hegel, therapiert sich die Verrücktheit selbst.

Es kommt hier nicht darauf an, Hegels durchaus sachhaltige Pathognomik in extenso darzustellen. Wichtig ist nur, daß er in den

---

[28] Hegel, *Enzyklopädie*, op. cit., § 426 (Zusatz), p. 216.
[29] Hegel, *Enzyklopädie*, op. cit., § 401, p. 102.
[30] Hegel, *Enzyklopädie*, op. cit., § 402 (Zusatz), p. 121; cf. auch das Kapitel zum *Selbstgefühl*, § 407, p. 161 et passim.
[31] Hegel, *Enzyklopädie*, op. cit., § 401 (Zusatz), p. 115.
[32] Hegel, *Enzyklopädie*, op. cit., § 408 (Zusatz), p. 179.
[33] Hegel, *Enzyklopädie*, op. cit., § 408 (Zusatz), p. 182.

slums des Indiskreten gerade deshalb verbleibt, weil nur hier die selbstexplikativen Energien eines sich ausbauenden Geistes eingefangen werden können. Selbst sein Finale in einem absoluten Wissen, darf nicht diskret mißverstanden werden, auch hier geht es um einen Einklang, der sonst keinen Klang außer sich hat.

Trotzdem bleibt das sich Einlassen auf die Autokinese eines sich ausbauenden Geistes riskant, wie Hegel schon in seiner Antrittsvorlesung an der Berliner Universität am 22. Oktober 1818 ausführt. Im Denken »muß einem *Hören und Sehen* vergangen sein«.[34] Halt bieten Hören und Sehen jedenfalls nicht mehr. So ist es nur »natürlich, daß den Geist in seinem Alleinsein mit sich *gleichsam ein Grauen befällt; man weiß noch nicht, wo es hinauswolle, wohin man hinkomme*«.[35] Dennoch bietet sich für Hegel ein Bild des Haltes: »Nur der *eine* Stern, der *innere Stern des Geistes* leuchtet; er ist der *Polarstern*.«[36] Heidegger nimmt dieses Sternenbild des Haltes von Hegel später wieder auf, andere, wie Carl Schmitt, entnehmen ein solches Bild der Klangerfahrung.[37]

Systematisch hat Wolfgang Wieland (1933–2015) diese Situierung auch unseres rationalen Managements im Zwischenreich, übrigens in seiner systematischen Prägnanz als einziger, zu einer Theorie nicht-propositionalen Wissens ausgebaut, wie er es bei Platon und in seinem letzten Buch bei Kant überzeugend erläutert hat. Denn in dem »Prozeß, in dem oder durch den ein bivalentes Urteil zustande kommt, wird dem Urteilenden auf ungegenständliche Weise, nämlich im Modus eines Gefühls, nicht nur ein Stück Welt erschlossen, in der er sich vorfindet und lebt, sondern er wird sich auch seiner selbst in einer Weise bewußt, in der er sich auf seinesgleichen bezogen weiß«.[38] In den *slums* des Zwischenreiches und nur hier finden wir das Vollbild unserer selbst, das allerdings, wie Wieland gezeigt

---

34 Hegel, *Enzyklopädie*, op. cit., Anhang, p. 415.
35 Hegel, *Enzyklopädie*, op. cit., Anhang, p. 416.
36 Ibid.
37 Cf. hierzu Angela Reinthal, ›*Mich hält ein reines Intervall*‹. *Carl Schmitt und die Musik*, ed. Gerd Giesler, Berlin 2019.
38 Wolfgang Wieland, *Urteil und Gefühl. Kants Theorie der Urteilskraft*, Göttingen 2001, p. 384. – Es ist sehr betrüblich, daß Wieland vor seinem Tod ein geplantes Buch über Hegel, nach seinen bedeutenden Monographien zu Aristoteles, Platon und Kant nicht mehr realisieren konnte. Von ihm hätten wir einen anderen Hegel kennengelernt, vielleicht in die Richtung, die ich hier nur ansatzweise skizziert habe.

9. In den slums *des Indiskreten*

hat, als nicht-gegenständlich stets nur Mitgegebenes ein Verschwebendes bleibt. Das Indiskrete läßt sich nicht festnageln. Im Zwischenreich gibt es keine Kreuzigung, wohl aber, stellvertretend für alles Expressive, musikalische Opfer.

10. Kosellecks Rücksturz ins Bild

Am 6. Juli 1955 schreibt Reinhart Koselleck von Bristol nach Plettenberg an Carl Schmitt einen Brief, in dem er auf dessen Beitrag zur Festschrift zu Ernst Jüngers 60. Geburtstag eingeht[1] und erweiternde Anmerkungen bietet.[2] Unter anderem geht er auf seine Lektüre von Arnold J. Toynbee ein, dessen Bd. IX seiner *Study of History* eine knappe Auseinandersetzung mit Robin George Collingwood bietet. Koselleck bleibt skeptisch und resümiert: »T[oynbee] sucht nachzuweisen, daß die Historie nicht nur im Nachvollzug von Gedanken, sondern auch von Gefühlen und der Phantasie seiner Objekte bestünde.«[3] Diese Idee hatte Schmitt schon von Anfang an vertreten: Die Jurisprudenz muß sich in ihren Verhandlungen über Rechtsverhältnisse immer auch des Unterbaus von konfligierenden Strukturen vergewissern, um überhaupt zu seinem adäquaten Rechtsverständnis gelangen zu können. Das kognitive *engineering* von Schmitts Büchern macht durchgängig Gebrauch von dieser Modalisierung abstrakter Rechtsverhältnisse.[4] Ohne auf diesen von Koselleck referierten Punkt einzugehen, stimmt Schmitt mit Brief vom 12. Juli 1956 aus Plettenberg Kosellecks Skepsis zu und nennt es das »große Vehikel der Verschmierung. Ich habe es in einem Gespräch mit Toynbee [1936] aufs deutlichste so empfunden«.[5] Dieser Eindruck ›einer großen Verschmierung‹ rührt daher, daß Toynbee in der Tat eine Strukturtheorie des historischen Unterbaus nicht liefert. Seine sporadischen Rückgriffe auf Psychologie und Sozio-

---

[1] Carl Schmitt, *Die geschichtliche Struktur des heutigen Welt-Gegensatzes von Ost und West. Bemerkungen zu Ernst Jüngers Schrift ›Der Gordische Knoten‹*, ed. Armin Mohler, Frankfurt/M. 1955, pp. 135–167.
[2] Reinhart Koselleck / Carl Schmitt, *Der Briefwechsel 1953–1983 und weitere Materialien*, ed. Jan Eike Dunkhase, Berlin 2019, pp. 90–97.
[3] Koselleck/Schmitt, op. cit., p. 93.
[4] Cf. hierzu Wolfram Hogrebe, *Duplex. Strukturen der Intelligibilität*, Frankfurt/M. 2018, pp. 29 sq.
[5] Koselleck/Schmitt, op. cit., p. 125.

10. Kosellecks Rücksturz ins Bild

logie reichen nicht aus. Er leugnet den Sumpf nicht, aber er bietet für diesen nicht so etwas wie ein Ortungssystem an, wie es Schmitt in Ansätzen sehr wohl getan hat, jeweils in einem lebensweltlichen Duplex wie ›Ausnahmezustand‹ und ›Entscheidung‹, ›Freund‹ und ›Feind‹ etc. Diese Begriffsstrategie von Schmitt hat Koselleck mit seinem Duplex von ›Kritik‹ und ›Krise‹ nahtlos übernommen.[6] Koselleck 1957 an Schmitt, vermutlich nicht zu dessen Überraschung: »Die Historiographie zeigt, daß fast alle Begriffe aus anderen Wissens- und Lebensbereichen stammen, nur nicht aus dem Bereich der Geschichte.«[7] Später hat Koselleck diesen Zugriff in seinem Aufsatz *Zur historisch-politischen Semantik asymmetrischer Gegenbegriffe*[8] methodisch zu präzisieren versucht. Er wollte diese Semantik, die bei ihm kein linguistischer Fachterminus ist, sondern Lehre von der Bedeutungshaltigkeit asymmetrischer Gegenbegriffe als Ortungsfolie für eine Geschichte als methodische Basis empfehlen, wie sie allemal im Zwischenreich angesiedelt ist. Seine Bemühungen um eine neue *Historik* wurden aber von Anfang an von selbstskeptischen Einschätzungen gequält. Denn: »Das, was eine Geschichte zur Geschichte macht, ist nie allein aus Quellen ableitbar.«[9] Der Historiker ist immer genötigt, »alle einmaligen Zeugnisse der Vergangenheit zu transzendieren«.[10] Deshalb bedarf es einer »Theorie möglicher Geschichte«.[11] Ohne das Mehr an Geschichte im Raum ihrer

---

[6] Cf. Reinhart Koselleck, *Kritik und Krise. Eine Studie zur Pathogenese der bürgerlichen Welt*, (1. Aufl. Freiburg/München 1959), Frankfurt/M. 1973. – Hierzu: Gennaro Imbriano, ›Krise‹ und ›Pathogenese‹ in Reinhart Kosellecks Diagnose über die moderne Welt, in: *Forum Interdisziplinäre Begriffsgeschichte*, E-Journal 2, 1 (2013).
[7] So Koselleck am 9. Juli 1957 aus Heidelberg an Schmitt (Koselleck/Schmitt, op. cit., p. 136. Das hätte Koselleck ausgerechnet Schmitt gar nicht mitteilen müssen. Das war ihm von Anfang an bekannt.
[8] Zuerst in: Harald Weinrich (ed.), *Positionen der Negativität* (Poetik und Hermeneutik Bd. VI), München 1975, pp. 65–104; dann in Reinhart Koselleck, *Vergangene Zukunft. Zur Semantik geschichtlicher Zeiten*, Frankfurt/M. 1979, pp. 211–259. Hier notiert Koselleck am Ende (p. 259) zu Schmitts Duplex von Freund und Feind, daß es sich »um einen Begriff des Politischen, nicht der Politik [handelt]«.
[9] Koselleck, *Standortbindung und Zeitlichkeit*, in: ders., *Vergangene Zukunft*, op. cit., p. 206.
[10] Koselleck, *Standortbindung*, op. cit., p. 205.
[11] Ibid.

Möglichkeiten geschichtsphilosophisch zu idealisieren,[12] beruft sich Koselleck immerhin auf Novalis, bei dem es im *Ofterdingen* einmal heißt: »Wenn ich das alles recht bedenke, so scheint es mir, als wenn ein Geschichtsschreiber notwendig auch ein Dichter sein müßte.«[13]

Was diskret, d. h. nach dem Befund der vorhandenen Quellen, zufällig ist, kann sich im Blick auf das Zwischenreich des Geschehens, d. h. indiskret, dennoch als notwendig erweisen. Die Modalitäten oszillieren hier, eben deshalb bedarf es mit Novalis einer poetischen Ader des Historikers. Koselleck bündelt das so: »Der Zufall erweist sich aus einer höheren Perspektive (...) als geschichtlich notwendig.«[14] Das gilt ihm zufolge auch für statistische Erhebungen im diskreten Geschichtsraum: »So leben statistische Zeitreihen von konkreten Einzelereignissen, die ihre eigene Zeit haben, die aber nur auf dem Raster langer Fristen strukturale Aussagekraft gewinnen. Erzählung und Beschreibung verzahnen sich, wobei das Ereignis zur Voraussetzung struktureller Aussagen wird.«[15]

Man merkt, Koselleck ringt mit dem methodischen Problem einer annalistischen, diskret notierenden Geschichte und einer indiskret erläuternden oder deutenden. Er weiß natürlich, daß »der Historiker den Zeugnissen vergangener Wirklichkeit verpflichtet [bleibt]«. Aber gleichwohl gilt auch, daß »er sich, wenn er ein Ereignis deutend aus den Quellen herauspräpariert, jenem literarischen Geschichtenerzähler [nähert], der ebenfalls der Fiktion des Faktischen huldigen mag, wenn er seine Geschichte dadurch glaubwürdiger machen will«.[16]

Kosellecks bewegende Einsicht war bis in die achtziger Jahre des vorigen Jahrhunderts tatsächlich die: »weder Ereignisse noch Erfahrungen erschöpfen sich in ihrer sprachlichen Artikulation.«[17] Oder noch prägnanter: »Sprache und Geschichte bleiben aufeinander ver-

---

[12] Cf. hierzu die panegyrisch gestimmte, gleichwohl kompakte Gesamtdarstellung von Reinhard Mehring, *Der Sinn der Erinnerung. Zur Geschichtsethik Reinhart Kosellecks*, in: *Mittelweg 36*, 22, 1 (2013), pp. 41–52.
[13] Koselleck, *Der Zufall als Motivationsrest in der Geschichtsschreibung*, in: Koselleck, *Vergangene Zukunft*, op. cit., p. 174.
[14] Koselleck, *Der Zufall*, op. cit., p. 173.
[15] Koselleck, *Darstellung, Ereignis und Struktur*, in: ders., *Vergangene Zukunft*, op. cit., p. 149.
[16] Koselleck, *Darstellung*, op. cit., p. 153.
[17] Koselleck, ›Neuzeit‹, in: ders., *Vergangene Zukunft*, op. cit., p. 300.

10. Kosellecks Rücksturz ins Bild

wiesen, ohne je zur Deckung zu kommen.«[18] Diese ›Deckungslücke‹ markieren Bilder, ohne sie – schon wegen ihrer prinzipiellen Interpretationsoffenheit – je schließen zu können. Wo diese Option einer Schließung dennoch mit Bildern verknüpft wurde, gab es in einigen Kulturen ›Bilderverbote‹. Koselleck wendet sich Bildern zu, um im Erinnerungsraum von Sprache und Geschichte eine Brücke zu signalisieren, die sich anders nicht dokumentieren läßt. Sein von Anfang an hartnäckig verfolgtes Projekt einer *politischen Historik* weicht in den neunziger Jahren seinem neuen Projekt einer *politischen Ikonologie*.

Diese Wende ist inzwischen schon gut erforscht worden, insbesondere und bezeichnenderweise von der Kunstgeschichte. Hubert Locher und seine Schülerin Adriana Markantonatos haben hier wertvolle Aufschlüsse geliefert, auf die man dankbar zurückgreifen kann.[19] Man darf allerdings nicht glauben, und die Kenner tun das auch nicht, daß Kosellecks Wende zum Bild ein plötzlicher Vorgang war, obwohl er am Ende seiner intellektuellen Biographie tatsächlich als methodischer Rücksturz erscheint. De facto hat er sich ja von Anfang an für Bilder interessiert. Schon seinem ersten Brief an Carl Schmitt vom 21. Januar 1953 legte er vier Karikaturen bei, die von seiner Hand stammten. In seiner Antwort vom 2. Februar 1953 bedankt sich Carl Schmitt bei ihm, speziell auch für die vier Zeichnungen, »die ich mir mit ungeheurem Vergnügen immer wieder neu besehe«.[20] Koselleck hat zahllose Karikaturen gezeichnet, später aber vor allem photographische Aufnahmen von Kriegsdenkmälern angefertigt und gesammelt,[21] die heute an der Universität Marburg archiviert sind, während der schriftliche Nachlaß seinerzeit schon als Vorlaß auf Betreiben von Ulrich Raulff im Literaturarchiv in Marbach aufbewahrt ist.

Bevor ich auf diese Wende zum Bild näher eingehe, muß noch einmal der Faden von Kosellecks Anfang aufgegriffen werden. In

---

[18] Ibid. – Cf. hierzu Carsten Dutt/Reinhard Laube (eds.), *Zwischen Sprache und Geschichte*, Göttingen 2013.
[19] Cf. Hubert Locher/Andriana Markantonatos (eds.), *Reinhart Koselleck und die Politische Ikonologie (Transformationen des Visuellen)*, München 2013. Dieser Band dokumentiert eine interdisziplinäre Tagung an der Universität Marburg zu Kosellecks politischer Ikonologie (2010).
[20] Koselleck/Schmitt, *Briefwechsel*, op. cit., p. 17.
[21] Reinhart Koselleck, *Zur politischen Ikonologie des gewaltsamen Todes. Ein deutsch-französischer Vergleich*, Basel 1998.

seinem fulminanten Erstlingswerk *Kritik und Krise* (1959) machte er der Aufklärung eine Verlustrechnung auf, die erstaunlich war und ist.[22] In den allmählich sich etablierenden, halböffentlichen Zellen eines auch politischen Meinungsaustausches, also z. B. in der Salonkultur des 18. Jahrhunderts, dokumentierte sich ein Rückgang des Publikums in Medien nichtstaatlich reglementierter Kommunikation, die die Probe auf die Mündigkeit ihrer Teilnehmer machte. Denn diese konnten sich in ihrem Status in den Salons natürlich nicht mehr aus kulturellen Verpflichtungen und Mustern der Tradition definieren, sondern mußten sich in diesen Formen einer neuen Geselligkeit selbst erst erfinden (Schleiermacher), und das galt von Profession bis Geschlecht. In diesem Sinne waren die Teilnehmer dieser Gesprächskreise frei und fühlten sich auch so.

Das Problem war nur: woher beziehen wir die normativen Ressourcen wenn nicht mehr aus der Tradition, oder müssen wir diese quasi anarchisch preisgeben? Das war schon das Problem von Kant. Seine Lösung: Gerade im Rückgang in die Tiefen einer sich selbst erfindenden Subjektivität enthüllt sich eine Quelle der Normativität, die zwar anonym bleibt und nach einem Kant noch unzugänglichen ›Denken des Außen‹ (Michel Foucault) verlangt, aber unabweisbar wirksam ist und sein muß, wenn wir uns als Sinnenwesen nicht eine bloß tierische Lizenz geben wollen. Das ist seine Idee eines von ihm so genannten kategorischen Imperativs, der uns *a limine* auf Allgemeinheitsfähigkeit verpflichtet. Selbst wenn man sich unter den Gelehrten über die Schwierigkeiten in der Interpretation dieses Lehrstücks immer noch nicht einig ist: genau das war die Lizenz für eine sich dann ungehemmt entfaltende Aufklärung. Kurz: Gerade der Rückgang in die Subjektivität enthüllt die Wurzeln unserer Normativität, bei Schleiermacher sogar des Religiösen. Ein *sensus universi* kann einem ja nicht doktrinal vermittelt werden, weder von der Kanzel, noch vom Katheder. Er ist schon da oder es gibt ihn überhaupt nicht. Das besagt im Klartext: Die Aufklärung ist nicht ein Unternehmen zur Privatisierung der Vernunft in subversiver Absicht und im Kontrast zum traditionsgestützten Absolu-

---

[22] Natürlich ist seine Konzeption, zuerst etwas polemisch von Habermas (*Merkur*, 14. Jahrg. 1960, pp. 468–477), besonders in letzter Zeit auch detailliert kritisiert worden. Cf. hierzu insbesondere Michael Schwartz, *Leviathan oder Lucifer. Reinhart Kosellecks ›Kritik und Krise‹ revisited*, in: Zeitschrift für Religions- und Geistesgeschichte, Jahrg. 45, 1 (1993) pp. 33–57.

tismus, wie subkutan von Koselleck unterstellt,[23] sondern ein neuer Weg zu bis dato unbekannten Quellen der Vernunft, das heißt: zu den Ursprüngen unserer Allgemeinheitsfähigkeit. Erst wenn man das akzeptiert hat, kann man ein Aufklärungsgeschehen schon überall da nachweisen, wo wir mit dem homo sapiens rechnen müssen, also mindestens seit Beginn der Totenbestattungen. Gräber bezeugen als erste eine Geltung über alles Sinnliche hinaus. Das ist nicht neu, aber immer noch der Erinnerung wert.

Selbst wenn Koselleck also Recht hat mit seiner These, daß der Absolutismus eine befriedende Antwort auf die Religionskriege war, ist sein Bild der Aufklärung dennoch verzerrt: Der kritische Gestus erzeugt keine Krise, sondern eine sensible Mentalität, die auf eine Stütze von Seiten der Tradition nicht mehr angewiesen ist. Das hätte Koselleck auch von Hegel in der Interpretation von Joachim Ritter, den er kannte, lernen können. Damit soll nur gesagt sein: *Kritik und Krise* ist keine verzögerte (neue) Dialektik der Aufklärung, wie als Titel seiner Dissertation von Koselleck ursprünglich vorgesehen, sondern ihre Verfehlung.[24]

Dieser kurze Rückblick war also erforderlich, um die prekäre Schieflage sichtbar zu machen, in die Koselleck sein ingeniöses Projekt einer neuen Historik von Anfang an gebracht hatte. Da ihm die neuen normativen Quellen der Aufklärung verstellt waren, blieben hernach die von ihm herausgearbeiteten Matrizen asymmetrischer Gegenbegriffe *en detail* zwar strukturell informativ und erhellend, aber aufs Ganze gesehen normativ zu kraftlos. So kam es, daß er dieses Defizit am Ende durch eine Implementierung von Bildern ausgleichen wollte, ja mußte, um die historische Deutungsarbeit wenigstens an den Bereich des Sinnlichen und Faktischen angeschlossen zu halten, wo es eine sprachliche Vergegenwärtigung allein nicht schaffen konnte. Im Prinzip überforderte Koselleck eine Geschichte, die er selbst zuvor normativ geschwächt hatte. Vielleicht war er insgeheim doch ein Strukturalist, der sich über die Grenzen des Strukturdenkens nicht klar war. Sein Rücksturz ins Bild hatte jedenfalls

---

[23] Koselleck bucht das kritische Potential der Aufklärung auf dem Konto einer ›Herrschaft der Utopie‹ ab, die mit der französischen Revolution unausweichlich in ›schiere Gewalt‹ mündet. Cf. ders., *Kritik und Krise*, op. cit., pp. 156 sq.
[24] Cf. dennoch den wohlmeinenden, aber sehr klugen Aufsatz von Andreas Rosenfelder (*Welt*, 2. Juli 2018): *Warum das politische Chaos eine Chance ist.*

auch die Aura einer Selbsttherapie. Das war in den siebziger Jahren des vorigen Jahrhunderts nicht ungewöhnlich. Denn, wie Ulrich Raulff einmal bündig notierte: »Die Siebziger begannen als ein Jahrzehnt des Textes, sie endeten als eines des Bildes.«[25]

Natürlich kann Geschichte kein Organ einer normativen Exekutive oder gar Legislative sein, aber ein sensibles Organ für historisch wirksame normative Tableaus sehr wohl. Sonst gingen dem Historiker individuierte Bündel des Normativen, wie sie sich in historisch wirksamen, extern wie intern normierten Persönlichkeiten manifestiert haben, verloren. Koselleck hat nicht von Ungefähr keine historische Biographie geschrieben.

Dennoch hat seine Auslegung auch ein Recht auf ihrer Seite: Wo immer Institutionen einer moralisierenden Kritik im politischen Raum allein ausgesetzt sind, werden sie leicht verfahrens- und damit kontrollfrei unterminiert. Das spricht nicht gegen die politische Legitimität einer Kritik in der Öffentlichkeit, wohl aber gegen eine häufig ungeduldig eingeforderte sofortige Umsetzung ihrer kritisch vorgetragenen Monita im Raum der Politik. Das ist von der französischen Revolution bis heute noch eine virulente Einsicht. Am Ende gehört jede politische Kritik ins Parlament. Aber selbst dessen verfahrenskontrollierte Entscheidungen bleiben natürlich krisenanfällig. Dagegen hilft indes keine Diktatur oder irgendeine Variante eines Absolutismus, denn solche Formate verdecken nur das Problem einer immer auch gebrechlichen Institution. Wo Menschen beteiligt sind, kann es immer kritisch werden. Einen solchen anthropologischen Rückgang, so trivial er ist, wollte Koselleck aber immer vermeiden. Was hilft's? Wenn man oben auf der begriffsgeschichtlichen Leiter der ›historischen Zeit‹ steht und einen plötzlich die Vorstellung anwandelt, keinen Halt mehr zu finden, einem mithin nur der Griff ins Nichts bleibt, stürzt man unweigerlich ab. Dann lieber ein Rücksturz ins Bild. Eine Alternative wäre allerdings die

[25] Ulrich Raulff, *Wiedersehen mit den Siebzigern. Die wilden Jahre des Lesens*, Stuttgart 2014, p. 112. Gewissermaßen prä-flankierend hatte ich schon 2000 geschrieben: »Das vergangene Jahrhundert begann mit *Bewußtsein*, verausgabte sich an die *Sprache* und endet im *Bild*.« (*Mimesis und Mimik. Bildprobleme der Moderne*, in: Jürgen Mittelstraß (ed.), *Die Zukunft des Wissens*, Berlin 2000, p. 220). – Raulff hat sehr schön den intellektuellen Wandel in den Siebzigern im Muster seiner eigenen intellektuellen Biographie vor allem während seiner Studienzeit in Marburg und Paris beschrieben. Die Lektüre ist vor allem auch den inzwischen Uralt-Achtundsechzigern zu empfehlen.

10. Kosellecks Rücksturz ins Bild

Philosophie, die den Griff ins Nichts niemals gescheut hat, ja geradezu suchen muß, um ein Voraussetzungsloses, ein ἀνυπόθετον erreichen zu können.

Wenn es zutrifft, was Hubert Locher zu Koselleck schreibt, daß er nämlich nach seiner Rückkehr aus Krieg und Gefangenschaft zunächst an die Kunstakademie gehen wollte,[26] dann dürfte klar sein, daß er später auch als Historiker eine innere Affinität zum Visuellen, speziell zu Bildern hatte. Das bezeugen auch seine oben schon angeführten späteren skeptischen Bemerkungen zur Deckungsgleichheit von sprachlicher Repräsentation und historischem Ereignis. Hierzu gehört auch, daß Koselleck eine Auswahl seiner Karikaturen von 1947 bis 1980 in einem Privatdruck (Bielefeld 1983) erscheinen ließ, zu dem der Kunsthistoriker Max Imdahl, der seit der ersten Zusammenkunft der Gruppe *Poetik und Hermeneutik* 1963 in Gießen sein Freund wurde, ein Vorwort beigesteuert hat. Koselleck wollte Imdahl nach Bielefeld berufen, Hans-Ulrich Wehler (1931–2014), Jugendfreund von Jürgen Habermas seit ihrer gemeinsamen Gummersbacher Zeit, hat es verhindert. Ferner gibt es im Nachlaß von Koselleck, wie wieder Hubert Locher mitteilt, einen Entwurf, wohl von 1963, mit dem Titel: *Zur pol.[itischen] Ikonologie*. Dieser kurze Text nimmt wiederum Bezug auf Arnold Gehlens Buch *Zeit-Bilder* aus dem Jahr 1960.[27] Locher hat diesen kurzen Text in seinem Beitrag zu Kosellecks Denken in Bildern dankenswerter Weise abgedruckt.[28] Hier heißt es: »Das wortlose Bild, eindrucksvoll senkt es sich in die Augen, um hinter den Lidern ein eigenes Dasein zu entfalten.« Und zuvor schon: »Das Denken bricht in Bildern auf.«

Man hat mit Hubert Locher geradezu den Eindruck, daß Koselleck schon 1963 Martin Warnkes (1937–2019) späteres Projekt einer politischen Ikonographie vorweggenommen hat,[29] beide auch

---

[26] Hubert Locher, *Denken in Bildern. Reinhart Kosellecks Programm ›Zur politischen Ikonologie‹*, in: *Zeitschrift für Ideengeschichte* III, 2 (2009), pp. 81–96, hier p. 81.
[27] Cf. Hierzu Adriana Markantonatos, *Geschichtsdenken zwischen Bild und Text. Reinhart Kosellecks ›Suche nach dem Unsichtbaren‹*, Diss. Marburg 2018; dies., *Reinhart Koselleck – Geschichtsdenken zwischen Bild und Text*, in: Bettina Brandt/Britta Hochkirchen, *Reinhart Koselleck und das Bild*, Bielefeld 2019.
[28] Locher, *Denken in Bildern*, op. cit., p. 83.
[29] Cf. Martin Warnke, *Politische Ikonographie*, in: Andreas Beyer (ed.), *Die Lesbarkeit der Kunst. Zur Geistesgegenwart der Ikonologie*, Berlin 1992, pp. 23–28.

als Erben von Erwin Panofsky und vor allem von Aby Warburg.[30] Zwischen Koselleck und Warnke gab es tatsächlich engere Berührungspunkte. Wie wieder Locher mitteilt, hatte Koselleck Warnke schon 1976 zu einer Tagung nach Bielefeld eingeladen. Später, also 1996/97, hielt sich Koselleck auch als Gast am Warburg-Haus in Hamburg auf.

Dennoch gab es zwischen beiden auch unterschiedliche Interessenlagen. Koselleck war als Historiker auf Denkmäler focussiert, Warnke als Kunsthistoriker natürlich auf alle Bildnisse. »Nicht die politische Ikonographie interessiert demnach Koselleck in erster Linie«, also »die Entschlüsselung bloß der Symbolsprache«, sondern vor allem »die kritische Erkundung der Vermittlung von ideellen Gehalten in Bildern in Abhängigkeit von den veränderten Lebensbedingungen und Erfahrungsräumen«.[31] Das war zwar auch Warnkes Interesse, aber gewisse Differenzen blieben trotzdem.

Abgeschlossen und zugleich integriert werden könnten diese Facetten einer politischen Ikonologie aber erst im grundlegend neuen Rahmen eines *Denkens des Außen*. Dieses hat indes, nach Michel Foucault, in Horst Bredekamps *Theorie des Bildakts* bereits Gestalt gefunden. Das Buch endet mit seiner These »eines von den Objekten ausgehenden Losrisses«.[32] Hier erst schlägt dem Egozentrismus seit Descartes speziell im Diskurs des Bildes die Stunde. Wir dürfen uns schon in unseren Bildzuwendungen frei fühlen, weil wir uns

---

[30] Cf. Barbara Picht, *Bild, Begriff und Epoche bei Koselleck und Warburg*, in: *Forum Interdisziplinäre Begriffsgeschichte* 7. Jahrg. (2018) pp. 50–56.
[31] Locher, *Denken in Bildern*, op. cit., p. 94; cf. hierzu auch Reinhart Koselleck, *Politische Sinnlichkeit und mancherlei Künste*, in: Sabine R. Arnold / Christian Fuhrmeister / Dietmar Schiller (eds.), *Politische Inszenierung im 20. Jahrhundert. Zur Sinnlichkeit der Macht*, Wien 1998, pp. 25–34.
[32] Horst Bredekamp, *Theorie des Bildakts*, Berlin 2010, p. 333. Interessanterweise kommen in diesem Buch weder Warnke, der Lehrer Bredekamps, noch Koselleck vor. Bei Warnke bedankt er sich allerdings für begleitende Lektüre bei der Entstehung des Buches (Frankfurter Adorno Vorlesungen 2007). Auch Aleida Assmann kommt nicht vor. Cf. dies., *Erinnerungsräume. Formen und Wandlungen des kulturellen Gedächtnisses*, München 1999; p. 219 verweist die Autorin auf Reinhart Koselleck und Lutz Niethammer als Gewährsautoren zur Bedeutung von Bildern für die Erinnerung. Daraus darf man schließen, daß es Bredekamp um etwas anderes ging, jedenfalls nicht um etwas so Modisches wie Erinnerungskultur o. ä. Er wollte mehr: den Sturz jenes Götzen, den der Mensch aus sich gemacht hat. Wenn nichts mehr von außen kommen darf, verlernt man Dankbarkeit.

10. Kosellecks Rücksturz ins Bild

vom obsessiven Zwang, universale Produzenten zu sein, gelöst haben, damit wir endlich wieder ohne jedes Mißtrauen und in offener Demut kontaktfähig werden können. Wir stellen Bilder zwar her, aber was uns aus ihnen als Sinngehalt entgegentritt, stammt nicht gänzlich von uns. Was ist, spricht uns generell, also auch in Bildern, nur im Zwischenreich an. Diesen metaphysischen Erwartungsraum konnte Koselleck nicht denken. Ich vermute, er wollte es auch nicht.

11. Ein Ausbruchsversuch ins Zwischenreich

Das zwanzigste Jahrhundert beginnt mit bemerkenswerten wirtschaftlichen und kulturellen Ausbrüchen. Die Firma Appel/Feinkost, um zunächst ein eher unbekanntes Faktum zu nennen und nur weil die Firma heute noch existiert, beginnt ab 1900 in Hannover konservierte Feinkost, insbesondere Fisch, auf den Markt zu bringen. Schon 1904 waren in der Gußstahlfabrik Krupp in Essen ca. 51 000 Mitarbeiter beschäftigt, heute ist Thyssenkrupp ins Schlingern geraten. 1900 machte Rainer Maria Rilke mit Lou Andreas-Salomé seine zweite Rußland-Reise, bei der sie nicht mehr wie auf der ersten Tolstoi besuchten, aber den jungen Boris Pasternak trafen. Der Jugendstil blühte, um allerdings rasch wieder zu verwelken. Am 14. Dezember 1900 hielt Max Planck in Berlin einen Vortrag vor der Physikalischen Gesellschaft, in dem er seine sog. Strahlungsformel vorstellt, die für die spätere Quantenphysik entscheidend blieb. 1900 erschien die *Traumdeutung* von Sigmund Freud, auch der erste Band von Edmund Husserls *Logischen Untersuchungen*, 1901 der Roman *Buddenbrooks* von Thomas Mann. Am 18. März 1902 fand die Uraufführung des Streichsextetts d-Moll *Verklärte Nacht* von Arnold Schönberg in Wien statt, am 9. Juni desselben Jahres dirigierte Gustav Mahler die Uraufführung seiner 3. Sinfonie d-Moll in Krefeld (beide Werke enden übrigens, wie ich von Dirk Joeres weiß, in D-Dur). Seit 1906 entwickeln Pablo Picasso und George Braque in Paris den Kubismus, im selben Jahr erschien das Buch *Das Erlebnis und die Dichtung* von Wilhelm Dilthey. 1910 wurde der *Feuervogel*, 1913 *Le sacre du printemps* von Igor Strawinsky in Paris uraufgeführt. Das sind natürlich nur wenige und bunt durcheinander gewürfelte Hinweise, aber man erkennt auch so schon: die Zeit gärte.

In dieses Energiefeld gehörte auch ein heute wenig bekannter Denker, Schüler von Heinrich Rickert und Wilhelm Windelband und deutlich beeinflußt von Edmund Husserl, nämlich Emil Lask. Er wurde am 25. September 1875 in Wadowice (österreichisch Galizien) geboren und fiel schon am 26. Mai 1915 im ersten Weltkrieg an

11. Ein Ausbruchsversuch ins Zwischenreich

der Ostfront in den Karpaten. Nach seinem Studium in Freiburg (ab 1894), dann Straßburg (ab 1896/97), dann ab 1898 bis 1901 wieder in Freiburg, wurde er dort von Heinrich Rickert promoviert. Nach einer zwischenzeitlichen Berliner Zeit habilitierte sich Lask 1904/05 bei Wilhelm Windelband in Heidelberg. 1910 wurde er ebendort außerordentlicher Professor und schließlich 1913 Nachfolger von Kuno Fischer auf dessen seit 1906 unbesetzten zweiten Lehrstuhl in Heidelberg.[1] Er verkehrte im Kreis von Max Weber und war mit Georg Lukács[2] befreundet.

Daß Emil Lask bis heute nie gänzlich in Vergessenheit geraten ist, mag auch an Martin Heidegger gelegen haben, der sich in seinen frühen Freiburger Vorlesungen[3] mit ihm auseinandersetzte, ihn auch später immer wieder erwähnte und in *Sein und Zeit* (1927) in einer Fußnote als einzigen Denker außerhalb der Phänomenologie rühmte, der positiv auf Husserls *Logische Untersuchungen* reagiert habe.[4]

Die deutlichsten Befunde zu Lasks Ausbruchsversuch ins Zwischenreich finden sich bei ihm vor allem in seinen nachgelassenen Schriften. Sie bestehen im Wesentlichen aus vier Konvoluten, die der Schüler von Lask und Editor seiner Schriften Eugen Herrigel

---

[1] Zu einer Gesamtwürdigung von Lask cf. Stephan Nachtsheim, *Emil Lasks Grundlehre*, Tübingen 1992; Uwe Glatz, *Emil Lask. Philosophie im Verhältnis zu Weltanschauung, Leben und Erkenntnis*, Würzburg 2001. – Von Eugen Herrigel vermittelt, hatte Lask auch in Japan eine beachtliche Resonanz. Cf. dazu Niels Gülberg, *Eugen Herrigels Wirken als philosophischer Lehrer in Japan*, in: *Waseda Blätter* 4 (1997) pp. 41–66; 5 (1998) pp. 44–59. – Eugen Herrigel (1884–155) war keine unproblematische Person. Von 1924–1929 lehrte er in Japan (Sendai) Philosophie, wurde 1929 Professor in Erlangen, 1938 trat er in die NSDAP ein und war 1944–1945 Rektor der Universität. 1945 wurde er aus dem Dienst entlassen und 1948 emeritiert. Herrigel war der Prototyp dessen, was Gershom Scholem in einem offenen Brief ›Zen-Nazi‹ nannte; cf. ders., *Zen-Nazism?* In: *Encounter* 16, 2 (1961) p. 96. Dazu: Felix Heidenreich, *Zen im Schwarzwald. Heidegger und der Rashomon-Effekt* 2019 (www.z-i-g.de)
[2] Von Georg Lukács stammt auch ein ausführlicher Nachruf auf Emil Lask, in: *Kant-Studien* 22 (1918) pp. 349–370.
[3] Cf. Georg Imdahl, *Das Leben verstehen. Heideggers formal anzeigende Hermeneutik in den frühen Freiburger Vorlesungen (1919–1923)*, Würzburg 1997; hier Kap. IV: *Erlebnisschauplatz und Lichtung: Lask und Heidegger*, pp. 69 sq.
[4] Cf. Martin Heidegger, *Sein und Zeit*, 10. Aufl., Tübingen 1963, p. 218, Anm. 1.

im dritten Band der *Gesammelten Schriften* zugänglich gemacht hat. Das erste dieser Konvolute hat der Herausgeber unter den Titel *Zum System der Logik* gestellt.[5]

Dieses erste Konvolut ist deshalb relevant, weil hier besonders deutliche Spuren sichtbar werden, auf denen Emil Lask unseren Gegenstandsbezug aus bisherigen Projekten herauszubrechen versucht: aus einer transzendentalen Objektkonstitution im Stile Kants, aber vor allem auch aus der Geltungslogik des südwestdeutschen Neukantianismus (Windelband, Rickert). »Wir müssen«, heißt es hier, »über die Unbestimmtheit und Farblosigkeit des bloßen Wortes ›gelten‹ hinwegkommen.«[6] Es geht ihm in tastenden Versuchen vor allem um »die Erlebbarkeit des Geltens«,[7] d. h. um den »Schritt vom bloßen Geltungsgehalt zum Geltungserlebnis«.[8] Ein solches Erleben ist für Lask jedenfalls immer ein »Sinnerleben«,[9] so diffus dieser Ausdruck auch zunächst bleibt. Er ringt mit Präzisierungen, deren mäandrierendes Geflecht ich hier nicht nachzeichnen möchte. Am Ende faßt Lask das Ergebnis seiner Bemühungen so zusammen: »Das Neue, was ich biete, ist eine auf der Formlehre (…) aufgebaute Lehre vom Sinn.«[10] Sinn ist für ihn das, was Form und Materie als Einheit erscheinen läßt und uns schon in der Art, wie es erscheint, ›berührt‹. »Meine Sinnlehre hat eben die beiden Fronten 1. Hineinziehung des Materials, 2. dennoch bloße Betroffenheit.« Man könnte auch sagen: etwas ›beeindruckt‹, noch bevor es erkannt ist, gerade durch die Weise, *wie* es ›realisierte‹ Form ist. Wenn das nicht so wäre, hätten wir keinerlei Interesse an Kunstwerken, was wiederum nur besagt: kein Interesse an uns selbst.

Im nächsten Konvolut *Zum System der Philosophie*[11] werden diese Überlegungen anders angegangen. Lask fragt sich, wie man eine primäre Zuwendung zu Verhältnissen gleich welcher Art positiv etablieren kann, ohne schon das Reich des Erkennens zu betreten, aber auch nicht gänzlich zu verlassen. Es geht ihm um eine Basis

---

[5] Emil Lask, *Gesammelte Schriften*, ed. Eugen Herrigel, Bd. I–III, Tübingen 1924; hier Bd. III, pp. 57 sq.
[6] Lask, Band III, p. 65.
[7] Lask, Band III, p. 68.
[8] Lask, Band III, p. 69.
[9] Lask, Band III, pp. 107 sq.
[10] Lask, Band III, p. 166.
[11] Lask, Band III, pp. 171 sq.

11. Ein Ausbruchsversuch ins Zwischenreich

theoretischen Verhaltens, die er so bündelt: »Versenkung in das, was allem Wirken und Wollen entrückt ist.«[12]

Diese Versenkung nennt Lask ›Kontemplation‹. Sie nimmt das Nichtgegenständliche aller Gegenstände wahr, das, was an ihnen ›das Unantastbare‹ ist. In dieser Zuwendungsart ist der Gegenstandsbezug, falls man ihn überhaupt so nennen kann, das logische, religiöse und ästhetische Urphänomen schlechthin und daher universell. »›Kontemplation‹ reicht also zweifellos weiter als das intellektuell Theoretische.«[13] Hier erreicht Lask das Zwischenreich,[14] in dem wir mit einer Unerschöpflichkeit bekannt werden, die sich auch in unseren späteren diskreten Bemühungen nicht ablöschen läßt. Im letzten Konvolut des Nachlasses *Zum System der Wissenschaften*[15] notiert Lask: »letztlich ist durch Quantifizierung die Unerschöpflichkeit nur zurückzudrängen, zu mildern, aber nie zu beseitigen.«[16]

Auch in Lasks publizierten Schriften *Die Logik der Philosophie und die Kategorienlehre* (1911) und *Die Lehre vom Urteil* (1912) finden sich schon Vorläufer seines Ausbruchs ins Indiskrete. In der *Logik der Philosophie* vor allem im 3. Kapitel des zweiten Teils *Das philosophische Erkennen*.[17] Hier plädiert Lask für einen einheitlichen Erkenntnisbegriff, der aber so gefaßt sein muß, daß ein Erkennen im Sinnlichen und Unsinnlichen als Duplex erscheint. Er nennt es »eine leider weit verbreitete Gewohnheit, das Wissen schlechtweg mit der Wissenschaft zu identifizieren«. Denn: »Die elementarsten logischen Probleme erschließen sich erst dem logischen Forscher, der auch das ›vorwissenschaftliche‹ Erkennen mit in den Bereich seiner Untersuchungen zieht.«[18] Das ist eine gemeinsame Überzeugung auch von Rickert und Husserl.

---

12 Lask, Band III, p. 174.
13 Lask, Band III, p. 175.
14 Simone Furlani interpretiert Lask als einen frühen Protagonisten eines Differenzdenkens, wie es erst später durch Jacques Derrida prominent wurde. Cf. ders., *Emil Lask: Eine Philosophie der Differenz?* in: Stefano Besoli/Giovanni Morrone/Roberto Redaelli (eds.), *Emil Lask. An den Grenzen des Kantianismus*, Würzburg 2019, pp. 257 sq.
15 Lask, Band III, pp. 237 sq.
16 Lask, Band III, p. 246.
17 Lask, Band II, pp. 180 sq.
18 Lask, Band II, p. 185. Diese Wende gegen einen Szientismus findet sich häufiger bei Lask. In seiner nachgelassenen Schrift *Zum System der Wissenschaften* formuliert er noch gröber: »Die empirischen Wissenschaften sind

Lask stellt sich hier ausdrücklich gegen den »Fanatismus des logischen Spezialistentums«,[19] dem die »Urdualität des Etwas«[20] völlig entgangen sei. So versucht Lask die Anfänge des Erkennens ganz nah an das heranzurücken, was man ›das Leben‹ nennt. »Denn das unmittelbare Erleben ist ein ›bloßes‹ Leben und Sichverlieren im Nichtsinnlichen«, ein »durch keinerlei ›Gedanken‹ und Klarheit darüber gestörtes Verhalten, ein Erleben, das nicht ›weiß‹, was es ›tut‹ oder ›lebt‹«.[21] Natürlich ist das seine Fiktion eines Ursprungs, den wir immer schon verlassen haben. Denn nur weil das so ist, können wir ihn überhaupt thematisieren.

In seinem Text *Die Lehre vom Urteil* [22] stellt Lask seine weiteren Forschungen in den Einzugsbereich einer projektierten Strukturlogik ein, die das Urteil aus einer »Urstruktur«[23] entwickelt, die einem ›Übergegensätzlichen‹ von Wahr und Falsch anfänglich Raum gibt: »Es wird darum dem gegensätzlich gespaltenen Strukturgefüge des Satz- oder Urteilsinnes, der ›wahr‹ oder ›falsch‹ sein kann, (...) ein gegensatzloses Urbild gegenüberzustellen sein.«[24] Im expliziten Urteil kommt die Diskretion in Subjekt und Prädikat erst zur Welt. Damit übernehmen wir die Verpflichtung, in einer ›metagrammatischen Subjekt-Prädikat-Theorie‹[25] die zweigliedrige Urteilsstruktur aus »der Gliederung des urteilsjenseitigen Bestandes, also den Gegenständen selbst, zu entnehmen«.[26]

Für diesen Prozeß einer notwendigen Entzweiung ist nach Lask wie ehedem bei Hegel der zugehörige Ort die Subjektivität. In ihr wird ein Transzendentes, eben der übergegensätzliche Gegenstand, im Urteil immanent, aber nur um den Preis einer Entzweiung im Duplex von Subjekt und Prädikat.[27] Lask nennt es am Ende »das immanente Zwischenreich des Gegensatzes«.[28] Im Anhang zum Text

---

Auch-Wissenschaften, Halb-Wissenschaften, bei denen der eigentliche Nerv des Wissens abgetötet ist (...). Kastriertes, blasiertes Erkennen.« (Band III, p. 240).
[19] Lask, Band II, p. 187.
[20] Ibid.
[21] Lask, Band II, p. 191.
[22] Lask, Band II, pp. 283 sq.
[23] Lask, Band II, p. 291.
[24] Lask, Band II, p. 293.
[25] Lask, Band II, pp. 321 sq.
[26] Lask, Band II, p. 326.
[27] Lask, Band II, p. 415.
[28] Lask, Band II, p. 455.

11. Ein Ausbruchsversuch ins Zwischenreich

bietet Herrigel noch Notizen zum Text von Lask, und hier findet sich sein Annotat: »Also Hauptsache: Gegensätzlichkeit wohl diagnostisches, aber nicht oberstes Wesen!«[29]

Manfred Brelage hat als erster darauf hingewiesen, daß Lasks Annäherungen an das Zwischenreich als Figur einer kreativen und nicht eliminierbaren Differenz angelegt ist, die große Ähnlichkeiten mit Heideggers späterer Konzeption einer ›ontologischen Differenz‹ aufweist.[30] Auch Heideggers Konzeption einer ›Lichtung‹ wird in der Literatur mit Lasks Ausbruchsversuch in das Zwischenreich in Verbindung gebracht.[31]

Lask hat sich in seinem Werk und auch im Nachlaß häufig auf Plotin berufen. Er brauchte ihn, um auch im Zwischenreich eine Gegenständlichkeit sui generis ausmachen zu können, denn sonst könnte man nicht einmal über das Indiskrete reden. Schon in seiner ersten großen Arbeit *Die Logik der Philosophie und die Kategorienlehre* (1911) bemüht Lask Plotin, um die Anwendbarkeit der aristotelischen Kategorien auf ein Übersinnliches abzusichern. Dies gelingt mit der Lizenz von Plotin dann, wenn es gestattet ist, die Kategorien nicht, wie von Aristoteles allein vorgesehen, synonym zu verwenden, sondern bloß analog oder homonym. Nur wenn das zulässig ist, bleibt die Universalität des Logischen auch im Zwischenreich unversehrt. Wir müssen im semantischen Nebel sprachlich ›herumstochern‹ dürfen, und wir tun es, weil uns sonst unsere heuristische Verfassung, auch unsere Befähigung zur Kontemplation, völlig abhanden käme. »Als Motto«, schreibt Lask, »müssen (…) über der Lehre von der Universalität des Logischen die Worte Plotins stehen: δεῖ μέντοι τὸ ταὐτὰ ἀναλογίᾳ καὶ ὁμωνυμίᾳ λαμβάνειν.«[32]

---

[29] Lask, Band II, p. 463.
[30] Manfred Brelage, *Studien zur Transzendentalphilosophie*, Berlin 1965, p. 43.
[31] Cf. Konrad Hobe, *Zwischen Rickert und Heidegger. Versuch über eine Perspektive des Denkens von Emil Lask*, in: *Philosophisches Jahrbuch* 78 (1971) pp. 360–376; Hobe versucht zu zeigen, »daß sich für Heidegger gerade dort, wo er sich von Husserl löst, im Denken Lasks erste Schritte in der Richtung seines eigenen Denkens fanden, die in der übrigen damaligen Philosophie fehlen.« (p. 372) Cf. auch Riccardo Lazzari, *Lask und Heidegger. Die Wahrheit vor dem Urteil*, in: Stefano Besoli et al. (eds.), op. cit., *Emil Lask*, op. cit. pp. 101–123.
[32] Lask, *Die Logik der Philosophie*, in: *Gesammelte Schriften* Bd. II, op. cit., p. 235. Lask verweist hier auf Plotin, *Ennead.* VI, 3, c. 1; cf. auch Lask daselbst, p. 258.

An dieser Devise gemessen, kritisiert Lask anschließend auch Kants ursprüngliches Verbot eines Kategoriengebrauchs im Intelligiblen, den Kant dann im Bezirk der praktischen Vernunft doch wieder zuläßt. »Der Frage, ob denn die Kategorien auf das Uebersinnliche anwendbar sind oder nicht, ist Kant einfach ausgewichen durch jene nichts beantwortende Ausflucht und jenen Unbegriff eines praktischen Erkennens.«[33] Lask ist offenbar sehr daran gelegen, unsere erkennende Verfassung auch an Bereiche indiskreter Verhältnisse angeschlossen zu halten, ohne den Boden eines logischen Universalismus zu verlassen. Natürlich weitet sich der Begriff des Logischen dadurch ungeheuer aus. So nimmt es nicht Wunder, daß Lask in seiner nachgelassenen Schrift *Zum System der Philosophie* auf Leibniz zurückgreift und ihn prägnant so zusammenfaßt: »die Sicherheit der Realisierung des Unsinnlichen hängt geradezu von der Unverbrüchlichkeit und Lückenlosigkeit der Naturnotwendigkeit ab.«[34] Diese Formulierung liest sich schon beinahe wie eine Vorfassung von Ludwig Wittgensteins vielzitierter Bemerkung im *Tractatus* (6.52): »Wir fühlen, daß selbst, wenn alle *möglichen* wissenschaftlichen Fragen beantwortet sind, unsere Lebensprobleme noch gar nicht berührt sind.« Und Wittgenstein ergänzt: »Freilich bleibt dann eben keine Frage mehr; und eben dies ist die Antwort.« Den ersten Satz hätten Leibniz und Lask sicher auch unterschrieben, den zweiten allerdings nicht. Die relevanten Fragen beginnen für ihn erst dann, wenn man das diskrete Reich verlassen hat. Das hat auch der späte Wittgenstein erkannt. Simone Furlani hat speziell auf diese Parallele von Lask und Wittgenstein hingewiesen, insbesondere auf die bemerkenswerte Selbstrevision in den *Philosophischen Untersuchungen*. Hier distanziert sich Wittgenstein von der früher von ihm vertretenen ›Kristallreinheit der Logik‹, eine Forderung, die im flagranten Widerstreit mit der Eigenart der ›tatsächlichen Sprache‹ steht: »Der Widerstreit wird unerträglich; die Forderung droht nun, zu etwas Leerem zu werden. – Wir sind aufs Glatteis geraten, wo die Reibung fehlt, also die Bedingungen in gewissem Sinne ideal sind, aber wir deshalb auch nicht gehen können. Wir wollen gehen; dann brauchen wir die *Reibung*. Zurück auf den rauen Boden!«[35] Auf

---

[33] Lask, *Die Logik*, op. cit., p. 259.
[34] Lask, *Gesammelte Schriften* Bd. III, op. cit., p. 245.
[35] Ludwig Wittgenstein, *Philosophische Untersuchungen*, Frankfurt/M. 1967, § 107, p. 65. Simone Furlani, *Emil Lask*, op. cit., p. 270/71.

11. Ein Ausbruchsversuch ins Zwischenreich

diesen rauen Boden hat auch Lask die Geltungstheoretiker des südwestdeutschen Neukantianismus zurückgerufen. Tatsächlich war es der Kollaps des Neukantianismus überhaupt. Die Kristallreinheit des Geltens ließ sich nicht mehr restituieren.

Insgesamt kann man nicht sagen, daß die philosophischen Ansätze von Lask, wie sie in seinen Schriften und im Nachlaß zugänglich sind, eine kohärente Interpretation seiner impliziten Option erlauben. Aber gerade das hat dazu geführt, daß er bis heute eine gelegentlich diskutierte Stimme eines abstürzenden Kantianismus geblieben ist. Einige versuchen aus der Not eine Tugend zu machen. Dazu gehört Stefano Besoli, der in seinem Beitrag in dem schon genannten, von ihm und anderen herausgegebenen Band zu Lask einen Beitrag beigesteuert hat, den er umstandslos *Das Scheitern der Erkenntnis und die negativen Gewissheiten in Lasks Lehre vom Urteil* betitelt hat.[36] Besoli sieht Lasks Rückgriff auf Plotin sehr genau, aber er interpretiert ihn nicht affirmativ, sondern negativ. Da, wo bei Plotin die Metaphysik über ihre aristotelische Grenzlinie (τὸ ὄν πολλαχῶς λέγεται) hinaus mit Platon auf einen positiven Kontakt zum überseienden Einen geführt wird, zweigt Lask in der Einschätzung dieses Finales ab. Bei ihm wandelt sich das Format einer positiven in eine *negative Metaphysik*.[37] In dem nachgelassenen Konvolut *Zum System der Logik* signalisiert Lask diesen *switch* folgendermaßen: »Von der gesamten Wirklichkeit zu einem Unwirklichen vorzudringen, ist der primitivste Anfang eines Verständnisses für das, worauf alle philosophische Spekulation allein gerichtet ist.«[38] Deren Aufgabe ist es, »sich in das zu vertiefen, was aus der Fläche des Seins gänzlich herausfällt, was ein anderes ist als das Wirkliche, ein Unwirkliches und dennoch nicht ein Nichts«.[39] Diese unwirkliche Gegenständlichkeit ist nur ein anderer Ausdruck für das, worauf die Kontemplation gerichtet ist. Aber faßbar wird das, worauf sie gerichtet ist, dennoch nie. Sonst bedürfte es keiner Kontemplation.

---

[36] Stefano Besoli et al. (eds.), *Emil Lask*, op. cit., pp. 23-70.
[37] Die Tradition einer ›negativen Theologie‹ seit der Antike war Lask sehr wohl bekannt. Cf. zur Verwendung des Titels ders., *Gesammelte Schriften* Band III, p. 124. – Man könnte hier auch, wie Lambert Wiesing vorgeschlagen hat, von einer ›inversen Transzendentalphilosophie‹ sprechen unter der Devise vom ›Ich zum Mich‹. Cf. ders., *Das Mich der Wahrnehmung. Eine Autopsie*, Frankfurt/M. 2009, p. 192 et passim.
[38] Lask, *Gesammelte Schriften* Band III, p. 61.
[39] Ibid.

Lask vermutet hier sogar sehr plastisch eine ›anstiftende Aktivität des Erlebens‹.[40]

Besoli spricht nicht von einer negativen Metaphysik, aber seine Ausführungen legen diese Option nahe, wenn er seine Interpretation mit der Bemerkung abschließt, »daß wir den *Wert* dieses *Ursinns* im zerrissenen Urteilsgewebe, aber auch in der kontemplativen Haltung nie erfassen werden können«.[41] Dieses Unerfaßbare ist eben deshalb mit Lask das Unantastbare, daher spricht Besoli von einem »sakralen Ort«.[42] Seine Akzentuierung hat bei Lask auch den Sinn, einen metaphysischen Realismus unserer Weltstellung zu fundieren: Es gibt von uns Unabhängiges, das uns beeindruckend entgegentritt. Damit hatte Lask die Postmoderne bereits dekapitiert, als sie historisch noch in weiter Ferne lag.

Uwe Glatz hat das in seiner Gesamtinterpretation von Lask ausdrücklich hervorgehoben: »Lask kommt das hoch zu veranschlagende Verdienst zu, nachdrücklichst [sic, W. H.] die Unabhängigkeit des Gegenstandes von jedwedem produzierenden Subjekt betont und die Thematik des konkreten Subjekts in den Blickpunkt des Interesses gerückt zu haben.«[43] Dieses Verdienst, so Glatz, bleibt auch dann ungeschmälert, wenn Lasks Ausführungen bisweilen von Dunkelheiten verhüllt sind, »in denen sich nur schwer Konturen abzeichnen, die eine hinreichende Erklärung für die Möglichkeit hingebend-erlebender Erkenntnis und damit für die Erkenntnis überhaupt böten«.[44]

Natürlich kann heute nicht mehr umstandslos an Lask angeknüpft werden, insbesondere das Gehege der Geltungs- und Werttheorie Rickerts wird keine einladende Faszination mehr ausüben. Dennoch scheint es der Mühe wert, einige der mutmaßlichen Intuitionen von Lask in heutige Sprache zu übersetzen. Was uns dann entgegentritt, ist zum Beispiel der Umstand, daß wir in unserer szenischen Existenz durchgängig einer Weltstellung ausgesetzt sind, in der wir darauf warten, was *sich* ereignet, aber auch darauf, was *sich* zeigt und was *sich* erweisen muß. In dieser Auswendigkeit unseres Seins auf eine erwartete Reflexivität hin bekundet sich nichts an-

---

[40] Lask, *Gesammelte Schriften* Band III, p. 126 Anm.
[41] Stefano Besoli, op. cit., p. 70.
[42] Ibid.
[43] Uwe Glatz, *Emil Lask*, op. cit., p. 260.
[44] Ibid.

11. Ein Ausbruchsversuch ins Zwischenreich

deres als die ›anstiftende Aktivität des Erlebens‹, von der bei Lask die Rede war.[45] Alles spricht uns schon sprachlos an. Auswendigkeit ist darum genau das, was Geist ist. Daher unser tiefgreifendes Berührtwerden von Kontingenzerfahrungen wie Liebe, aber auch von Bildern, Melodien und Versen. Alle diese Botschaften kommen aus einem Jenseits, das zu uns gehört. Das ist schwer zu sagen, geschweige denn zu verstehen.

Das Soziale und die expressiven Kontakte bekunden ein Außen, ohne das es kein Innen gäbe. Dieser Umstand berührt sich wieder mit Wittgensteins viel zitiertem Satz in seinem *Tractatus* (6.522): »Es gibt allerdings Unaussprechliches. Dies *zeigt* sich, es ist das Mystische.« Wenn man dem folgt, ist jeder Gegenstandsbezug etwas Mystisches.

In der Tat: so weit war Lask von Wittgenstein nicht entfernt. Beide suchen das Objekt, das sich wie der Gral ohne unser Zutun zeigt. »›Denksysteme helfen uns nicht bei unserer Reise‹, antwortete Quichotte.«[46] Auch Parzival mußte seinem Pferd die Zügel freigeben, um den Gral zu finden. Infanten suchen von Anfang an nach dem Lächeln der Mutter, das für alles steht, was es gibt. Für Infanten gibt es nur eine entgegenkommende Reflexivität, von der sie natürlich nichts wissen, aber als das sie Erreichende ›spüren‹. Tun sie das, lächeln sie zurück. Dieses Lächeln bezeugt die ›Lichtung‹, wie Heidegger sagen würde, das ›Unantastbare‹, wie Lask es nannte.

---

[45] Gottlob Frege buchte diesen Umstand auf dem Konto eines ›entgegenkommenden Verstehens‹ ab. Cf. Wolfram Hogrebe, *Frege als Theoretiker eines entgegenkommenden Verstehens* (zuerst unter dem Titel *Frege als Hermeneut*, Bonn 2001), in: Franz Engel/Sabine Marienberg, *Das entgegenkommende Denken. Verstehen zwischen Form und Empfindung*, Berlin/Boston 2016, pp. 1–18.
[46] Salman Rushdie, *Quichotte*, München 2019, p. 133.

12. Geburtskanäle der Moderne

Das Wort ›Phantasie‹ hat seit geraumer Zeit eine gute Presse, denn was das Wort meint, ist zu einem Ingredienz der ›Kreativität‹ geworden, die ebenfalls hoch im Kurs steht und zwar universell: in Wissenschaft, Wirtschaft und Kunst. Das war aber nicht immer so. Der kürzlich verstorbene Kunsthistoriker Martin Warnke (1937–2019) hatte schon 1993 darauf aufmerksam gemacht, daß ›Phantasie‹ ursprünglich gerade »nicht das Vermögen [war], die gegebene Wirklichkeit positiv zu ergänzen, sondern das Vermögen des Negativierens gewesen ist, das unter der gegebenen Wirklichkeit das Verdrängte, Unaufgelöste, Zugedeckte sucht«.[1] Diese Feststellung gilt sicher nicht allgemein, wohl aber im Einzugsbereich der bildenden Kunst.

Warum Warnke allerdings 1993 nicht wenigstens den Artikel ›Phantasie‹ in Ritters Wörterbuch (Bd. 7/1989)[2] zu Rate gezogen hat, verschließt sich dem heutigen Leser seines Textes. Hier hätte Warnke erfahren können, daß die Wortgeschichte von ›Phantasie‹ seit Platon zwischen Scheinerzeugnissen, Phantasmata, und der Funktion der Phantasie z. B. bei der Versinnlichung von Abstrakta changierte. Aber auch Phantasmata werden von Augustinus (354–430) unterschieden in solche, die aus der Erinnerung aufsteigen, und solche, die durch Kombination von Erinnertem frei erzeugt werden. Gerade letztere sind natürlich Kandidaten für die Karriere der Phantasie. Sie wird insbesondere durch Marsilio Ficino (1433–1499) befördert, der ihre Bedeutung für Handwerk und Künste sieht und hervorhebt. Erst seit Gianfrancesco Pico della Mirandola (1463–1494) wird die

---

[1] Martin Warnke, *Chimären der Phantasie*, in: ders., *Nah und Fern zum Bilde. Beiträge zu Kunst und Kunsttheorie*, ed. Michael Diers, Köln 1997, pp. 259–277, hier p. 259.
[2] Joachim Ritter/Karlfried Gründer (eds.), *Historisches Wörterbuch der Philosophie*, Bd. 7, Basel 1989, pp. 516 B–535 A. Der Artikel gehört auch nicht zu den stärksten im genannten Wörterbuch. Er stammt von Giorgio Camassa, Etienne Evrard, Linos Benakis und Maria Rita Pagnoni-Sturlese.

12. Geburtskanäle der Moderne

Phantasie zu einer entschieden negativen Kraft der menschlichen Seele, die das latent immer mitschwingende Mißtrauen gegen sie erneut verstärkte.

Hier setzen Warnkes Beobachtungen an. Er zieht Bemerkungen heran, die von dem frühesten Traktat eines Malers stammen, der, wie Warnke schreibt, ›theoretische Ansprüche stellt‹, und das ist Cennino Cennini (1370–ca. 1440). Im *Libro dell'arte* (um 1400) spricht Cennini gerade das rahmende Gefüge der Zentralszenen bildnerischen Gestaltens von allen überkommenen Obligationen und jeder Didaktik frei. Was hier figuriert wird, ist von je her Sache des Künstlers und seiner Phantasie allein. Für diese ornamentalen Rahmungen gibt es kein Reglement. Gerade also diese thematischen ›Leerstellen‹ treten »bei Cennini als der Entfaltungsraum künstlerischer Phantasie auf. Hier verbindet sich Ja und Nein, Mensch und Tier; hier darf das Schattenreich der Dinge ausgebreitet werden; in dieser Peripherie darf die Phantasie die Phantasmen und Skurrilitäten, die eigentlich nicht sind, sichtbar plazieren.«[3]

Warnke nutzt diese Beobachtung, um eine großflächige Diagnose nachzuliefern: »Von diesem Ausgangspunkt her ließe sich die Geschichte der Kunst in der Neuzeit als die fortschreitende Expansion dieser Peripherie, als die Universalisierung der Randsphären, des Verdrängten, des Phantastischen begreifen.«[4]

Nach vielen Belegen für diesen Prozeß in der Kunstgeschichte, der zugleich eine schillernde Bilanz zwischen Schüben der Formfreisetzung und Formdomestikation aufweist, geht es zuletzt um die Indienstnahme der Phantasie durch die Vernunft. Auch hier bleibt es bei einer ambivalenten Summe bis hin zu Francisco de Goyas bekanntem Capricho 43 mit dem Titel *Der Schlaf der Vernunft produziert Monster* (*El sueño de la razón produce monstruos*) von 1796. Der Text von Martin Warnke endet mit einem denkwürdigen Resümee: Der »ursprüngliche Sinn des Phantasierens ist in der Moderne zum Programm der Avantgarden geworden; deshalb teilen ihre Produkte mit den alten Chimären und Monstern das Schicksal einer unbequemen und ungemütlichen Randexistenz«.[5]

Hier ist der Leser allerdings verblüfft. Die Moderne als Zirkus der Avantgarden ist, weil sie im Verfahren einer Umzentrierung die

---

[3] Warnke, *Chimären*, op. cit., p. 260.
[4] Ibid.
[5] Warnke, *Chimären*, op. cit., p. 276.

Ränder in die Mitte rückten, eine Randexistenz? Damit hatte der Leser vermutlich nicht gerechnet. Aber selbstverständlich könnte an dieser Diagnose etwas dran sein. Man muß indes aufpassen, daß man hier nicht umstandslos in Hans Sedlmayrs ›Verlust der Mitte‹ (1948) einmündet, obwohl man von dessen Diagnose auch heute noch profitieren kann.[6] Wie gesagt: die Moderne als Randexistenz, darüber will nachgedacht sein.

Monster und Chimären gibt es ja auch heute noch, aber sie halten sich in lizenzierten literarischen und filmischen Medien, auch im Internet auf und finden dort ihr Publikum. Im Internet manchmal sogar in den schwer zugänglichen Schattenreichen des *Darknet*, die zum Teil erheblich in Verruf geraten sind. Aber heute geht es nicht mehr um Lizenzareale der Phantasie, sondern nur noch um Nervenkitzel, manchmal sogar perverser Gelüste.

Bildliche Randexistenzen gibt es offenbar nicht mehr, da es keine Zentralexistenz mehr gibt. Die gab es wohl doch nur zu feudalen Zeiten. Heute ist, da hat Warnke Recht, alles zur Randexistenz geworden. Zentralexistenz ist, jedenfalls außerhalb religiöser Diskurse, bestenfalls noch technische, militärische und ökonomische Macht. Aber auch das gilt nur für den *ludus globi*. Denn wenn kein Mittelpunkt des Universums existiert, sofern dieses, wovon schon Cusanus und heute die Astrophysiker ausgehen, isotop und homogen ist, gibt es, kosmologisch gesehen, keine Zentralexistenz mehr und es kann sie *pace* Relativitätstheorie auch nicht geben.

Die Semantik von Begriffen wie ›Rand‹ und ›Zentrum‹ hat kosmologisch jedenfalls ausgespielt. Das ist aber nichts Außergewöhnliches, da die meisten Worte unserer Sprache in ihrer Semantik auf eine Weltorientierung zugeschnitten sind, wie sie uns quasi mittelständisch zugänglich ist. Hier scheint es, ist das Zwischenreich ausgeschlossen. Aber dieser Eindruck täuscht.

Wenn es nirgendwo ein ausgezeichnetes Zentrum des Universums gibt, dann impliziert dies, daß es je nach gusto überall ein Zentrum gibt. Diese Ubiquität von Zentren ist der Trost angesichts

---

[6] Cf. Werner Hofmann, *Im Banne des Abgrunds: der ›Verlust der Mitte‹ und der Exorzismus der Moderne*, in: Gerda Breuer (ed.), *Die Zähmung der Avantgarde. Zur Zähmung der Moderne in den 50er Jahren*, Basel/Frankfurt 1997, pp. 43–54. Ferner: Martin Warnke, *Apologet der Mitte*, in: ders., *Künstler, Kunsthistoriker, Museen. Beiträge zu einer kritischen Kunstgeschichte*, Luzern/Frankfurt 1979, pp. 74–76.

12. Geburtskanäle der Moderne

der Utopie eines ausgezeichneten Punktes. So kann man auch das Zwischenreich nicht lokalisieren. Es existiert überall da, wo Begegnungen möglich und aktualisiert werden. Aber etwas, das einer Begegnung fähig ist, muß schon im Spiel sein. Und das ist jedes Seiende, aber in Differenz zu allem.

Dieses Begegnungszwischen hat Martin Warnke in seinem Titelaufsatz *Nah und Fern zum Bilde* speziell für die Kunstgeschichte thematisiert. Er geht aus von einer Zeichnung mit Wasserfarben des jungen Rubens (ca. 1600/03) nach einem Fresko des Pordenone aus Treviso (im 2. Weltkrieg zerstört), die Rubens mit einer Erläuterung versehen hatte.[7] In dieser macht er darauf aufmerksam, daß man an dem Bild, je nachdem wie und fern oder nah man es ansieht, Unterschiedliches gewahr wird. Die Vollendung des Bildes aus der Ferne war ebenso wahrnehmbar wie der Verfall des Freskos aus der Nähe. »Das Bild«, schreibt Warnke, »ist nicht identisch, sondern abhängig von den Bewegungen, die der Betrachter vor ihm vollzieht.«[8] Rubens machte genau diese Seherfahrung: »Aus der Nähe machten sie ihm [die Gegenstände des Freskos] einen desillusionierenden Eindruck: Was der Ferne heil schien, war aus der Nähe korrupt [erodiert, W.H.].«[9]

Im Zwischenreich haben gerade Nähe und Ferne, die nicht in erster Linie metrische Begriffe sind, wahrnehmungsbegünstigende oder wahrnehmungsverändernde Effekte, die berücksichtigt sein wollen, weil sie die Identität des Wahrgenommenen tangieren, ja variieren.

Im Zwischenreich geht es immer darum, das Sein (εἶναι) zum Erscheinen (φαίνεσθαι) zu bringen, was ist, zu dem, was sich zeigt. Dazu bedarf es eines speziellen Seienden (ὄν), das als Membrane dieser Übersetzung fähig ist, und das ist der Mensch. Das, was wir Kultur nennen, ist genau das Geschäft dieses Transfers. Ohne Sprache (λόγος) funktioniert das nicht, aber mit Sprache allein auch nicht. Hier bedarf es einer Ergänzung durch Gefühl und Selbstfühlung (συναίσθημα). Das war zwar immer bekannt, aber selten erkannt. Damit sind jedenfalls Konzeptionen, die exklusiv am Mimesis-Modell

---

[7] Zu den Daten cf. Warnke, *Nah und Fern*, op. cit., Anmerkungen 1 und 3, p. 14.
[8] Warnke, *Nah und Fern*, op. cit., p. 8.
[9] Warnke, *Nah und Fern*, op. cit., p. 11.

orientiert sind, dahin. Das, was wir heute Moderne nennen, beginnt sich genau hier zu regen.

Ein bemerkenswertes und durchaus beachtetes Dokument für diese Ablösung von den Suggestionen der Mimesis ist ein Gedicht von Pietro Aretino auf Tizians Bild des Herzogs von Urbino, Francesco Maria della Rovere. Luba Freedman hat sich dieser Zusammenhänge angenommen,[10] auch Evi Zemanek.[11] Schließlich hat Andreas Kablitz am 5. Januar 2020 in der Akademie der Wissenschaften und Künste zu Düsseldorf einen Vortrag über just diesen Kontext gehalten, der in einer subtilen Interpretation den Ablösungsprozeß verdeutlicht. Insbesondere startet Aretino in seinem Sonett mit einem Vergleich von Tizian und den mimetisch virtuosen Malern der Antike, so von Zeuxis und Apelles. Zeuxis hat Weintrauben so naturgetreu malen können, daß Vögel an den Bildern pickten. Von Apelles Hand soll es nach einem Bericht des älteren Plinius ein Porträt Alexanders gegeben haben, das an Ähnlichkeit zum Original nicht zu übertreffen war. In diesem Vergleich setzt Aretino, im Stil der üblichen *paragone*, Tizian speziell im Vergleich zu Apelles in einen grundstürzenden Vorteil. Kablitz faßt diese Bilanz so zusammen: »Tizians Porträt begnügt sich (…) nicht mit einer Ähnlichkeit zur äußeren Erscheinung seines Modells, vielmehr gibt es auch die unsichtbaren charakterlichen Eigenschaften des porträtierten Herzogs zu erkennen.«[12]

Der *switch* im Verhältnis zur naturgetreuen Mimesis ergibt sich bei Tizian gerade daraus, daß sich bei ihm die Kunst selbst in Natur verwandelt habe. Gerade was an einer Person nicht sichtbar ist, wie z. B. ihre inneren Charaktereigenschaften und ihre Geschichte, vermag Tizian sichtbar zu machen: ›Sein Schrecken, den er verbreitet, steckt zwischen beiden Augenbrauen, sein Mut in den Augen, sein Stolz, sein Ehrgefühl und seine Vernunft auf seiner Stirn, in Brust und Armen brennt seine Kraft, die Italien beschützt.‹ Diese Rühmung nutzt Aretino natürlich sofort zu einer für ihn typischen Selbstpristinierung: Was auf diese Weise von Tizian sichtbar gemacht

---

[10] Luba Freedman, *Titian's Portraits through Aretino's Lens*, Philadelphia 1995, p. 27 (von Kablitz zitiert).
[11] Evi Zemanek, *Das Gesicht im Gedicht. Studien zum poetischen Porträt*, Köln/Weimar/Wien 2910, pp. 158 sq.
[12] Kablitz, *Aretinos Sonette auf Tizian-Porträts*, Manuskript 2020, p. 9; erscheint demnächst in: ders., *Wie entsteht Bedeutung in Sprache und Bild? Ein Vergleich*, Berlin/Boston 2020.

12. Geburtskanäle der Moderne

wurde, ist es erst, indem der Dichter, also Aretino, es in Worte faßt. Im Gedicht Aretinos summiert sich der Vergleich mit der Antike in diese Verse:

*»Wenn der berühmte Apelles, mit seiner von der
Kunst gelenkten Hand, Alexanders Gesicht und
Brust darstellte, dann bildete er nicht auch die
hohe Kraft dieser außergewöhnlichen Person ab,
die von deren Seele ausgeht.*

*Doch Tizian, der vom Himmel eine größere Aufgabe
erhalten hat, zeigt draußen jegliche unsichtbare
Eigenschaft (fuor mostra ogni invisibile concetto).«*[13]

Kablitz faßt den Sinn dieses Verses, der sich dem Leser, wie er selbst zugibt, gewiß nicht eindeutig erschließt, in die Vermutung, »daß erst das Gemälde zu erkennen gibt, was der Anblick des Herzogs nicht enthüllt«. Kurz: »Der Herzog gibt etwas zu erkennen, *weil* der Maler etwas an ihm zeigt.« So »gibt Tizian in seinem Bild an der Person des Francesco Maria della Rovere zu erkennen, was seinem Anblick in der Wirklichkeit, *in natura*, gerade *nicht* zu entnehmen ist«.[14]

Hier ist ein Drehpunkt von Aretino erfaßt. Die Kunst tritt aus einem mimetischen Verhältnis zur Sache heraus. »Sie bringt vielmehr etwas hervor, was die Natur selbst nicht zu produzieren imstande ist: Sie bringt die unsichtbaren Eigenschaften einer Person an dieser selbst zum Vorschein.«[15] Es ist daher völlig korrekt, wenn Kablitz diese Drehung bei Aretino so bilanziert: »Die Kunst beginnt sich hier konzeptuell von der Natur zu lösen; und dies bedeutet zweifellos einen Schritt in Richtung auf ein modernes Kunstverständnis.«[16] Das wird prägnant deutlich, wenn man sich an den viel zitierten Satz von Paul Klee erinnert: »Kunst gibt nicht das Sichtbare wieder, sondern Kunst macht sichtbar.«[17] Aretino gab mit seiner Formel

---

13 Zitiert bei Kablitz, *Aretinos Sonette*, op. cit., p. 7.
14 Kablitz, *Aretinos Sonette*, op. cit., p. 13/14.
15 Kablitz, *Aretinos Sonette*, op. cit., p. 17.
16 Kablitz, *Aretinos Sonette*, op. cit., p. 25.
17 Paul Klee, *Schöpferische Konfession*, in: *Tribüne der Kunst und der Zeit*, Bd. XIII, Berlin 1920, p. 28.

›invisibile concetto‹ die neue, übrigens bis heute gültige, Objektbestimmung der Kunst vor.

Was Warnke und Kablitz beispielgesättigt und in subtilen Interpretationen verdeutlichen, sind in der Tat Geburtskanäle der Moderne. Sie beginnt sich zu fangen, wenn übersehene Peripherien ins Zentrum rücken, wenn überkommene Zentren ihre zentrierende Kraft verlieren, wenn ein unsichtbares Inneres im Äußeren sichtbar gemacht wird, wenn diese Sichtbarkeit nur im Wechsel eines darstellendenden Mediums erreichbar ist.

Was in alledem aber die unerhörte subkutane Botschaft ist: der Interpret oder Hermeneut wird unentbehrlich. Denn alle diese Wandlungen gäbe es nicht, wenn es keine Interpreten gäbe. Zerrüttungen gehen in der beginnenden Moderne mit einer Aufwertung des Interpreten einher. Einer muß uns schließlich sagen, was das alles bedeutet. Das heißt nicht, daß der Interpret zu einem *judex universi* würde, denn er bleibt auf neue Bedeutungsangebote angewiesen. Er ist lediglich als Dienstleister und Übersetzer in eine Stellung gerückt, die neu ist.

Aber der Interpret ist dennoch, was er zumeist nicht weiß, bleibend durch sich selbst gefährdet. Er ist im Gefängnis seiner Reflexivität eingesperrt und sehnt sich nach außen, sonst würde er sich neuen Bedeutungsangeboten ja nicht aussetzen. Der homo sapiens mag keine Ketten, sonst wäre er nicht das, was er ist. Aber was er ist, spürt er doch wieder nur in anderen Ketten. Das merkt er aber nur aus bitteren Erfahrungen. Und so geht die Kettenreaktion weiter.

Ein Versuch, aus diesem Dilemma herauszukommen, stammt übrigens von Martin Heidegger, der sich selbst in Ketten begeben hatte, von denen er meinte, daß sie ihn, wie alle sonst auch, im Rückruf auf eine fragwürdige *Authentizität* (›echt‹, ›eigentlich‹, ›ursprünglich‹, ›primitiv‹, ›Intensitäten‹) befreien würden. Das war indes ein Irrtum, den er selbst alsbald mehr oder weniger einsah[18] und als Ausweg ein neues, gegenstandsloses Denken (Peter Trawny) exerzierte. Sein wird nicht mehr aus dem Bezug zu Seiendem, wie nach Heideggers Auffassung die überlieferte Metaphysik insgesamt, verständlich ge-

---

[18] Aufschlußreich ist hier Heideggers bis dato unveröffentlichter Brief vom 19. September 1960 an den Studenten Hans-Peter Hempel. Cf. dazu die vorzügliche Biographie von Rüdiger Safranski, *Ein Meister aus Deutschland. Heidegger und seine Zeit*, München/Wien 1994, p. 269.

12. Geburtskanäle der Moderne

macht, sondern als reines Fürsich im Modus eines unverstellten Anwesenlassens (Er-eignis).

Heute wissen wir, daß sich die Kettenreaktion nicht abschließen läßt. Sie erstickt sich, das konnte Heidegger seinerzeit noch nicht absehen, allerdings schließlich selbst. Und das liegt an ihrer zunehmenden Komplexität. Auf allen Feldern des Wissens, seien es historische, technische, wissenschaftliche oder auch philosophische, in allen Bezirken der Selbstorganisation des menschlichen Zusammenlebens in Politik, Wirtschaft, Bürokratie und globaler Vernetzung bis hin zu einer universellen Digitalisierung befinden sich Menschen unversehens in Zonen, in denen sie keine Übersicht mehr haben können. Und wo es keine Übersicht mehr geben kann, tappen Menschen nur noch blindlings herum und werden mitunter aggressiv. Es bedarf keines Scharfsinns, um festzustellen, daß wir uns heute gerade auf diesem Parkett einer zunehmenden Fragmentierung vorhandenen Wissens befinden, die es zwar immer gab, aber zufolge der Globalisierung nicht in dem Ausmaß. Erfahrungshinweise auf diese Turbulenzen als Indizes sozial wirksamer Komplexitätsgrenzen sind solche, die die Medien gerne ›Kontrollverluste‹ nennen, die ihrerseits – realitätsflüchtig – meist narzisstisch oder atavistisch, aber in jedem Fall eskapistisch kompensiert werden. Das ist der Kern des modischen Populismus und etlicher Hysterien heute, von denen man sich lieber verschont sähe.

Dennoch hatte Heideggers Kurswechsel (›Kehre‹) für die argumentative Architektur der Philosophie, oder jetzt: des Denkens, auch eine positive Rendite. Was bei ihm aufscheint ist das, was man einen ›internen Platonismus‹ oder auch, was er selbst allerdings strikt ablehnen würde, einen ›Platonismus von unten‹ nennen könnte. Letztlich geht es hier um die Grundlegung des Zwischenreichs als Dokument eines *analogon tantum*, chinesisch *tianxia*. Das ist in Heideggers Schriften überall da greifbar, wo er ›das Zwischen‹ eigens thematisiert.[19] In der Differenz wohnt der Sinn, ohne den wir

---

[19] Cf. hierzu die oben schon genannte Arbeit von Eveline Cioflec, *Der Begriff des ›Zwischen‹ bei Martin Heidegger. Eine Erörterung ausgehend von ›Sein und Zeit‹*, Freiburg 2012, p. 35: »Das Zwischen wird als dynamische Offenheitsdimension aufgefaßt, zunächst als Erschlossenheit des Daseins und später als Lichtung, d. h. als Wahrheit, als Unverborgenheit, die nur in einer Differenz zum Tragen kommt und phänomenologisch gezeigt wird.« – Allerdings hat Rüdiger Safranski recht, wenn er einmal bemerkt: »Heidegger, der Erfinder der *ontologischen Differenz*, ist niemals auf die Idee gekommen,

heimatlos wären. Diese Differenz ist aber nichts Statisches, sondern das Changierende in allen Begegnungen. Daher hat es der Denker schwer, in diesem Milieu Fuß zu finden. Kunst, Dichtung und Musik sind da immer im Vorteil.

Aber warum sollte sich der Denker auf diesen vergleichenden Wettbewerb (paragone) überhaupt einlassen? Einfach deshalb, weil es die Künste auch nicht anders können, als philosophisch zu sein, und, da bisweilen sprachlos, dennoch unschuldiger als die Denker bleiben. Alle Seiten sind durch die Macht des *analogon tantum* dazu gezwungen, sich zu äußern. Und das ist schwer genug. Aber nur so geht es ins Freie, das ein Offenes, Exzentrisches ist.[20] Expressivität

eine *Ontologie der Differenz* zu entwickeln.« (*Ein Meister aus Deutschland*, op. cit., p. 310). Eine Ontologie der Differenz vielleicht nicht, aber eine Phänomenologie des Zwischen sehr wohl. Cf. hierzu Frank Schlegel, *Phänomenologie des Zwischen. Die Beziehung im Denken Martin Heideggers*, Bern u. a. 2011. Für den Hinweis auf diese Arbeit danke ich Peter Trawny.

[20] So in etwa umreißt Rüdiger Safranski das Hölderlin-Programm. Ich habe es in meinem Sinne etwas abgewandelt. Cf. ders., *Hölderlin. Komm! ins Offene, Freund!*, München 2019. – Eine extrem elaborierte Interpretation Hölderlins bot seinerzeit Dieter Henrich, *Der Grund im Bewußtsein. Untersuchungen zu Hölderlins Denken (1794–1795)*, Stuttgart 1992. Henrich konzentrierte sich auf den kurzen Text *Urtheil und Seyn* von Hölderlin und stellt das Zwischenreich im Sinne Hölderlins in ein Einigungsgeschehen ein, in dem sich Seyn als *analogon tantum* dokumentiert. So kommt Henrich zu der unerhörten, aber bedenkenswerten Auffassung, daß der »Gedanke des Einigen (…) als ein ›endliches‹ Absolutes beschrieben werden [muß]«. (op. cit., p. 575). Im Hintergrund dieser Interpretation (Verendlichung des Absoluten und vice versa) könnten Cusanus oder, was in diesem Kontext näher liegt, Fichte stehen. Für ihn ist das Ich »seiner Endlichkeit nach unendlich, und seiner Unendlichkeit nach endlich«. (Johann Gottlieb Fichte, *Grundlage der gesamten Wissenschaftslehre (1794)*, ed. Wilhelm Jacobs, Hamburg 1970, § 5, p. 176). Der Witz bei Fichte ist, daß es nur Gegenstandsbezüge gibt, wenn es zugleich reflexive Rückbezüge gibt, woran auch kaum gezweifelt werden kann. Dieser Rückbezug des Ich auf sich in jedem Gegenstandsbezug »ist der Grund und der Umfang alles Seins«. (op. cit., p. 174). Objekte sind ohne mediale Einbettung im Sinne der Grammatik nicht zu haben. Zur sprachgeschichtlichen Bedeutung des Mediums cf. Rosemarie Lühr, *Ereignistyp und Diathesenwandel im Indogermanischen*, in: Harold Craig Melchert (ed.), *The Indo-European Verb Proceedings of the Conference of Society for Indo-European Studis, Los Angeles 13–15 September 2010*, pp. 213–224. Obwohl das Medium ein uraltes genus verbi des Indogermanischen ist, gibt es dennoch keine mediale Vorform von *sein, esse, εἶναι* etc. (Mitteilung von R. Lühr). Dennoch hat Heidegger das, was er ›Dasein‹ nennt, konsequent medial interpretiert. Der Philosoph darf das, ein Indogermanist nicht.

12. Geburtskanäle der Moderne

ist ein substanzieller Begriff der Freiheit. Im Rücken gibt es immer nur Determinanten, die aber nichts entschuldigen. Denn auch was im Rücken mitwirkt, war einmal vor uns. Nur ins Offene kann gestiftet werden, denn jeder stiftet sich selbst. Wenn aber Stiften nur eine Variante eines selbstlosen Schenkens ist: Wem schenken wir uns? Solchen, von denen auch wir beschenkt werden? Aber keiner ist dabei selbst alleiniger Vollstrecker, sonst gäbe es keine Selbstlosigkeit. Uns ist dann nur irgendwie zumute, es erschreckt oder erfreut uns, jedenfalls schwant uns etwas, wozu uns Worte fehlen und nur manchmal zuwachsen. Sind diese impersonalen Formulierungen tatsächlich Varianten einer *façon de parler*, oder haben sie anthropologische und darüber hinaus auch ontologische Bedeutung?

13. Status coniecturalis

In der Rhetorik wird die einen Prozess eröffnende Hauptfrage als *status coniecturalis* bezeichnet, also die Frage, ob der Angeklagte es getan hat oder nicht (*an fecerit*). Diese Frage »ergibt sich aus dem Widerspruch beider Parteien«, von Anklage und Verteidigung.[1] In diese Dimension einer anfänglichen Fraglichkeit ist das Zwischenreich bleibend hineingestellt. Vor Gericht erwartet man, daß diese Frage geklärt wird und es im Urteil zu einer Entscheidung kommt. Damit ist dieser Status verlassen. Wenn man nun die Befragung der Natur nach diesem Modell deutet, stellt sich hier das Problem, ob es der Wissenschaft gelingt, eine Richterrolle zu übernehmen. Beweise könnten das leisten. Das ist im Normalfall unserer Weltstellung aber selten möglich, da wir in der Regel nur über Erfahrungswissen verfügen. Das reicht zwar meist aus, aber definitive Sicherheit kann es hier schwerlich geben.

Die erste explizite Einschränkung unserer gesamten Erkenntnisbemühungen stammt von Nicolaus Cusanus (1401–1464). Aber das gelingt ihm, ohne die Fülle der ontologischen Dimension zugleich zu begrenzen. Man könnte von einem positiven Fallibilismus sprechen. Denn die Positivierung des unaufhebbaren Defizits unserer Erkenntnisbemühungen wird bei ihm gerade zum Index einer in dieser Diagnose mitgedachten, aber eben nicht in barer Münze auszahlbaren Einsicht in ein Entzogenes, auf das wir dennoch angewiesen sind. *Esse rei*, heißt es bei ihm, ist ihr *abesse*.[2] Das besagt nur, daß wir

---

[1] Heinrich Lausberg, *Handbuch der Literarischen Rhetorik*, München 1960, § 82, p. 65.
[2] Cusanus, *De docta ignorantia* II, 3, n. 110 (Nicolaus Cusanus, *Philosophische und theologische Schriften*, ed. Eberhard Döring, Wiesbaden 2005). Zur Gesamtkonzeption cf. Joachim Ritter, *Docta ignorantia. Die Theorie des Nichtwissens bei Nicolaus Cusanus*, Leipzig 1927. Diese Dissertation von Ritter entstand 1925 bei Ernst Cassirer. Erschienen ist sie im selben Jahr wie Heideggers *Sein und Zeit*. Merkwürdig, daß Heidegger auf Cusanus niemals zu sprechen gekommen ist. Allerdings auch nicht Ludwig Wittgenstein,

13. Status coniecturalis

nichts identifizieren können, ohne auf anderes zu verweisen. Aber solche Verweise sind wiederum nicht das, was das Sein der Sache ausmacht, sondern nur Einhegungen dessen, was ihr eigentümlich, aber leider anders nicht zugänglich ist. Wir können die Dinge gewissermaßen nur umkreisen, aber in ihrem zentralen Eigensinn nicht treffen. Denn dazu müßten wir in der Lage sein, das Eine im Differenten beim Schopf zu packen, was uns leider nicht möglich ist. Aber Umkreisungen genügen für unser Geschäft des Erkennens, denn worum man kreist, ist gerade das, was wir intendieren. Der Preis ist allerdings hoch: Das, was man gewöhnlich exakte und in diesem Sinne wahre Erkenntnis nennt, ist uns definitiv nicht möglich: *praecisa veritas incomprehensibilis est*.[3] Was uns hingegen möglich ist, sind geprüfte Vermutungen, die der Cusaner ›Konjekturen‹ nennt.[4]

Man beachte, daß der Ausdruck *coniectura* ursprünglich, worauf ich soeben schon hingewiesen habe, aus den Sprachen der Rhetorik und Jurisprudenz stammt, aber er findet sich auch in Sprachen der Nautik, Pharmazie, Medizin und vor allem der Mantik. Alle diese aus Beobachtungen startenden Erkenntnisbemühungen und Zeichendeutereien werden ihren Vermutungscharakter manchmal, aber nicht immer, los. Cicero hat in seinem Traktat *De divinatione*, der zumeist als Bericht über die antike Wahrsagefolklore mißverstanden wurde, eine Überprüfung der Wahrsagungen nach Art einer historischen Wissenschaftstheorie vorgelegt.[5] Er geht nicht nur der Validität einer Diagnostik als Prognostik nach, sondern auch ihren ökonomischen und ethnologischen Einbettungen. Um Werbung für Esoterik geht es ihm jedenfalls gerade nicht.

So nennt Cicero Weissagungen, d. h. Deutungen aus Anzeichen, ›Konjekturen‹.[6] Er will sie dadurch von logisch gültigen Schlüssen

---

Theodor Wiesengrund Adorno, Hannah Arendt, Michel Foucault oder Jacques Lacan. Darauf hat schon Kurt Flasch hingewiesen. Cf. ders., *Nicolaus Cusanus* (2001), 3. Aufl. München 2007, p. 163.
[3] Cusanus, *De docta ignorantia* I, 3, n. 9.
[4] Cusanus, *De coniecturis*.
[5] Cf. hierzu Wolfram Hogrebe, *Metaphysik und Mantik*, Frankfurt/M. 1992; 2. Auflage Frankfurt/M. 2013.
[6] In den Addenda zu seiner bis heute gültigen Ausgabe von *De divinatione* verweist der Herausgeber Arthur Stanley Pease auf eine sprechende Stelle bei Quintilian (*Inst.* 3, 6, 30): »coniectura dicta est a coniectu, id est directione quodam rationis ad veritatem, unde etiam somniorum atque ominum interpres coniectores vocantur.« (*M. Tulli Ciceronis De Divinatione Libri Duo*, ed. Arthur Stanley Pease (1920/1923), repr. Darmstadt 1977, p. 594).

abheben, um die es in einer Weissagung, in der *divinatio*, natürlich nicht gehen kann, obschon im heuristischen Vorlauf auch bester Wissenschaft – auch in der Mathematik – solche Zonen veranlaßter Vermutungen bis heute selbstverständlich sind.

Daß im Einzugsbereich von Konjekturen nichts sicher ist, liegt vor allem daran, daß sie, wie schon bemerkt, im Zwischenreich, hier als Reich der ›Mutmaßungen‹, angesiedelt sind. Bei Cicero heißt es: »Unvermittelt begegnen auch häufig Erscheinungen, die zwar nicht wirklich sind, trotzdem aber eine entsprechende Vorstellung hervorrufen.«[7] Die Übersetzung ist nicht so prägnant wie das lateinische Original. ›Erscheinungen‹ heißen bei Cicero ›formae‹; ›die nicht wirklich sind‹ heißt ›quae reapse nullae sunt‹, das sind quasi nichtige Kleinigkeiten; ›eine entsprechende Vorstellung hervorrufen‹ heißt ›speciem autem offerunt‹.

Die Registratur auch gewöhnlicher Belanglosigkeiten veranlaßt mitunter zu Deutungen, die prognostisch relevant sind, wenngleich deren Reichweite schon bei Cicero strittig ist und diskutiert wird. Aber bei ihm findet sich schon eine wichtige Devise für Deutungen im Zwischenreich: Auch Nichtiges verrät etwas. Selbst wenn das, was sich hier verrät, natürlich nicht für weitreichende Prognosen tauglich sein kann, für prognostische Vermutungen im Nahbereich nehmen wir verräterische Anzeichen auch heute in Anspruch, z. B. für Prognosen von anders nicht zugänglichen Intentionen. Bei Anzeichen auf der Miene eines Kontrahenten wie ein kurzes Zucken seiner Mundwinkel auf unser Wort hin haben wir manchmal Grund zum Mißtrauen in die Verläßlichkeit seiner unerklärten Absichten. Im Autoverkehr achten wir sehr genau auf kleinste Abweichungen im Fahrverhalten der anderen, wenn wir dazu ansetzen, sie zu überholen.

Hier bedient sich Cicero auch einer Anthropologie des Wissens, die immer noch gültig ist. Die subsemantischen Registraturen auffälliger Kleinigkeiten rechnet er einem ›Spürsinn‹ zu, für den es im Deutschen keinen prägnanten Ausdruck gibt. Im Lateinischen schon; es geht hier um das, was *sagire* bedeutet, in etwa ›genau wahrnehmen‹: *sagire enim sentire acute est.*[8] »Der also, der auf etwas

---

[7] Cicero, *Über die Wahrsagung (De Divinatione)*, lateinisch-deutsch, ed. Christoph Schäublin, Darmstadt 1991, p. 85 (*De div.* I, 81).
[8] Cicero, *Über die Wahrsagung*, trad. et ed. Christoph Schäublin, op. cit., p. 70/71.

13. Status coniecturalis

›sinnt‹ (*sagit*), bevor es ihm begegnet, ›sinnt‹, wie man sagt ›voraus‹ (*praesagit*), das heißt, er nimmt die Zukunft im voraus wahr.«[9] Dieses ›Voraussinnen‹ (*praesagitio*), wie wir es im Deutschen unbeholfen benennen, ist unsere situationsgebundene futurische Disposition, die Fundament unserer szenischen Existenz ist. Das hat Cicero gültig erkannt. Auch daß solche Ahnungen quasi ›von außen‹ kommen, war ihm nicht entgangen: *Inest igitur in animis praesagitio extrinsecus iniecta.*[10] Für seinen Bruder Quintus ist der Urheber dieser ›Eingabe‹ natürlich Gott. Aber darum geht es hier nicht. Wir sind jedenfalls nicht die Fabrikanten dieser Ahnungen. Man könnte sogar sagen: Nur weil das so ist, sind wir an der Basis unseres szenischen Existierens in gewisser Weise Wahrsager, die Wahres sagen können. Freilich gilt das nur im Nahbereich unserer szenischen Existenz. Prognosen über den Ausgang von Seegefechten und sonstigen Schlachten sind uns auf dieser Basis jedenfalls nicht möglich, schon gar nicht via Traumdeutungen. Das ist im zweiten Buch von *De divinatione* von Cicero völlig klar.

Cicero ist in seinem Text geradezu modern, wenn er verschiedene Typen von Wahrsagungen an ethno- und geologische Befunde anschließt. Die Astrologie hatte jedenfalls da besonders günstige Chancen zu entstehen, wo die Blicke unverstellt waren. »So widmeten die Ägypter und die Babylonier in ihren weit offenen, ebenen Wohnsitzen – da keine natürlichen Erhebungen aufragten, die den Blick hätten behindern können – ihren ganzen Eifer der Kenntnis der Gestirne.«[11] Ein anderes Bild bieten die ökonomischen Geographien anderer Völker: »Weil (...) die Araber, die Phryger und Kilikier vor allem als Viehhirten leben und im Winter und Sommer durch Ebenen und Gebirge ziehen (...) verfügten sie mehr als andere über die Möglichkeit, sich die Bedeutung von Gesang und Flug der Vögel einzuprägen.«[12] Landschaften und Lebensformen bestimmen, so Cicero, das epistemische Profil, genauer: sind ein selektiver Faktor für das, was epistemisch relevant ist und daher gepflegt wird. So endet sein Traktat mit einem Zurückschrauben überzogener Hoff-

---

9 Ibid.
10 Ibid.
11 Cicero, *Über die Wahrsagung* (I, 93), trad. et ed. Christoph Schäublin, op. cit., p. 93.
12 Cicero, *Über die Wahrsagung* (I, 94), trad. et ed. Christoph Schäublin, op. cit., p. 95.

nungen auf das Wahrsagen. Denn natürlich gilt: »Auch Ärzte gewinnen bestimmte Zeichen aus dem Puls und dem Atem eines Kranken und ahnen (*praesentiunt*) auch aus vielen anderen Umständen zukünftige Entwicklungen voraus; wenn Steuerleute feststellen, daß Tintenfische springen oder Delphine eilends einen geschützten Platz aufsuchen, sehen sie darin Sturmzeichen.«

Aber: »Solche Erscheinungen lassen sich leicht aufgrund methodischen Überlegens erklären (*ratione explicari*) und mit der Natur in Zusammenhang bringen (*ad naturam revocari*).«[13]

So kann Cicero am Ende die Fanfare der Aufklärung erklingen lassen: »Von der Bühne verschwinden soll also die Wahrsagerei aus Träumen (...). Es ist doch so: Aberglauben (*superstitio*) hat sich durch die Völker hin ergossen, allgemein die Herzen unterdrückt und sich der menschlichen Schwäche bemächtigt.«[14]

Cusanus nimmt den Wortgebrauch von ›coiniectura‹ auf. Indem er das tut, wird deutlich, daß gerade unsere konjekturalen Erkenntnisschranken, von denen er als ausgemachte Sache ausgeht, das Erkennen in eine Nähe zur mantischen Deutung gerät. Das ist verblüffend. Auch hier rückt die Peripherie ins Zentrum, aber ein ausweisbares Zentrum gibt es bei ihm epistemisch nicht. Ontologisch ist es das pure Eine, d. h. Gott, aber der haust bei Cusanus im *abesse*, d. h. im Anderen des Seienden, d. h. im Nichts (*deus est in nihilo*).[15]

Obwohl sich hier Spuren von Eriugena, Dionysios Areopagita und Meister Eckhart finden, wie Werner Beierwaltes gezeigt hat, ist die Zuspitzung von Cusanus doch unerhört. Das übergegensätzliche Nichts wird zur Heimat Gottes. Das hat Nietzsche nie verstanden. Seine Diagnose aus dem Munde des ›tollen Menschen‹ vom Tod Gottes ist bloß eine dramatische Inszenierung aus dem Geiste des 19. Jahrhunderts, einem Geist, den Nietzsche ansonsten verachtet. Cusanus hatte einer solchen Inszenierung indes bereits den Boden entzogen: ein Gott im Nichts kann nicht sterben. Denn, was man nicht vergessen darf: Das Nichts ist bei Cusanus keine Leere, sondern Modus einer uns unzugänglichen und uneinholbaren Fülle, das Reich des Einen, das sich zwar in allem, was ist, als ihre Form

---

[13] Cicero, *Über die Wahrsagung* (II, 145), trad. et ed. Christoph Schäublin, op. cit. p. 269.
[14] Cicero, *Über die Wahrsagung* (II, 148), trad. et ed. Christoph Schäublin, op. cit., p. 271.
[15] Cf. oben Anm. 1.

13. Status coniecturalis

›anzeigt‹, aber epistemisch ansonsten unzugänglich ist: *Non esse* ist bei Cusanus, was meist übersehen wird, *omnia esse*.[16] Die Pointe des Cusaners ist dann die, daß er durch diesen Bezug den gesamten Bereich des Seienden als Zwischenreich zwischen Sein und Nichts sichtbar werden läßt. Eben deshalb sind wir nur eines konjekturalen Erkennens fähig.

Aber es gibt noch eine andere Rendite seines Entwurfs. Seit Beierwaltes in seinem grundlegenden Buch über das Anknüpfen des Cusaners an den 1. Korintherbrief von Paulus (13, 12) und hier sein versprochenes ›Sehen von Angesicht zu Angesicht‹ (*videmus ... tunc ... facie ad faciem*) zur Grundlage einer völlig neuen Sicht auf die Schrift *De visione dei* gemacht hatte,[17] überstürzten sich die philosophischen und kunsttheoretischen Zuwendungen zu diesem Denker der frühen Neuzeit. Man kann nicht sagen, daß die Bedeutung von Cusanus vordem nicht bemerkt worden war. Vor allem Ernst Cassirer hatte schon nachdrücklich auf ihn hingewiesen,[18] ja Cusanus war ihm geradezu das Portal für seine Darstellung der Renaissance. Aber erst durch Beierwaltes öffneten sich gewissermaßen die Schleusen einer Zuwendung zu Cusanus,[19] denkwürdigerweise just zu der Zeit, als auch Cassirer zumindest im deutschsprachigen Raum wieder aktuell wurde.

Wenn Cusanus die Übergegensätzlichkeit im Göttlichen verankert, dann haben Menschen teil an dieser ihnen ansonsten nicht zugänglichen Dimension. Denn schon unsere kategorialen Entgegensetzungen wie objektiv-subjektiv, formal-material, analog-diskret, analytisch-synthetisch etc. speisen sich aus einer Übergegensätzlichkeit, die uns nur in diesen Kontrasten angezeigt wird. Das Eine, von dem solche Kontraste zehren, können wir nur denken. Aber wie?

---

[16] Cusanus, *Trialogus de possest* n. 25 (*Opera omnia* XI/2, 1973, p. 31).
[17] Werner Beierwaltes, *Visio Facialis – Sehen ins Angesicht. Zur Coinzidenz des endlichen und unendlichen Blicks bei Cusanus*, München 1988.
[18] Ernst Cassirer, *Individuum und Kosmos in der Philosophie der Renaissance*, Leipzig 1927. Dieses auch heute noch bedeutsame Werk ist ohne die Inspiration durch die Bibliothek Warburg in Hamburg ebenso wenig denkbar wie zuvor schon Cassirers monumentales Werk *Philosophie der symbolischen Formen*. Cassirer hat sein Buch zur Renaissance auch Aby Warburg zum 60. Geburtstag am 13. Juni 1926 gewidmet.
[19] Cf. zu einer Übersicht Holger Simon, *Bildtheoretische Grundlagen des neuzeitlichen Bildes bei Nikolaus von Kues*, in: *Concilium medii aevi* 7 (2004) pp. 45–76 (auch im Internet abrufbar: https://cma.gbv.de/dr,cma,007,2004,a,03.pdf).

Cusanus rechnet mit einer Sichelbstgleichheit des Einen, die er als Selbstbildlichkeit Gottes (εἰκὼν τοῦ θεοῦ, *eicon Dei*) faßt. Damit fundiert er Bildlichkeit schon oberhalb aller sinnlichen Verhältnisse, die sich in deren Einheitsformen gleichwohl manifestiert. Der Interpret Thomas Sören Hoffmann faßt diese Konzeption prägnant so zusammen: »Bild und Bildlichkeit betreffen so keineswegs nur die unteren ontologischen Ebenen (z.B. die Sinnlichkeit), sie sind gleichsam metaphysische Urdaten, die im Prägnanzraum des Absoluten wurzeln.«[20] Hoffmann nutzt diesen Befund zu dem berechtigten Hinweis, daß die hier an Paulus anschließende Christologie[21] »einen regelrechten ›Ikonoklasmus‹ im europäischen Denken [eigentlich] ausschließen [müßte]«.[22] Denn schon Gott selbst hat sich über seinen Sohn ein Bild von sich gemacht. Dadurch hat auch jedes landläufige Erkennen mit einer Bildlichkeit zu rechnen, die nicht suspendiert werden darf, ja nicht suspendiert werden *kann*, da sonst jeder Gegenstand der Erkenntnis formlos verschwände. Deshalb spricht Hoffmann von einem »bildliche[n] Strukturmoment der Erkenntnis«, von einer grundlegenden ›Analogizität‹, die »in jedem *sinnlichen* Bild liegt, das doch gleichwohl stets [auch] ein *Nichtsinnliches* vergegenwärtigt.«[23]

Die Pointe der Bildkonzeption von Cusanus ist darüber hinaus aber die, daß uns jedes Bild als Form einer Sache seinerseits ›von Angesicht zu Angesicht‹ anblickt. In jedem Sehen sind wir zugleich selbst Gesehene. Cusanus macht mit der Medialität des αἰσθάνομαι ernst. Ohne Formen können wir nichts als es selbst wahrnehmen, aber wir produzieren die Formen nicht, also müssen sie uns zuerst selbst ansehen. Dieser Blick ist aber nichts Privates, sondern gilt für alle Betrachter. Um das zu verstehen, hatte Cusanus seiner Schrift *De visione dei*, die er 1453 den Mönchen am Tegernsee gewidmet hatte, ein (heute verlorenes) Bild beigelegt, das ein Porträt zeigte, das jeden Betrachter mit seinem Blick gleichsam folgt: Wo er sich

---

[20] Ders., *Vom Sehen des Sehens im Bild. Hinweise zur cusanischen Ikonologie*, in: Walter Schweidler (ed.), *Weltbild – Bildwelt*, Sankt Augustin 2006, pp. 59–77, hier p. 64. – Cf. ferner Inigo Bocken, *Sehen und gesehen werden. Unendlichkeit und Sinnlichkeit im 15. Jahrhundert*, in: ders./Tilmann Borsche (eds.), *Kann das Denken malen? Philosophie und Malerei in der Renaissance*, München 2010, pp. 63–84.
[21] Cf. 2. Kor. 4, 4 et passim.
[22] Hoffmann, *Vom Sehen*, op. cit., p. 62 Anm. 8.
[23] Hoffmann, *Vom Sehen*, op. cit., p. 69.

13. Status coniecturalis

auch aufstellt, das Porträt scheint ihn überall anzusehen. Cassirer hat auf die Bedeutung dieses Bildblicks bei und für Cusanus als erster aufmerksam gemacht,[24] obwohl die Kunstgeschichte das Phänomen schon vorher kannte, das ja als solches schon in der Antike bezeugt war.

Die aber bei Cusanus besonders prägnant hervortretende Eigenaktivität von Bildern, nicht nur Gesehenes zu sein, sondern selber zu sehen, um gerade dadurch unseren Blick gleichsam erst ›wachzuküssen‹ wie Gott durch seinen Blick alles Seiende, ist zuletzt von Horst Bredekamp als prominentes Zeugnis für die zentrale These seiner völlig neuen Bildtheorie aufgerufen worden. Für Bredekamp ist »Cusanus der überragende Theoretiker des intrinsischen Bildakts«.[25]

Wenn man diesen Umriß von Cusanus in ein Bildgeschehen importieren will, muß es gelingen, eben dieses aus dem Zwischenreich plausibel zu machen. Gerade bei Aby Warburg findet sich die denkwürdige Wendung ›Ikonologie des Zwischenraums‹, die sich, wenn wir Ernst Gombrich glauben dürfen, in Warburgs Tagebuch von 1929 findet.[26] Hiernach ist Warburg tatsächlich der erste Kunsthistoriker, der das Bildgeschehen aus dem Zwischenreich entwickelt bis hin zu seinem unvollendeten Spätwerk *Mnemosyne-Bildatlas*.[27] Ob Warburg, trotz seiner stupenden Kenntnis der historischen Umgebung, die Schriften von Cusanus selber kannte, ist fraglich (ich habe keine Belege gefunden), wohl aber sein Schüler Fritz Saxl, der schon 1927 in der Bibliothek von Cusanus in Kues zunächst vor allem die Schriften von Kepler studierte. Durch Raymond Klibansky, Fritz Saxl und Erwin Panofsky wurde ein mantischer Neuplatonismus in der Forschung der Kunstgeschichte gerade zur frühen Neuzeit initiiert und nachhaltig heimisch.

---

24 Cassirer, *Individuum*, op. cit., p. 32.
25 Horst Bredekamp, *Theorie des Bildakts*, Berlin 2010, p. 243.
26 Ernst H. Gombrich, *Aby Warburg. Eine intellektuelle Biographie* (eng. zuerst 1970), Frankfurt/M. 1984, p. 343.
27 Cf. Philippe-Alain Michaud, *Zwischenreich. Mnemosyne, ou l'expressivité sans sujet* (1999), deutsch: *Zwischenreich. Mnemosyne oder die subjektlose Expressivität*, trad. Achim Russer, in: *trivium* 1 (2008), auch im Internet zugänglich. Michaud stellt seinen Ausführungen ein Zitat aus einem Brief von Sigmund Freud vom 16. April 1896 an Fließ voran: »Nur einige wenige aus der täglichen Arbeit aufsteigende Ahnungen über das Zwischenreich habe ich zu verzeichnen.« (Sigmund Freud, *Briefe an Wilhelm Fließ 1887–1904*, Frankfurt/M. 1986, p. 191).

Bei Warburg gibt es aber dennoch ein Echo dieser Nähe zu Cusanus, und das ist sein Treffen mit Albert Einstein am 4. September 1928 im Ostseebad Scharbeutz. Warburg wollte Einstein auf das Zwischenreich, hier die Zweipoligkeit von astrologischer Tradition und mathematischer Kosmologie gerade bei Kepler aufmerksam machen. Dieses Treffen ist von Horst Bredekamp und Claudia Wedepohl gut dokumentiert und kommentiert worden.[28] Einstein war von Warburgs Ausführungen gerade zur astrologischen Tradition amüsiert und wohl beeindruckt zugleich, aber er erläuterte Keplers kosmologischen *switch* vom Kreis zur Ellipse anhand einer Zeichnung, die heute noch erhalten ist, und zwar rein geometrisch-mathematisch.[29]

Warburg selbst schrieb schon in seinem Text zur *Heidnisch-antiken Weissagung in Wort und Bild zu Luthers Zeiten* von 1920: »Die Wiederbelebung der dämonischen Antike vollzieht sich (...) durch eine Art polarer Funktion des einfühlenden Bildgedächtnisses. Wir sind im Zeitalter des Faust, wo sich der moderne Wissenschaftler – zwischen magischer Praktik und kosmologischer Mathematik – den Denkraum der Besonnenheit zwischen sich und dem Objekt zu erringen versuchte.«[30]

Als Warburg das schrieb, war von einem ›Denkraum der Besonnenheit‹ häufig schon nicht mehr die Rede. Selbst heute wird zwischen Extremen zumeist erbittert gestritten. Woran Warburg indes lag, war gewissermaßen eine Positivierung des Zwischenreiches und nicht eine Option für eine Seite der Extreme. Claudia Wedepohl faßt das bündig so zusammen: »Das Besondere an Warburgs kulturtheoretischen Überlegungen liegt daran, daß er die beiden Pole des ›mythischen‹ und ›mathematischen‹ Denkens einerseits individualpsychologisch als co-existierende Extreme in der potentiellen Schwingungsweite der menschlichen Psyche versteht, andererseits historisch als sukzessive Phasen in der Evolution des menschlichen Geistes.«[31] Bredekamp verweist in diesem Kontext auf einen Artikel von Einstein zu Kepler, der am 9. November 1930 in der Frankfurter Zeitung erschien. Hier erklärt Einstein Keplers Größe, wie

---

[28] Horst Bredekamp / Claudia Wedepohl, *Warburg, Cassirer und Einstein im Gespräch. Kepler als Schlüssel der Moderne*, Berlin 2015.
[29] Bredekamp / Wedepohl, *Warburg*, op. cit., p. 94.
[30] Zitiert bei Bredekamp / Wedepohl, *Warburg*, op. cit., p. 57.
[31] Bredekamp / Wedepohl, *Warburg*, op. cit., p. 76.

Bredekamp zusammenfaßt, »aus der Bipolarität von Empirie und Hypothesenbildung«.[32] Darin kann man möglicherweise mit Bredekamp »eine abgeschwächte Variante dessen [erkennen], was Warburg ihm zu vermitteln versucht hatte«.[33] In der Tat hat Einstein den *status coniecturalis* explizit in die Heuristik der Kosmologie aufgenommen und so den Spielraum für Warburgs Anknüpfen an die Tradition der Weissagungen offen gehalten.

Es gibt aber noch einen anderen Gesichtspunkt, der Warburgs explizite Aufnahme der Tradition der Mantik belegt. Warburg war ja sehr daran gelegen, das Bildmaterial über die Grenzen einer museal kodifizierten Kunstgeschichte hinaus zu erweitern. Bildzeugnisse aller Art gehören in den ikonologischen Diskurs, um geistesgeschichtliche Plafonds auch in ihrem geschichtlichen Wandel hervortreten zu lassen, um beides nach Art einer ikonologischen Mantik deuten zu können. Das machte ihm sein Projekt eines Bilder-Atlas ja so schwierig, übrigens den Rezipienten auch heute noch. Wenn er selbst Briefmarken[34] und ähnliche bildliche Kleinigkeiten in dieses Corpus aufnimmt, dann knüpft er nahezu explizit an Cicero an, der gerade die Registratur von Nebensächlichkeiten als mantisch relevant bezeichnet hatte, wie oben schon ausgeführt. Über den heuristischen Anteil unserer Erkenntnisbemühungen werden wir auch heute noch das mantische Erbe nicht los. Und das ist im Namen unserer szenischen Existenz auch gut so.

Inzwischen hat sich das partiell sogar in der sich stolz ›analytisch‹ nennenden Philosophie herumgesprochen, für die das ›Gettierproblem‹ (Gegenbeispiele zur platonischen Konzeption des Wissens als *justified true belief*) bis heute eine Gurke ist, an der sie mangels Kreativität immer noch herumkaut. Geert Keil hat mit Recht darauf hingewiesen, daß die ›Gettierfälle‹ nicht etwa auf eine Dissonanz zwischen Intuition und Analyse zurückzuführen sind, wie häufig angenommen, sondern gewissermaßen auf Informationsimporte ohne Lizenz. Die Gegenbeispiele von Edmund Gettier[35] machen Gebrauch von kontrafaktischen Kenntnissen (Projektio-

---

32 Bredekamp/Wedepohl, *Warburg*, op. cit., p. 83.
33 Ibid.
34 Zu diesem Aspekt cf. den inspirierenden Text von Ulrich Raulff, *Wilde Energien. Vier Versuche zu Aby Warburg*, Göttingen 2003.
35 Cf. Edmund Gettier, *Is Justified True Belief Knowledge?* in: *Analysis* 23 (1963) pp. 121–123.

nen), die bei ihm keinesfalls ausgewiesen sind. Spezifikationen eines Situations*typs* konfligieren bei ihm mit Einschätzungen einzelner Situationen.[36] Das läßt sich vermutlich als Problem auch gar nicht beheben, weil die Semantik des Lebens sich in gewissen Arealen mit Carl Schmitt zwar ›encadrieren‹ läßt, aber insgesamt natürlich nicht einzäunen. Auch Wissen ist letztlich in aller Härte mit Cusanus nur konjektural möglich, obwohl im Einzelfall Gradabstufungen nötig und unentbehrlich sind.

Es ist klar, daß diese befriedende Perspektive nur angemessen in einer Theorie der szenischen Existenz des Menschen zum Austrag gebracht werden kann. Das vermag naturgemäß eine sich nur ›analytisch‹ verstehende Philosophie nicht zu leisten. Sie ›sieht‹ nichts.

---

[36] Cf. Geert Keil, *Was lehrt uns das Gettierproblem über das Verhältnis zwischen Intuition und Begriffsanalyse*, in: Gerhard Ernst / Lisa Marani (eds.), *Das Gettierproblem. Eine Bilanz nach 50 Jahren*, Münster 2013, pp. 107–144.

14. Abschluß: Esprit de finesse

Man kann philosophische Annäherungsversuche an das Zwischenreich nicht gut präsentieren, ohne – und sei es am Ende – wenigstens einige Zeilen einer bedeutenden Stimme ihrer ungeschriebenen Anthropologie zu widmen, die schon im 17. Jahrhundert im Kontrast zu René Descartes (1596–1650) ein Argument beigesteuert hatte, das bis heute ebenso erinnert wie rätselhaft geblieben ist. Und das ist die Stimme von Blaise Pascal (1623–1662). In seinen posthum herausgegebenen *Pensées* macht er zum ersten Mal darauf aufmerksam, daß unsere rationale Architektur von zwei Kompetenzen dirigiert wird, von berechnendem Verstand und beteiligter Emotion. Dieser Umstand ist wohlbekannt, auch daß wenig später Gottfried Wilhelm Leibniz (1646–1716) an eben dieses Duplex philosophisch angeknüpft hat. Alle drei Denker – Descartes, Pascal, Leibniz – waren herausragende Mathematiker ihrer Zeit. Von Pascal und Leibniz stammen die ersten Rechenmaschinen. Auch Descartes war am Entwurf einer ersten ›Denkmaschine‹ des mallorquinischen Gelehrten Raimundus Lullus (ca. 1232–1316) durchaus interessiert. Vermutlich hatte er Lullus nicht selbst gelesen, war aber durch Isaac Beeckmann über ihn unterrichtet. Und doch machten vor allem Pascal und Leibniz gegen Descartes darauf aufmerksam, daß der *homo sapiens* nicht nur eine Rechenmaschine ist, sondern daß seine Vernunft auch auf einem wohlgeübten ›Fingerspitzengefühl‹ beruht. Pascal nennt dieses *esprit de finesse*. Dieser *esprit* ist natürlich nicht einfach Gefühlssache, sondern beruht auf Lebenserfahrung und kundigem Umgang mit etwas.

Schon im ersten Abschnitt der *Pensées* geht Pascal auf den Feinsinn im Kontrast von mathematischen Begabungen und mathematisch nicht kundigen Menschen ein. »Alle Mathematiker würden (…), wenn sie gute Augen hätten, feinsinnig sein, denn sie urteilen an Hand der Prinzipien, die sie kennen, nicht falsch; und die Fein-

14. Abschluß: Esprit de finesse

sinnigen würden Mathematiker sein, könnten sie ihre Augen den ungewohnten Grundsätzen der Mathematik unterordnen.«[1] Wichtig an dieser Mitteilung ist, daß ein *esprit de géométrie* und ein *esprit de finesse* keine Konstanten sind, sondern zwei unterschiedliche Talente markieren, die auf Erudition beruhen. Für ihn ist das Vollbild des Menschen eine Einheit, die sich nur unterschiedlich entwickelt und ausbildet. Zwischen beiden Bereichen sind daher sehr wohl Übergänge möglich. Denn sogar unsere »Fähigkeit zu urteilen, löst sich rückführend im Gefühl auf«.[2]

Diesen Kontakt braucht der Urteilende, wenn es um die Registratur von Ganzheiten geht: »Man muß auf einen Schlag das Ganze auf einmal übersehen.«[3]

Leibniz nannte diese ›schlagartige‹ Erfassung von Ganzen später *coup d'œil*.[4] Dem entspricht bei ihm die Registratur kleinster Nuancen, die er *petites perceptions* nannte. Dieses Phänomen kannte Pascal auch schon: »Alle Klarheit verschwindet, sobald man nur etwas genauer hinsieht.«[5] An einer anderen, berühmten Stelle seiner *Pensées* schreibt Pascal dem *esprit de finesse* eine eigene Logik zu, die er die Logik des Herzens (*logique du cœur*) nennt: »Das Herz hat seine Gründe, die die Vernunft nicht kennt, das erfährt man in tausend Fällen.«[6] Daher gilt für ihn: »Wir erkennen die Wahrheit nicht nur durch die Vernunft, sondern auch durch das Herz.«[7] So konnte es ihm auch nicht entgehen, daß »Mathematiker, die Fragen des Feinsinns mathematisch behandeln wollen (...), sich lächerlich machen«.[8]

---

[1] Blaise Pascal, *Über die Religion und über einige andere Gegenstände (PENSÉES)*, trad. et ed. Ewald Wasmuth, Berlin 1937, p. 15/16. Diese deutsche Ausgabe folgt der von Léon Brunschvicg, *Œuvres des Blaise Pascal*, Paris 1925.
[2] Pascal, *Pensées* IV Nr. 274, op. cit., p. 139.
[3] Pascal, *Pensées* I, Nr. 1, op. cit., p. 16.
[4] Cf. hierzu Horst Bredekamp, *Die Erkenntniskraft der Plötzlichkeit. Hogrebes Szenenblick und die Tradition des Coup d'Œil*, in: Joachim Bromand / Guido Kreis, *Was sich nicht sagen lässt. Das Nicht-Begriffliche in Wissenschaft, Kunst und Religion*, Berlin 2010, pp. 455–465.
[5] Pascal, *Die Kunst zu überzeugen (De l'art de persuader)*, 2. Abt., *Gespräch Pascals mit Herrn de Saci*, ed. et trad. Ewald Wasmuth, Heidelberg 1963, p. 111.
[6] Pascal, *Pensées* IV Nr. 277, op. cit., p. 140.
[7] Pascal, *Pensées* IV Nr. 282, op. cit., p. 141.
[8] Pascal, *Pensées* I, Nr. 1, op. cit., p. 16.

14. Abschluß: *Esprit de finesse*

Man erkennt unschwer, daß philosophische Betrachtungen zum Zwischenreich auch heute noch an Pascal und Leibniz anknüpfen müssen. Ohne daß sie es wissen, haben das zumindest einige Linguisten und Literaturwissenschaftler bereits getan.[9]

---

[9] Cf. u. a. Gilles Fauconnier und Mark Turner, *The way we think. Conceptual blending and the mind's hidden complexities*, New York 2002. Fauconnier spricht geradezu von einer ›backstage cognition‹, ja von einer gegenüber Frege dringend erforderlichen Erweiterung der Semantik, die eine Berührung mit der ›dark matter of semantics‹ nicht scheut, um der analogiebildenden Kraft der Sprache und des Denkens gewachsen zu sein. – Im Zwischenreich bewegen sich auch die Analysen des Literaturwissenschaftlers Andreas Kablitz, der natürlich im Gegensatz zu den Linguisten genau weiß, wo er historisch agiert. Cf. ders., *Zwischen Rhetorik und Ontologie. Struktur und Geschichte der Allegorie im Spiegel der jüngeren Literaturwissenschaft*, Heidelberg 2016. Bemerkenswert ist hier das Kapitel II. D: *Die goethezeitliche Kritik der Allegorie und ihre ontologischen Prämissen* (pp. 207–230).

Nachwort

Eigentlich kann es zu vorstehendem Text weder ein Vorwort noch ein Nachwort geben, weil im Zwischenreich weder ein ›Vor‹ noch ein ›Nach‹ im prägnanten Sinne anzutreffen sind. Der Text beginnt auch nicht eigentlich und endet nicht. Warum? Weil wir das Zwischenreich nicht betreten oder verlassen können, wir sind mittendrin. Das ist keine neue Einsicht, wie man durch die Lektüre dieses Buches, das nur wenige Belege bietet, erfahren kann. Schon die aristotelische Philosophie bewegte sich ja elastisch im Zwischenreich, das brachte die systematisierenden Energien ihrer scholastischen Interpreten auch erst auf die Sprünge. Sie wollten Aristoteles ›doktrinalisieren‹, wo es bei ihm nur um einen mitdenkenden Vollzug in Sachfragen gehen konnte. Diese Neudeutung auf ein offenes Sprachdenken des Aristoteles hin hat erst Wolfgang Wieland in einer ingeniösen Studie geleistet.[1] Er machte einen Aristoteles sichtbar, der auch in Sachen ›Zwischenreich‹ noch heute ein erstrangiger Gesprächspartner sein muß. Um ein hier verkürztes Beispiel zu nennen. Die aristotelische Diskussion eines ›Unbegrenzten‹ (ἄπειρον), die für seine Analysen des Kontinuums unentbehrlich ist, erbringt das Resultat, daß die unbegrenzte Teil- und Fortsetzbarkeit einer Menge hin zum Kontinuum nur der Möglichkeit nach (δυνάμει) besteht. »Diese Teilung des Kontinuums ist also eine Tätigkeit des Denkens, das nie an sein Ende kommt und *insofern* ständig δυνάμει ist.«[2] Ein Unendliches kann es demnach nur im Denken geben, hier aber wirklich, selbst wenn es im Kontrast zu operativen Einlösungen natürlich kein ›aktual Unendliches‹ sein kann. Daß die Sprachebenen ihre Erbschaft hinterlassen, ist gerade das Ergebnis von Wieland. Die Diskussion, von aristotelischen Ausführungen startend, ging,

---

[1] Cf. Wolfgang Wieland, *Die aristotelische Physik. Untersuchungen über die Grundlegung der Naturwissenschaft und die sprachlichen Bedingungen der Prinzipienforschung bei Aristoteles*, Göttingen 1962, 3. Aufl. 1992.
[2] Wieland, *Die aristotelische Physik*, op. cit., p. 298.

wie bekannt, bis ins 20. Jahrhundert weiter bis hin zu Cantor und Brouwer. Das soll uns aber nicht weiter beschäftigen.

Wichtig ist, daß die Erwägungen schon von Aristoteles für alle indiskreten Phänomene gültig blieben, sie zeugen schon bei ihm dafür, daß Kontinua zwar wirklich sind, daß ihre Ausdeutung, und sei es per Teilung oder Fortsetzung, allerdings nie an ein operatives Ende kommen kann. Wieland faßt seine Befunde bei Aristoteles in dem kapitalen Satz zusammen: »So ruht diese Wirklichkeit niemals in sich selbst.«[3]

Das gilt nicht nur für physikalische oder geometrische Größen, sondern auch für kulturelle. Auch bei ihnen greift in sog. kulturellen Prozessen, die immer historisch sind, ein Differenzierungsgeschehen ein, das prinzipiell kein quasi ›natürliches‹ Ende haben kann. Dadurch bleibt der Raum des Historischen grundsätzlich offen. Eine finalisierende Geschichtstheorie ist deshalb nicht möglich.

Ein prägnantes Beispiel für einen modernen Differenzierungsprozeß, und zwar auf ein expressives Kontinuum hin, bietet Gottfried Boehm. Er geht von dem Befund aus, daß es ehedem eine *Ordnung der Bilder* gab, die sich in einem regelrechten Kanon dessen sedimentierte, was überhaupt dargestellt werden kann. Und das war:

»was sich erzählen läßt (Historie),
was sich im Alltag ereignet (Genre),
was den menschlichen Körper auszeichnet,
an der Grenze von Natur und Kultur (Aktbild),
was jemand ist (Porträt),
was die Natur ist (Landschaft) und
was die Dinge sind (Stilleben).«[4]

In der sich anbahnenden Moderne hat dieser Kanon mit beschleunigter Dynamik und daher zunehmend für die Gestaltung von Bildern keine normative Bedeutung mehr. Was heute bildnerische Realität ist, manifestiert ein »gattungslose[s] bildnerische[s] Kontinuum«.[5]

---

3 Wieland, *Die aristotelische Physik*, op. cit., p. 299.
4 Gottfried Boehm, *Das bildnerische Kontinuum. Die Transgression der Gattungsordnung in der Moderne*, in: ders., *Die Sichtbarkeit der Zeit. Studien zum Bild in der Moderne*, Leiden et al. 2017, pp. 231–241, hier p. 233.
5 Boehm, *Das bildnerische Kontinuum*, op. cit., p. 237.

So startet der menschliche Geist im Kontinuum (Aristoteles) und er endet in ihm (Moderne). Das Zwischenreich bleibt jedenfalls, wie sollte es auch anders sein, unverlassen.

Für eine historisch gesättigte Bestätigung dieser Unverlassenheit habe ich Wolfgang Wieland und Gottfried Boehm als Zeugen aufgerufen. Das kommt nicht von ungefähr: beide waren Schüler von Hans Georg Gadamer. Bei ihm wurden sie in einer Sensibilität für Indiskretes trainiert, die für Diagnosen im Zwischenreich unentbehrlich ist. Diese Sensibilität gibt es heute in Philosophie oder Kunstgeschichte nur noch selten.

Obschon es unzweifelhaft ist, daß sich die Triumphe der Wissenschaften vor allem im diskreten Milieu greifen lassen, darf doch nicht übersehen werden, daß eine Praxis im Zwischenreich nicht ebenso von zentraler Bedeutung für die Geschichte der Menschheit gewesen ist und noch ist. Dafür sprechen selbst evolutionäre Argumente. Schon Charles Darwin hatte darauf hingewiesen, daß z. B. Schönheit (*beauty*) ein bedeutender Faktor in evolutionären Prozessen gewesen ist. Christiane Nüsslein-Volhard hat sein Ergebnis einmal so gebündelt: »Schönheit ist für das Individuum selbst nicht überlebensnotwendig, spielt jedoch eine wichtige Rolle bei der Partnerwahl und damit beim Fortpflanzungserfolg, der für die Evolution entscheidend ist.«[6] So kann es nicht verwundern, daß Schönheit und ästhetische Qualitäten auch in der Geschichte der Menschheit eine große Rolle spielen. Wenn wir Horst Bredekamp Glauben schenken können, und das sollte man, ist das schon seit der ersten Herstellung von Faustkeilen so gewesen,[7] auf jeden Fall breit dokumentiert seit dem Neopaläolithikum (ca. ab 40 000 ante). Die greifbare Orientierung an Schönheit läßt sich gewiß nicht, gegen Darwin und Nüsslein-Volhard, restlos auf selektive Vorteile in der Partnerwahl reduzieren, war aber gleichwohl von erheblicher ritueller und damit zugleich sozialer Bedeutung. Das Ästhetische insgesamt hatte seinerzeit einen ganz anderen Status als in späteren

---

[6] Christiane Nüsslein-Volhard, *Die Streifen des Zebrafischs: Wozu und wie entsteht Schönheit bei Tieren?* in: Orden Pour Le Mérite für Wissenschaft und Künste (ed.), *Reden und Gedenkworte*, Bd. 43 (2015–2017), Göttingen 2018, pp. 189–215, hier p. 195. Cf. dies., *Schönheit der Tiere. Evolution biologischer Ästhetik*, Berlin 2017.
[7] Cf. Horst Bredekamp, *Der Muschelmensch. Vom endlosen Anfang der Bilder*, in: Wolfram Hogrebe (ed.), *Transzendenzen des Realen*, Göttingen 2013, pp. 13–74.

Zeiten. Das ästhetisch Beeindruckende war gewissermaßen ein spirituelles Futter der Gemeinschaften.

Man muß daran erinnern, daß so etwas wie Symbole, also Gegenständliches mit Verweisungscharakter, in ihrer Entstehung nur aus dem Zwischenreich verständlich gemacht werden können. Die *Erfahrung des Abwesenden*, in Entbehrung und Hoffnung zugleich, war universell. Hermann Parzinger hat auf diese Ursprünglichkeit symbolischer Praxis ausdrücklich hingewiesen: »Der willentliche Einsatz von Symbolen in Sprache, Glaubenswelt und Alltag und die Fähigkeit zu musizieren, zu singen, zu erzählen und vorauszuplanen, gehören zu den wesentlichen Merkmalen des modernen Menschen. Im europäischen Jungpaläolithikum war all dies bereits vorhanden.«[8]

Der *homo sapiens*, so darf man zum Schluß im Überschlag bündeln, tritt zuerst im Zwischenreich auf und entwickelt von hier aus und dann erst eine Kultur des Diskreten. Aus dieser erwuchs indes nach und nach eine ihn selbst festsetzende Gefahr, die sich noch im sozialen Rollenspiel manifestierte. Dagegen sprachen sich die Dichter der Moderne aus, um aus der Erstarrung im Diskreten herauszurufen.[9] Das kann natürlich kein einmaliges oder irgendwann sogar ein punktuelles, finales Geschehen sein, sondern gehört zu einer fortwährenden Aufgabe des kulturellen Prozesses, in den die Menschheit hineingestellt ist, ob sie es will oder nicht. Sie lebt aus beidem: aus dem Diskreten und dem Indiskreten (*cunst unde nahe*

---

[8] Hermann Parzinger, *Die Kinder des Prometheus. Eine Geschichte der Menschheit vor der Erfindung der Schrift*, München 2014, p. 62. Cf. hier auch Kap. II, 3: *Bilder und Symbole, Kommunikation und Rituale: die Eiszeitkunst* (pp. 76 sq.). Parzinger zeigt sich beeindruckt davon, daß »die Eiszeitkunst bereits sehr früh und wie mit einem Donnerschlag gleichsam aus dem kulturellen Dämmerlicht der Frühzeit hervorblitzt«. (p. 80).

[9] Cf. hierzu die rezente Studie von Rainer Schäfer: *Aus der Erstarrung. Hellas und Hesperien im ›freien Gebrauch des Eigenen‹ beim späten Hölderlin*, Hamburg 2020. Die Achse bei Hölderlin bündelt Schäfer so: »Mit Hölderlin kann man zwei Arten von Verallgemeinerung unterscheiden; einerseits eine begriffliche Allgemeinheit, die durch die intellektuellen Vermögen festgestellt wird, und andererseits eine Lebensallgemeinheit, die sich aus konkreten Erfahrungen ergibt.« (p. 105) Cf. auch Wolfram Hogrebe, *Hölderlins mantischer Empirismus*, in: ders., *Ahnung und Erkenntnis. Brouillon zu einer Theorie des natürlichen Erkennens*, Frankfurt/M. 1996, pp. 102 sq. – Das Offene bei Hölderlin ist nichts Fernes, sondern schlichtweg die Dimension zwangloser Gespräche.

sehender sin)¹⁰. Hier bedarf es keines Neids, sondern einer Balance, die natürlich wieder eine Tugend des Zwischenreiches ist. Die ethische Maxime, die dem Zwischenreich eine Stimme gibt, ist eine solche, die in Fortsetzung der Aufklärung einer Verabschiedung diskursiver Monopole das Wort gibt, Monopole, die seit dem 19. Jahrhundert bis in unsere Tage immer wieder aufleben. Souverän ist, wer die Balance zu halten versteht. Das haben Carl Schmitt und heute Alain Badiou nie verstanden.

Vielleicht ist die Devise einer ständigen und nie abgeschlossenen Ausbalancierung eine gesellschaftliche Überforderung, aber genau dieser zarten normativen Perspektive müssen wir uns stellen. Das Offene ist mit Hölderlin ein Fluchtpunkt vor Ort (*dreaming on the spot*), auf den hin wir unsere Wahrheitsfähigkeit und demokratische Freiheit exerzieren müssen, so schwer uns das fällt. Lernen kann man für dieses Pensum tatsächlich von Hölderlin, dessen Focus Gustav Landauer in seltener Sensibilität einmal als *Pathos in Gehaltenheit* charakterisiert hatte.¹¹ Das genügt, wenn wir uns an Heideggers Devise halten, »daß wir uns immer im Zwischen (…) bewegen müssen«, denn »dieses Zwischen ist nur, indem wir uns darin bewegen«.¹² Diese Bewegung im Zwischen ist nichts anderes als Denken. Deshalb ist es ausdrücklich schwer.¹³

---

[10] Gottfried von Strassburg, *Tristan und Isold*, ed. Friedrich Ranke, 10. Aufl. Berlin/Zürich/Dublin 1966, Vers 33. Ich übersetze: Gelingen (*cunst*) und Sensibilität (*nahe sehender sin*). Beides wird bei Gottfried durch Neid entzweit.
[11] Gustav Landauer, *Friedrich Hölderlin*, zuerst in: René Schickele, *Die weißen Blätter*, 3. Jg., Heft 6, Juni 1916, pp. 183–213; wieder abgedruckt in: *Gustav Landauer Werkausgabe*, eds. Gert Mattenklott/Hanna Delf, Bd. 3, Berlin 1997, hier p. 66.
[12] Martin Heidegger, *Die Frage nach dem Ding. Zu Kants Lehre von den transzendentalen Grundsätzen*, Tübingen 1962, p. 188.
[13] Wer das verstanden hat, war Henning Ritter. Cf. ders., *Notizhefte*, 8. Aufl. Berlin 2011, p. 209: »Das Schwerste: zu sagen, was man denkt.«

Personenregister

Abbey, Edward 90, 94 f.
Adorno, Theodor Wiesengrund 151
Alexander der Große 144 f.
Andreas-Salomé, Lou 130
Apelles 144 f.
Arendt, Hannah 151
Aretino, Pietro 13, 144 f.
Aristoteles 7, 25, 27, 62, 118, 135, 164, 166
Assmann, Aleida 128
Augustinus 140

Baberowski, Jörg 7
Badiou, Alain 168
Baker, John Alec 90
Bast, Rainer 45
Bauberger, Stefan 100
Baumgarten, Alexander Gottlieb 39
Beeh, Volker 112
Beierwaltes, Werner 154 f.
Belnap, Nuel D. 60
Benakis, Linos 140
Benn, Gottfried 99
Bergson, Henri 73
Bergthaller, Hannes 94 f.
Besoli, Stefano 135, 137 f.
Bledowski, Jaroslaw 8
Bocken, Inigo 156
Boehm, Gottfried 165 f.
Boghossian, Paul 53

Bohm, David 100 f.
Bohrer, Karl-Heinz 18
Braque, George 130
Braungart, Wolfgang 16
Brecht, Bert 99
Bredekamp, Horst 7, 36 ff., 41 f., 68, 113, 157 ff., 162, 166
Brelage, Manfred 25, 135
Breton, André 17
Brouwer, Luitzen Egbertus Jan 165
Buber, Martin 25
Buchheim, Thomas 58, 75
Bülow, Ulrich von 22
Busche, Hubertus 27 f., 38, 55, 58 f.

Camassa, Giorgio 140
Cantor, Georg 19, 62, 165
Capote, Truman 90
Cardano, Girolamo 100
Carnap, Rudolf 60
Cassirer, Ernst 10, 38, 47–52, 150, 155, 157 f.
Cennini, Cennino 141
Chalmers, David 53, 97
Church, Alonzo 31
Cicero 13, 151–154, 159
Cioflec, Eveline 25, 147
Cohen, Felix S. 60, 63
Cohen, Hermann 12

Coleridge, Samuel Taylor 50
Collingwood, Robin George 120
Colombetti, Giovanna 113
Conant, James 53
Couturat, Louis 38
Curtius, Ernst Robert 46
Cusanus, Nicolaus 13, 148, 150f., 154–157, 160

Damaskios 40
Darwin, Charles 68, 166
Demmerling, Christoph 56f.
Derrida, Jacques 26, 133
Descartes, René 37, 40, 128, 161
Didion, Joan 90
Dillard, Annie 90
Dilthey, Wilhelm 59, 92, 130
Dionysios Areopagita 154
Draesner, Ulrike 89
Dutt, Carsten 123

Eckhart (Meister) 154
Eigen, Manfred 105
Einstein, Albert 102, 158f.
Eley, Lothar 113
Éluard, Paul 17
Endres, Tobias 52
Epikur 24
Eriugena 40, 70, 154
Espinet, David 53
Evrard, Etienne 140

Fauconnier, Gilles 163
Faust, August 50
Ferraris, Maurizio 53
Ferrero, Leo 73
Fichte, Johann Gottlieb 19, 53, 107, 148

Ficino, Marsilio 140
Fick, Monika 81
Figal, Günter 22
Fingerhut, Joerg 113
Fischer, Kuno 131
Flasch, Kurt 151
Fließ, Wilhelm 157
Følleslal, Dagfinn 111
Förster, Eckart 104
Foucault, Michel 124, 128, 151
Frank, Manfred 19, 53
Freedman, Luba 144
Frege, Gottlob 52, 139, 163
Freud, Sigmund 92, 115, 130, 157
Fulda, Hans Friedrich 43, 49, 113
Furlani, Simone 133, 136
Fürst, Josef 41

Gabriel, Gottfried 25, 75, 86,
Gabriel, Markus 10, 51–54, 58, 74
Gadamer, Hans-Georg 33, 166
Galilei, Galileo 68
Gehlen, Arnold 127
Gettier, Edmund 159f.
Giesler, Gerd 7, 118
Ginzburg, Carlo 80
Glatz, Uwe 131, 138
Glockner, Hermann 50
Goethe, Johann Wolfgang 14, 19, 52
Goldenbaum, Ursula 55
Goldstein, Jürgen 5, 11, 89–99, 101
Gombrich, Ernst 157
Gottfried von Strassburg 168
Goya, Francisco de 141
Grabenweger, Elisabeth 14

Personenregister

Grice, Paul 109
Grim, Patrick 62
Gülberg, Niels 131

Habermas, Jürgen 56, 124, 127
Haken, Hermann 105
Halfwassen, Jens 53
Hallwachs, Wilhelm 40
Hamblin, Charles Leonard 60
Handke, Peter 11, 22, 93, 96–99
Hardenberg, Friedrich von (Novalis) 10, 14–17, 19, 22, 24, 57, 66, 122
Hasenjaeger, Gisbert 10, 29 f.
Hawking, Stephen 103
Heckenroth, Lars 112
Hegel, Georg Wilhelm Friedrich 12, 14 f., 17, 19 f., 45, 47, 53, 62, 71, 75, 77, 87, 93 f., 111 ff., 115, 117 f., 125, 134
Heidegger, Martin 7, 10 ff., 15, 17, 21 f., 25 f., 40–44, 46 f., 48, 62, 68–75, 77 ff., 99, 107, 118, 131, 135, 139, 146 ff., 150, 168
Heidenreich, Felix 131
Heine, Heinrich 19, 32
Hempel, Hans-Peter 146
Henrich, Dieter 148
Herrigel, Eugen 131 f., 135
Heuser-Keßler, Marie-Luise 104 f.
Hiley, Basil 100
Hindrichs, Gunnar 53
Hobbes, Thomas 55, 68
Hobe, Konrad 135
Hölderlin, Friedrich 84, 148, 167 f.
Hoffmann, Thomas Sören 100, 156
Hofmann, Werner 142
Hogrebe, Wolfram 16, 29, 37, 54, 56, 78, 92, 99 f., 112, 120, 139, 151, 162, 166 f.
Horaz 75
Hörisch, Jochen 65 f.
Hösle, Vittorio 113 f.
Hufendiek, Rebekka 113
Humboldt, Wilhelm von 110
Husserl, Edmund 23, 111, 130 f. 133, 135

Imbriano, Gennaro 121
Imdahl, Georg 127
Imdahl, Max 131

Joeres, Dirk 130
Jünger, Ernst 99, 120

Kablitz, Andreas 12 f., 144 ff., 163
Kant, Immanuel 9, 11, 19, 43, 49, 51 ff., 62, 102–108, 118, 124, 132, 136
Kasparow, Garri 30
Keil, Geert 159 f.
Kemeny, John George 109
Kenny, Anthony 56
Kepler, Johannes 157 f.
Kierkegaard, Søren 25
Klages, Ludwig 15
Klee, Paul 10, 20, 13, 145
Klibansky, Raymond 157
Kluckhohn, Paul 15 f.
Koch, Anton Friedrich 53
Kondylis, Panajotis 87
Kopp-Oberstebrink, Herbert 48

Korte, Bernhard 30f.
Koselleck, Reinhart 121–129
Košenina, Alexander 81
Kreis, Guido 19, 37, 62, 162
Krois, John Michael 113

Lacan, Jacques 151
Lade, Martin 65
Landauer, Gustav 168
Langer, Susanne K. 50f.
Laschet, Armin 31
Lask, Emil 12, 130–139
Latour, Bruno 53
Laube, Reinhard 123
Laughlin, Robert B. 102f.
Lausberg, Heinrich 150
Lazzari, Riccardo 135
Lehmann, Gerhard 12, 104f., 107f.
Leibniz, Gottfried Wilhelm 10f., 25, 27, 35–43, 47f., 52, 54–59, 68, 72, 74f., 80f., 90, 107, 114, 136, 162f.
Lessing, Gotthold Ephraim 11, 80–88, 100
Levinas, Emmanuel 25
Linke, Detlev 32
Locher, Hubert 123, 127f.
Lühr, Rosemarie 148
Lukács, Georg 14, 131
Lullus, Raimundus 161
Lutz, Christian Ludwig 25

Macfarlane, Robert 90f.
Mähl, Hans-Joachim 14
Mahler, Gustav 130
Mahnke, Dietrich 42, 48
Malsburg, Christoph von der 32f.
Malsch, Wilfried 14, 16

Mann, Thomas 14, 130
Marcuse, Herbert 40
Markantonatos, Adriana 123, 127
Marquard, Odo 99
Mayer, Anneliese 40
McDowell, John 53
Mehring, Reinhard 122
Meier, Georg Friedrich 39
Meillassoux, Quentin 53
Meyer, Ingo 22
Michaud, Philippe-Alain 157
Misch, Georg 47, 92
Muir, John 90, 92
Müller, Olaf L. 110

Nachtsheim, Stephan 131
Nagel, Thomas 53, 107
Napoleon Bonaparte 15, 18
Neumann, Günther 40
Newton, Isaac 28, 104
Niethammer, Lutz 128
Nietzsche, Friedrich 20, 154
Nizon, Paul 10, 22ff., 26f.
Noë, Alva 113
Novalis 10, 14–17, 19, 22, 24, 57, 66, 122
Nüsslein-Volhard, Christiane 166

Ockham, Wilhelm von 102
O'Neill, Onora 9
Owens, Delia 89

Pagnoni-Sturlese, Maria Rita 140
Panofsky, Erwin 128, 157
Parzinger, Hermann 167
Pascal, Blaise 13, 25, 161ff.
Pasternak, Boris 130

Personenregister

Pease, Arthur Stanley 151
Petronius 66
Picasso, Pablo 130
Picht, Barbara 128
Pico della Mirandola, Gianfrancesco 140
Pinel, Philippe 117
Planck, Max 130
Platon 7, 21, 40, 61, 68, 118, 137
Plotin 7, 40, 135, 137
Popper, Karl R. 7, 20
Poschmann, Marion 90
Priest, Graham 53, 110
Prigogine, Ilya 105
Prior, Arthur Norman 60
Prior, Mary 60
Proklos 40
Proust, Marcel 46
Putnam, Hilary 53f., 110f.

Quine, Willard Van Orman 12, 109ff.
Quintilian 151

Rahner, Karl 40
Raulff, Ulrich 22, 123, 126, 159
Reinthal, Angela 118
Rejewski, Marian 29
Rickert, Heinrich 10, 43-50, 130-133, 135, 138
Rilke, Rainer Maria 98, 130
Ritter, Joachim 14ff., 19, 25, 93f., 125, 140, 150
Rödl, Sebastian 53
Rometsch, Jens 53, 113
Rosen, Michael 104
Rosenfelder, Andreas 125
Rovere, Francesco Maria della 144f.
Rubens, Peter Paul 143

Rushdie, Salman 139
Russell, Bertrand 38, 51, 58

Sachs-Hombach, Klaus 113
Samuel, Richard 14f., 51, 57
Saxl, Fritz 157
Schäfer, Rainer 53, 167
Schäffner, Wolfgang 7
Schelling, Friedrich Wilhelm Joseph 11f., 14, 53, 58f., 70-73, 75, 77ff., 92, 104f.
Schinkel, Karl Friedrich 19
Schleiermacher, Friedrich 19, 24, 124
Schlegel, Frank 148
Schmitt, Carl 12, 16, 76, 99, 118, 120f., 160, 168
Scholem, Gershom 131
Scholz, Heinrich 29
Schulze, Stefan 104
Schumpeter, Joseph 18
Schwartz, Michael 124
Schwemmer, Oswald 21, 48
Searle, John 53, 60, 66
Sedlmayr, Hans 142
Shepherd, Nan 90
Simon, Holger 155
Simon, Ralf 16
Singer, Wolf 32f.
Sousa, Ronald de 56
Spengler, Oswald 15
Spinoza, Baruch de 107
Stalin, Josef 54
Stederoth, Dirk 113
Stein, Karl 29
Steiner, Rudolf 104
Stekeler-Weithofer, Pirmin 112
Strauß, Botho 11, 22, 93, 96-99
Strawinsky, Igor 130
Strawson, Peter 109

Tetens, Holm 54
Thalmann, Marianne 14, 17ff.
Theunissen, Michael 25
Thoreau, Henry David 11, 90f., 94
Tizian 13, 144f.
Tolstoi, Lew 130
Toynbee, Arnold J. 120
Trabant, Jürgen 113
Trawny, Peter 17, 21, 25f., 69, 146, 148
Tugendhat, Ernst 99
Turner, Mark 163
Turing, Alan 29ff., 33

Uerlings, Herbert 14
Ulmer, Karl 40

Valéry, Paul 11, 72–75
Vollhardt, Friedrich 80f., 84, 88

Wagner, Richard 11, 61, 64f.

Warburg, Aby 13, 128, 155, 157ff.
Warnke, Martin 12, 127, 140–143, 146
Wasmuth, Ewald 162
Weber, Max 44, 49, 131
Wedepohl, Claudia 158f.
Weiß, Helene 40
Weizsäcker, Carl Friedrich von 47
Whitehead, Alfred North 50
Wieland, Wolfgang 118, 164ff.
Wiesing, Lambert 137
Wild, Markus 113
Windelband, Wilhelm 44, 47, 130ff.
Wittgenstein, Ludwig 57, 136, 139, 150
Wöhler, Sven 44
Wolfram von Eschenbach 63

Zemanek, Evi 144
Zeuxis 144
Žižek, Slavoj 53